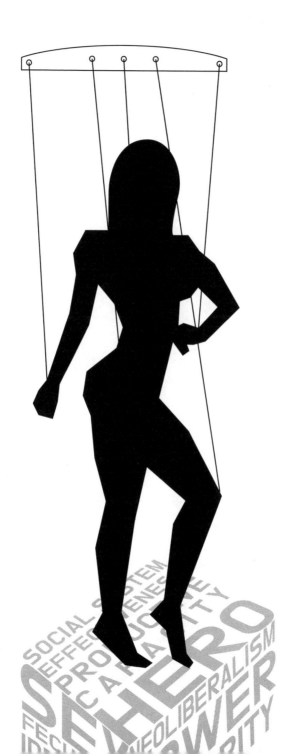

위르겐 마르추카트

류동수 옮김

피트니스의 시대

DAS ZEITALTER DER FITNESS

호밀밭

들어가는 말 　　　　　　　　　　 피트니스 전성시대

　　우리는 피트니스의 시대에 살고 있다. 마라톤 대회에서
는 수만 명이 출발선을 박차고 달리며, 누구나 자전거를 타고 달
린다. 저녁이 되면 수백만이 조깅을 하며 공원을 한 바퀴 돌기도
하고, 피트니스 스튜디오에서 트레이닝을 하면서 역기나 여러
기구를 붙잡고 애를 쓰거나, 요가 수련을 하기도 한다. 그리고
갖가지 체험형 휴가가 전례 없는 인기를 누리고 있다.

　　1970년대만 해도 거의 생각할 수 없는 일이었다. 트레킹
휴가라는 게 있었지만 주로 은퇴한 분들을 위한 것이었고, 윈드
서핑이라는 게 처음 생겨난 것도 그 무렵이며, 베를린 마라톤*
은 아직 태어나지도 않은 때였다. 자전거를 소유한 성인도 별로
없었고, 피트니스 스튜디오의 숫자조차도 독일에서든 미국에서
든 다 한 손으로 꼽을 정도였다. 하지만 그 이후 피트니스 붐이
일었다. 시장 규모가 어느 정도인지만 살펴보자. 독일만 봐도 적
극 참여자들(및 적극적으로 보이려 하거나 적어도 적극적으로
하겠다고 마음먹은 사람)이 2015년에 피트니스 관련 용품에 지
출한 돈이 500억 유로**에 달했다. 육상화와 기능성 의류, 아령

---

* 　베를린 마라톤은 1974년에 1회를 맞이했다.
** 　1유로=1,360원으로 환산하면 약 68조 원

및 카본 자전거, 에너지 음료 및 다이어트 식품 등에 이 거액을 쓴 것이다. 피트니스 강좌와 체험형 여행, 트레이닝 관련 잡지 및 도서, 여러 가지 앱과 판촉용의 자잘한 선물 따위도 마찬가지로 호황을 누리고 있다. 피트니스계의 스타도 여럿 있지만 한 사람만 예로 들어보자. 케일라 잇시너스Kayla Itsines는 인스타그램 팔로우어가 수백만이나 되며, 잘 단련된 몸매를 찍은 사진은 소셜 미디어에서 크게 인기를 끌고 있다.[1]

  몸을 '핏하게 가꾸는' 모든 사람에게는 공통점이 있다. 활동에는 적극적이지만 단체나 클럽에 가입하는 일이 매우 드물다는 것이다. 그들은 특정 수업이나 리그에서 활동하지 않으며, 이기는 데에 별 의미를 두지 않는다. 그럼에도 불구하고 모두 자신을 어떻게든 더 나은 상태로 만들려 한다. 경쟁 위주의 조직화된 스포츠는 19세기 중반 영국에서부터 시작하여 근대 사회에 확산되었는데,[2] 그들은 이런 의미의 스포츠는 전혀 하지 않는다. 피트니스 트레이닝을 하는 사람은 메달을 따려는 생각이 없는 것이다. 피트니스 트레이닝의 목표는 오히려 핏한 몸이다. 이런 몸은 다시 일부 겹치기도 하는 여러 힘, 능력 그리고 스포츠 행위를 뛰어넘는 여러 이상적인 요소를 상징한다. 예컨대 일상과 직장에서의 건강과 성취능력 같은 것 또는 생산성, 투지, 정력, 늘씬함, 기준에 부합하는 정도의 아름다운 외모 등이 그런 요소다. 그 외에 '옳은 일'과 '뭔가 좋은 일'을 하거나, '최선'을 다하고 그 대가로 인정을 받는 것도 중요하다. 이따금 몸을 움직여 활동하는 데에서 오는 기쁨도 중요시되는 요소다. 이때 동원되는 여러 다양한 추진력들은 상호 배타적이지 않다.

하나의 문화사회가 뚱뚱한 몸이 점점 더 늘어나는 것을 우려한다면 피트니스의 추구[3]는 당연히 그런 사회의 필수 구성 요소다. 21세기에는 뚱뚱함이 심지어 전염성이 있다고도 일컬어지며, 2형 당뇨병이나 심장-순환계 질환 같은 건강 문제는 난제로 남아 있다. 특히 서구사회, 그리고 이제는 전 세계적으로도 신체활동 부족의 정도가 "경악할 수준"[4]에 이르렀다고들 한다. 의자를 이용하는 생활방식 그리고 건강에 좋지 않은 고칼로리 음식은 뚱뚱함 증가의 주원인으로 지목된다. 말하자면 한쪽에는 피트니스 문화가 자리 잡고 있고, 다른 한쪽에는 '패트니스 Fatness'의 급속한 확산과 신체활동 부족을 바라보는 우려 가득한 눈길이 존재하고 있는 것이다. 이는 얼핏 모순적으로 보일 수도 있겠지만 좀 더 자세히 들여다보면 하나의 독자적 사회시스템의 일부임을 알 수 있다. 그 중심에 있는 것은 성취 의욕과 성취 능력을 갖춘 개인이다. 이런 양면성(피트니스 문화와 비만에 대한 두려움)이 제 몸에 대한 제어에 성공했음을 드러내는 성공한 이 (또는 그렇지 못한 이)의 주위를 빙글빙글 돌고 있는 것이다. 피트니스의 결핍은 (탈)근대 사회가 안고 있는 불길한 조짐이다.

피트니스 전성기인 우리 시대를 정확히 이해하기 위해 우리가 이 책에서 하는 일은 역사를 들여다보는 일이다. 오늘이란 뭐냐는 질문을 역사적으로 제기한다는 것은 역사를 "현재를 형성한 장소로서의 공간"[5]으로 파악함을 의미한다. 따라서 우리는 역사의 도움을 받아야만, 현재를 붙잡아 그것의 문제점이 무엇이며 어떤 패러다임을 갖고 있는지 확인하고 그 논쟁에 비판적으로 참여할 수 있다.

이는 피트니스라는 주제를 자유롭고 책임감 있는 개인 및 그 개인의 역사라는 프로젝트와 연결시킨다는 것을 의미한다. 왜냐하면 피트니스는, 이 책에서 볼 수 있다시피, 자신이 경험한 책임감의 상징이며 이 책임감을 이상으로 확립하는 데에 기여하기 때문이다. 피트니스의 역사 하나를 써 내려간다는 것은 경쟁과 성취가 역사적으로 어떤 변화를 겪었는지 추적해 간다는 뜻이며, 그런 변화가 근대 사회, 그 근대 사회의 조직 및 다양한 인간의 참여에 어떤 의미를 갖는지 물어본다는 의미이기도 하다. 여기서 중요한 매개변수가 되는 것이 체형과 건강 그리고 그 둘 사이의 관계다. 그러나 무엇보다도 피트니스의 역사는 사회사로서의 몸의 역사이다. 즉 몸과 관련한 여러 가치와 규범의 역사, 몸과 관련한 지식 질서 및 담화 질서의 역사, 몸으로 표현되고 비유되는 것의 역사, 몸이 가진 테크놀로지 및 그 실행의 역사다. 이와 같은 몸의 역사는 인간이 제 몸을 통해 사회와 관계를 맺으며 스스로도 이런 관계 맺기에 나선다는 것을 보여준다.[6]

나의 관찰은 1970년대부터의 우리가 살아온 시대의 역사에 집중된다. 지난 반세기는 피트니스 전성시대라 할 수 있는데,

이 시기가 신자유주의 시대와 일치하는 것은 결코 우연이 아니다. 여기서 말하는 신자유주의란 그냥 투쟁의 구호로 대충 내다 건 개념이 아니라, 오히려 무엇보다 시장 모델을 지향하는 한 시대, 삶의 각 상황을 경쟁상황으로 해석하며 인간에게 자기 자유를 성공적으로 이용하라고 요구하는 시대를 가리키는 명칭이다. 이로써 신자유주의는 하나의 특정한 방식, 즉 사회와 주체를 어떤 식으로 생각하는지, 그 주체의 행동을 어떤 식으로 이해하여 그 행동을 적절하거나 적절치 않은 것으로 분류하는지를 기술한다. 개인은 자신을 잘 관리해야 하고, 삶을 장악해야 하며, 몸을 핏하게 만들어야 하고, 자신의 성취능력을 위해 필요한 조치를 취해야 하며, 이 능력을 정말로 발휘해야 한다. 이 요구가 전무후무한 위세를 떨친 때가 신자유주의 시대였다.[7] 피트니스는 어디에나 있다. 피트니스는, 철학자 미셸 푸코의 말로 표현하자면, 하나의 디스포지티프Dispositiv[*]이며, 아울러 담론과 실천, 제도와 사물, 건물과 사회간접자본, 각종 행정조치, 정치 강령 및 수많은 다른 것을 한 덩어리로 묶어주는 바로 그 힘이다. 그리하여 그것들은 한 시기를 규정하는 힘을 펼치는 것이다.[8]

그러나 나는 피트니스 전성시대를 이해하기 위해서도 계속 역사를 거슬러 올라간다. 그 흔적은 때로 18세기까지 올라가

---

[*] 불어 원어는 dispositif. 한 마디로 규정하거나 번역하기 힘든 술어인데, 사회 조직 내에서의 권력 행사를 드높이고 유지해 주는 다양한 제도적, 물리적 및 행정적 메커니즘 및 지식 구조라고 풀이되며, 영어로는 대개 'apparatus'나 'deployment'로 번역됨. 국어로는 맥락에 따라 장치, 배치, 권력 배치 등으로 번역된다.

기도 한다. 예컨대 자유 및 자결自決이라는 관념 또는 군인의 신체단련이라는 문제를 다룰 경우다. 하지만 군인만이 아니라 새로 등장한 시민계급도 단련을 통해 꼿꼿한 몸을 지녀야 했고, 귀족 계급처럼 뚱뚱한 데다 기능적으로 퇴화되어 있고 신체적으로 굼뜨거나 제3신분처럼 혹사당해 등이 꾸부정해서는 안 되었다.[9] 19세기 중엽도 피트니스 역사에서는 이따금 특별히 주목할 필요가 있다. 이 시기는 다원주의, 즉 '가장 핏한 자의 생존survival of the fittest' 그리고 경쟁은 본디 불가피하다는 사상이 무대에 올라 주목받던 때다. 또 1900년을 전후한 시기에 서구 근대 사회는 처음으로 피트니스 광풍을 경험했다. 동시에 이들 서구 사회는 모종의 위기시나리오로 인해 고통을 겪었고, 사람들은 이를 몸의 위기로도 경험했다. 이렇게 볼 때 19세기 말과 20세기 초라는 시기는 피트니스의 현대사에서 파시즘과 국가사회주의 시대에 횡행한 몸과 성취에의 숭배보다 여러 측면에서 더 강력한 길잡이로 작용했다. 1950년대와 1960년대도 이따금 고찰의 중심에 들어온다. 여러 해에 걸친 위기와 전쟁을 겪은 뒤 대서양 양안의 사람들은 다시 소비의 즐거움에 흠뻑 빠져들었다. 그러나 얼마 안 가 그것이 몸, 건강 및 성취능력에 유해한 결과를 가져오리라는 걱정이 대두되었다.

　　이 책에서 설명하고 있는 피트니스의 역사는 하나의 비판적 역사다. 말하자면 이 책은 피트니스의 양가성兩價性을 눈여겨본다는 뜻이다. 이 책은, 어떻게 - 몸과 성공적 자아를 위해 애쓸 자유라고 이해되는 - 피트니스를 통해 '통치'되는가를 보여줄 것이다. 무슨 뜻인가 하면, 자유가 인간의 기본권이자 기회로서만 찬미되는 것은 아니라는 말이다. 오히려 자유는 바로 우리 모두를 향한 요구와 결부되어 있다. 이 자유를 생산적으로, 또 가능한 한 잘 이용하라는 요구다. 그 과정에서 어떤 성공과 실패를 경험하는가에 따라 격차가 확립되며, 배제가 행해지고, 특권이 합법화된다.[10]

'피트니스'와 '패트니스', 이 둘이 의미하고 연상시키는 것들이 공존하며 동시에 대립한다는 것은 자유를 통한 지배에 수반되는 다양한 긴장관계를 보여준다. '피트니스'와 '패트니스'는 한 인간이 사회의 구성원으로 인정받는지의 여부에, 누가 주체로 간주될 수 있으며 누가 그렇지 못한지에 결정적인 영향을 미친다.[11]

나는 피트니스를 이 책에서 항상 반복적으로 '근대'에 위치시킬 것이며, 그 근대의 징표이자 근대를 통제하는 이상理想으로 기술할 것이다. 근대 사회는 끊임없는 최적화와 혁신을 하나의 원칙이자 성취로 선언했으며, 피트니스는 몸과 자아를 끊임없이 최적화하라고 요구한다. 따라서 근대와 피트니스는 그 진행 양상 면에서 서로 긴밀하게 맞물려 있다. 둘은 18세기 후반에 시작하여 1900년을 전후한 수십 년 동안 그 전성기를 맛본다. 20세기가 끝날 무렵에는 근대도 피트니스도 그 본질적 양상 면에서 변화가 일어나거나 극단화되기 시작했다. 예컨대 몸이란 만들 수 있고 변화시킬 수 있다는 패러다임과 관련하여 그렇다는 말이다. 제 몸에 매달려 애쓰는 일은 탈근대에 다시 한번 중요성을 획득한다. 이때, 사회학자 파울라-이레네 빌라Paula-Irene Villa가 지적하듯, "몸일이란 항상, 그리고 불가피하게 사회적 자아에 달라붙어 애쓰는 것"[12]이다.

　이와 비슷한 맥락에서 나는 '서방'이라는 말을 하는데, 이는 이제부터 살펴보게 될 피트니스의 역사가 중요하게 펼쳐지는 공간이라는 뜻이다. 그렇게 함으로써 나는 자유의 생산적 사용, 자아의 최적화 및 꾸준한 진보까지도 포괄하는 여러 가치, 규범 및 원칙을 지닌 하나의 공동체를 일컫는 것이다.[13] 따라서 다음에 이어질 여러 장에서 나는 미국과 유럽에, 그리고 유럽에서는 독일에 주안점을 두며, 대서양을 둘러싸고 있는 두 대륙이 자유, 신체 및 사회질서와 관련하여 서로 어떤 유사성과 차이를 보이는가에 주목한다. 미국은 규범이자 실제로서의 자유라는 관념에 가장 강력하게 헌신한 사회다.

　피트니스는 몸을 거쳐 작동하지만 결코 몸에만 국한되어 있지 않다. 그렇기 때문에 이 책은 신체단련'만'이 아니라 그 이상의 것도 중요하게 다룬다. 1장은 우리의 현재, 가장 가까운 과거 그리고 몸의 모양과 몸의 물질성이 갖는 의미에 중점을 두고 있다. 그렇기 때문에 중심이 되는 내용은, 직접적으로 몸을 지향하며 우리 현대사회에서 정말 강박적으로 이루어지는 여러 실천 행위와 정책들, 즉 몸 움직이기와 영양섭취다. 2장에서는 피트니스 개념의 역사를 개관하는데, 그 범위는 18세기부터 1970년 대까지다. 이 장은 역동성Dynamik과 실현가능성Machbarkeit이라는 관념이 어떻게 근대 사회를 점점 더 많이 헤집고 들어가 우리가 오늘날 알고 있는 피트니스라는 개념으로 빚어졌는지를 제시한다. 3장, 4장 및 5장은 몸이 실제로 행하는 일로서의 피트니스를 뛰어넘어 더 멀리 나아간다. 눈여겨볼 점은 한 개인을 생산적 사회구성원이자 주체로 인정하는 데에 극도로 중요한 세 개의 영역이다. 3장은 피트니스가 노동과 어떤 관계가 있는지를 다룬다. 말하자면 몸과 생산성이라는 것이 어떤 의미를 갖는가를 파헤친다. 4장은 피트니스와 섹스의 관계에 눈을 돌려 생식과 정력이라는 문제를 주시한다. 5장은 피트니스와 전투태세의 관계를 언급한다. 여기서는 피트니스가 영웅이라는 이상적 존재와 어떻게 서로 맞물려 있는지를 논의한다. 영웅이란 군인만이 가질 수 있는 꿈이라는 생각이 오랫동안 이어졌다. 하지만 꽤 오래 전부터 일상생활 속에서 벌어지는 갖가지 전투가 영웅 만들기에 점점 더 가세하게 되었다.

각각의 장은 그 자체로 독립적이며 따로 읽어도 상관없다. 하지만 피트니스가 여러 근대 사회 속에 얼마나 깊이 뿌리박고 있는지, 또 책임감, 성취, 시장 및 경쟁에 희망을 거는 어떤 사회에서 이 피트니스가 성공이나 실패, 인정이나 배제에 대해 얼마나 결정적인지를 알려면 당연히 책 전체를 다 읽어야 한다.

15   I

"팻이 아니라 핏?"
역사 속의 피트니스와
현대의 피트니스

71   II

18세기 이후 피트니스 개념의
경기변동 양상

121   III

노동

163   IV

섹스

207   V

전투

261   VI

생산적이고, 정력적이고,
전투태세 완비라고?

"팻이 아니라 핏?"

역사 속의 피트니스와 현대의 피트니스

자전거 타기와 셀프-트레킹

　　자전거 타기 운동을 하는 이들은 - 보통 사람이든 전문가든 상관없이, 일요일에 한 라운드를 돌든 알프 뒈즈*를 오르든 상관없이 - 핸들 위에 자그마한 자전거용 컴퓨터를 하나 달고 달린다. 이 기계는 속도와 주행 거리를 알려주고, 얼마나 올라왔는지 알려주는 고도계 역할도 한다. 뿐만 아니라 기계에 따라서는 맥박, 페달 회전수와 와트로 표시되는 일률도 보여준다. 그 외에 칼로리 소비량도 계산해준다고 한다. 이렇게 하는 목적은 자명하다. 자전거에 장착된 이런 컴퓨터는 자기 관찰에 이용된다. 그러므로 성취 수준이 어느 정도인지를 알려주어야 하고 트레이닝의 최적화, 몸 완벽하게 만들기 및 자전거 운동을 하는 이의 잠재력 향상에 도움을 주어야 한다. 자전거 운동에 어차피 기본이 되는 기술과 신체 간의 공생이 새로운 수준에 다다른 것이다.[1]

　　그러나 자기 성능 개량이라는 목표와 관련하여 볼 때, 이런 기기에는 결점이 하나 있다. 이 기기는 바퀴 위에서 무슨 일이 일어나고 있는지는 (물론 몸의 성취만을 의미할 뿐, 예컨대 운동 중에 또는 눈에 들어오는 풍광을 통해 얻는 기쁨 같은 걸 말하는 것은 아니다) 아주 정확히 기록하지만 그 트레이닝 외에

---

* 프랑스 남부의 스키 리조트(해발 2-3천 미터)

무슨 일이 일어나고 있는지는 기록하지 못한다. 자전거를 타지 않는 평소에는 내가 얼마나 움직이는지, 맥주를 얼마나 마시는지, 기름기 많은 고기와 감자칩을 먹는지 그리고 잠을 충분히 잘 자는지는 알지 못하는 것이다. 이런 걸 관찰하고 평가하려면 다른 기술이 있어야 한다. 스마트폰에 이런 걸 해주는 앱이 설치되고 몇몇 도구가 보완된다면 자신의 행동을 24시간 추적하여 측정하고 평가할 수 있다. '피트니스-트레킹' 또는 '셀프-트레킹'이 그런 걸 가리키는 말이다. 손목에 차는 스마트워치나 피트니스용 팔찌도 이 일에 쓰일 수 있다. 이렇게 함으로써 자기 행위의 측정 및 파악은 일상 전체를 관통하여 자기가 바라마지 않는 희망상태에 이를 때까지 이어진다. 이 모든 것이 성취능력을 위한 일이다.

독일에서는 운동, 식사 및 수면 그리고 신체 관련 측정 수치와 관련된 이러저러한 종류의 자료에 기록되는 사람이 대략 인구의 1/3 정도라고 한다. 미국에서는 그 수치가 거의 70%에 이른다고 하는데, 이 수치는 설문 대상자가 누구인지, 또 정확히 무슨 말을 하는지에 따라 크게 변한다.[2] 샌프란시스코 광역 도시권에서는 2007년에 '자기정량화Quantified-Self' 운동[*]이 새로 생겨났다. 이제는 서구 세계 전체에 퍼진 이 운동의 지지자들은 자기 신체, 행동 및 환경 매개변수만 측정하지는 않는다. 그들은 심리

---

[*] 자신의 모든 것을 수치로 나타내자는 운동

테스트, 유전자 염기서열 분석을 비롯한 많은 검사를 받는다. 독일의 자기정량화 운동 단체의 인터넷 사이트에 따르면, 그 목표는 "어떻게 하면 더 훌륭한 결정, 보다 많은 정보에 기초한 결정을 할 수 있는지를 우리 자신을 성찰해 인식하는 것"[3]이다. 다수의 '셀프-트레커'가 자기 지식과 데이터를 같은 성향을 지닌 이들의 커뮤니티와 인터넷에서 공유하고 있는데, 이들은 파트너이면서 경쟁관계이기도 하다. 이제는 대서양 양편의 보험회사들이 '셀프-트레킹'과 '피트니스-트레킹'에 대해 또는 그 과정에서 발생한 데이터에 대해 할인을 허용하고 있다. 이들 회사는 여기에 필요한 앱을 개발하기도 했고, 필요한 기술을 제공해주기도 한다. 그렇게 하면 질병에 걸릴 위험성을 더 빨리 그리고 더 잘 인식할 수 있다는 것이 보험회사들의 주장이다.[4]

　　이로 인해 보건 분야의 전자화된 진료기록 및 '빅 데이터'에 대해 사회정치적인 민감한 질문들이 제기된다. 하지만 우리가 여기서 다루는 것은 좀 다르다. 구체적으로 말하자면 자유로운 개인, 경쟁, 시장 및 성취를 본질적 원칙으로 삼는 한 문화사회에서 하나의 틀로 자리 잡은 실천행위로서의 '셀프-트레킹'이다. 자기정량화 운동을 하는 이들은 자신들의 행위가 '삶의 모든 영역'을 목표로 한다고 강조한다. 그러니까 이들의 피트니스 개념은 스포츠와 본래적 의미의 신체단련을 크게 넘어선다. 물론 '셀프-트레킹'을 하는 이들은 일차적으로는 자신과 자신의 몸 간의 관계를 추적하지만, 자신들의 행위와 그 과정에서 생겨난 데이터가 몸, 개인, 사회 및 생활환경 간의 여러 관계를 생성하는 것도 동시에 허용한다. 구성원의 책임감과 성취능력에 기초하는 어떤 사회에서는 이 '셀프-트레킹'이 심지어 참여적 시민이 해야 할 실천행위로 통할 수도 있다. 시민의 자격이라는 개념은 따라서 법적인 어떤 하나의 차원에 국한되지 않는다. 거기에는 어떤 사람이 무슨 이유로 사회로부터 생산적 구성원이라고 인정받아 뭔가를 요구할 권리를 얻어낼 수 있느냐는 물음도 포괄된다. 자기 피트니스를 위해 애쓰는 것이 그런 인정 여부를 결정하는 기준이라면 20세기 말과 21세기 초의 자전거 타기 운동을 하는 이들은 선량한 시민의 원형이다.[5]

신자유주의 시대의 건강, 피트니스 그리고 패트니스 Fatness

피트니스의 정의

그러므로 피트니스는 스포츠에서의 성공을 위한 전제 그 이상의 무엇이다. 21세기에는 이에 대해 대체로 합의가 존재한다. 보건 당국에 물어보든, 사회학자 지그문트 바우만이나 철학자 페터 슬로터다이크 아니면 신체 움직임에 대한 학문인 키네시올로지 전문가 카렌 폴크바인에게 물어보든 상황은 마찬가지다.[6] 예컨대 폴크바인은 피트니스를 트레이닝을 통해 안정 상태에 다다른 건강이라고 정의한다.[7] 이 정의는 일견 분명하고 단순해 보일 수도 있지만, 보다 정밀하게 들여다보면 피트니스라는 말이 그 범위가 엄청나며 무척 복잡하고 수많은 함의를 지니고 있음을 알 수 있다.

첫째로 이 피트니스라는 말은 건강과 밀접한 관련이 있으며, 서구 여러 사회의 최근 역사에서는 질병이 없는 상태 그 이상을 의미한다. 세계보건기구WHO가 1948년 설립될 때에도 이미 그렇게 보았다시피, 건강이란 신체적, 정신적 및 사회적으로 안녕한 어떤 상태다. 이 말은 여러 도전거리를 잘 이겨내 선량하고 생산적인 삶을 영위할 가능성과 능력이 있음을 내포한다. 이로써 건강은 성공의 상징이자 남에게 인정받는 데 필요한 전제조건도 된다.

피트니스에 대한 폴크바인의 정의가 둘째로 뜻하는바는, 건강이란 트레이닝을 통해 안정 상태에 이를 수 있는 어떤 것 혹은 트레이닝을 하지 않음으로써 방치되어 엉망이 될 수 있는 그 무엇이라는 것이다. 이로써 건강과 삶의 질 이 두 가지는 - 완전히는 아니지만 그래도 상당한 정도까지 - 각 개인이 스스로 책임져야 하는 일이 되어버린다. 이 개인들은 자신을 위해 그리고 자기 삶을 위해 적극 나서서 적절하게 예방 차원의 행동을 해야 한다. 예방이라는 실천행위는 '근대의 핵심 문화기술

Kulturtechnik[*]의 하나'라고 말할 수 있다. 1950년대부터 '예방'은 의학계 및 사회 일반에서 하나의 결정적인 원칙으로 자리 잡았다. 사회학자 울리히 브뢰클링은, 이 원칙으로 인해 인간은 "자기 삶에 대해 책임감 있고 유능한 주도적 존재로서의 의무를 다하게 된다"고 말한다.[8]

셋째로 건강은 트레이닝을 통해 안정 상태에 이를 수는 있지만 그래도 결코 완벽하게 안정적일 수는 없다. 그러므로 건강한 상태에 이른다는 것은 절대 있을 수 없는 일이며, 적어도 최종적으로는 그렇게 될 수 없다. 우리 인간은 결코 그 지점에 다다르지 못하며, 점점 더 나이를 먹을수록 그 지점에서 점점 더 멀어진다. 트레이닝을 그만두거나 자신의 피트니스를 위해 애쓰지 않는다면 그는 건강을 소홀히 하는 사람이다. 건강이란 붙잡아둘 수 있는 게 아니다. 그렇다 보니 우리는 그 건강에 매달려 항구적으로 애를 써야만 한다. 말하자면 건강은 곧 끊임없는 행동을 의미하는 것이다. 쉬지 않고 자기 관리를 한다 하더라도 질병이 생겨날 수 있음을 우리 모두가 비록 알기는 하지만, 그래도 피트니스의 논리는 그 작용력이 매우 강하다.[9]

---

* 여러 인생 문제를 극복하는 데 필요한 문화적 및 기술적 개념들을 지칭. 이때 문화적 성취(환경 형성하기), 기술적 능력(기술 사용하기) 및 기술(대상)은 복잡한 관계 속에 있다. 예를 들면 불의 사용, 농업, 예술, 학문, 달력 사용, 지도 활용 등이 여기에 속한다. 19세기 후반에 생성된 개념으로, 당시에는 라틴어 어원에 근거하여 '땅을 경작 가능한 상태로 만드는 데 필요한 모든 기술'을 의미했다. 예컨대 토지 측량, 용수 공급 등도 여기에 포함된다.

표준적 개념으로서 건강

이로써 건강은 잘 살고 있다거나 잘못 살고 있다는 생각을 결정하는 가장 표준적인 개념이다.[10] 이것이 피트니스에는 더 많이 해당되는데, 이는 피트니스가 명백히 생활방식과 건강을 이어주는 경첩으로 기능하기 때문이다. 조본Jawbone이나 마이크로소프트Microsoft 같은 회사들은 자기네 피트니스 팔찌를 구매할 만한 고객들을 향해 "너 자신을 알라. 더 잘 살라Know Yourself. Live better" 그리고 심지어 "더 나은 인간이 되라Be a better human"고 요구한다. 이 요구는 동시에 약속으로 다가온다.[11] 피트니스는 여러 자유주의 근대사회가 지닌 통제적, 규범적 이상의 하나다. 이 피트니스는 인간의 있는 그대로의 모습만이 아니라 어떤 모습이어야 하는지도, 그리고 어떻게 하면 그런 당위적 모습이 될수 있는지도 말해 준다.[12]

따라서 우리는 피트니스가 어떻게 작용하는지를 따져 물어서, 그 피트니스를 통해 이루어지는 감싸기와 배제를 만천하에 드러내야 한다.[13] 누가 핏한 사람으로 간주되며 누가 그렇지 못한 사람인가? 어떤 이는 핏한 사람으로, 다른 이는 그렇지 못한 사람으로 간주하면 어떤 일이 일어나는가? 인간은 피트니스를 통해 지배받는데, 이 말이 우선적으로 통하는 곳은 자발적 동참을 특별한 정도로 요구하는 여러 자유주의 사회다.[14] 자유주의 사회의 중심 원리가 스스로 책임지는 개인이기 때문이다. 그리고 스스로 책임진다는 것은 삶의 모든 영역에서 자신이 얼마나 준비되어 있는지, 또 어느 정도의 능력을 갖추고 있는지를 챙기는 것까지도 의미한다. 이걸 성공적으로 해낸다는 것은 어떤 사람이 자신과 사회에 대해 책임을 떠맡을 수 있음을 보여주는 것이다. 성공한 개인으로, 또 선량한 사회구성원으로 대접받으려는 이는 생산과 재생산을 할 수 있어야 하며 싸울 준비가 되어 있어야 한다. 또 근면해야 하며 매력적이고 튼튼해야 한다. 여기에 피트니스가 통제 및 규범적 요소로 작용한다. 그렇다고 예컨대 법규와 처벌을 통해 외적으로 강제한다는 뜻은 아니다. 그러나 피트니스는 주변부와 쓸데없는 존재를 만들어내며 이로써 배제되는 존재를 낳는데, 바로 여기에 피트니스의 통제적 규범적 작용이 들어있다. 이상에 부합하지 못하는 이, 병들었거나 신체적 제약이 있는 것으로 간주되는 사람, 또는 제 몸에 충분히 신경 쓰지 못함으로써 핏한 상태의 획득이나 그 상태의 유지에 실패한 사람은 - 분명 - 가장자리로 밀려나거나 배제되는 것이다. 피트니스가 어느 정도의 작용력을 갖는지, 또 그 피트니스의 여러 요구사항이 어떻게 형성되며 그 중요도가 각각 어떠한지는 역사 속에서 매우 다양하게 나타난다.[15]

체지방에 대한 두려움

피트니스의 무게감, 피트니스의 신체와의 연관성, 그리고 이 모든 것이 갖는 정치적 의미의 크기를 그 무엇보다도 더 적확하게 보여주는 것은 바로 체지방에 대한 집단적 두려움이다. 서구 사회는 지난 수십 년 동안 지방에 대한 공포를 옛날보다 더 많이 갖고 살았다. 처음에 얼핏 보면 피트니스와 패트니스Fatness는 서로 대척점에 있는 것으로 보이지만, 둘은 상호 제약적 관계하에 있다. 말하자면 자기 제어가 되는 유능한 한 개인을 중심으로 배열되는 하나의 문화사회를 그 둘이 함께 질서 잡는 것이다.

그런 사회에 사는 사람이 '독일이 뚱뚱해진다'라거나 독일인들의 몸 움직임이 점점 더 줄어든다, 독일인들이 '점점 더 뚱뚱해진다'라는 기사를 매주 어디에선가 읽고 듣는다면 분명 불안해질 것이다.[16] 모든 독일인의 절반가량이 너무 뚱뚱하며 대략 1/5 정도가 비만중이라고 언론이나 정계가 떠들 때 그들의 손에는 항상 학술 연구 하나가 쥐어져 있다. 미국은 심지어 인구의 2/3 이상이 과체중이며 거의 40%가 비만중인데 특히 시골 지역의 경우가 그러하다고 한다.

미국은 주 및 인구 그룹에 따라 모집단의 55%까지 비만인 경우가 있는데, 그 비율은 생활환경, 빈곤 정도 그리고 - 빈곤과 관련 있는 - 피부색 및 성별에 따라 다르다. 달리 표현하자면, 비만 그룹 중에서도 미시시피주에 사는 가난한 흑인 여성이 가장 뚱뚱한 편이다. 유별나게 뚱뚱한 사람은 자유주의 사회가 요구하는 여러 조건을 충족시키는 데에 실패한 자로 간주된다. 게다가 뚱뚱함은 곧 질병이 있다는 뜻으로 통한다.

그런 까닭에 의학계에서는 비만증Adipositas이라는 용어로 그들을 지칭한다. 심지어 20세기 후기부터는 뚱뚱함을 전염병이라고 말하기도 한다. 이리하여 뚱뚱함은, 바이러스를 통해 퍼지는 것은 아니지만, 그래도 다수의 특정 생활조건 및 생활환경을 바탕으로 인구의 상당수에 전염되는 하나의 질병이 되었다. 미국 정부는 2001년에 이 용어를 공식적으로 받아들였으며, 같은 해에 비만에 대해 글자 그대로 선전포고를 했다. 세계보건기구WHO는 오래전부터 '글로베서티globesity*'라는 용어를 사용하고 있는데, 이런 비만 현상이 전 지구 차원에서 증가하고 있음을 가리키기 위해서다.[17]

체지방 과다나 과소가 건강에 어떤 영향을 미치는지는 이 자리에서 판정할 수도 없고 하지도 않겠다. 이와 관련된 언급들이 매우 들쭉날쭉한 데다, 체지방과 건강 간의 관계가 겉으로는 자명해 보이지만 여러 해 전부터 점점 더 논란거리가 되고 있는 탓이다. 예를 들면, 체질량지수BMI는 오래전부터 체지방의 지표로나 - 이 수치가 높을 경우 - 그것과 함께 일어나는 질병 및 사망률을 나타내는 지표로는 더 이상 널리 인정되지 않고 있다. 최근의 여러 연구 역시 체지방이 적어도 어느 정도는 더 많은 것이 살아가는 데에 분명 유리하다는 것을 보여준다. 게다가 이를 뒷받침하는 연구결과가 출간되어 다른 연구보다 더 많은 주목

---

* 지구를 의미하는 global과 비만이라는 뜻의 obesity를 합친 신조어

"팻이 아니라 핏?"
역사 속의 피트니스와 현대의 피트니스

을 받게 될 가능성이 비교적 높다.[18] 그럼에도 불구하고 뚱뚱함을 사회적으로 나쁘다고 여기는 상황은 거의 중단 없이 지속되고 있다. 여기에는 눈에 보이는 것에 담긴 눈에 보이지 않는 권력이 작동하는 것 같다. 아닌 게 아니라 사람들은 지방이 좋은 것일 수 있다기보다는 사람을 굼뜨고 둔하게 만든다고 생각하는 것 같다.[19]

피트니스 담론의 정치성

이 대목에서 중요한 것은, 무엇이 정말 건강하거나 건강하지 않은 것인가가 아니라, 오히려 '패트니스'와 피트니스에 대한 담론이 지닌 강력한 힘과 튼튼함, 그리고 그 담론이 사회에 미치는 여러 작용이다. 뚱뚱함에 대한 담론은 여러 측면에서 극도로 정치적이다.

거기에는 일단 고전적인 정치적 층위가 있다. 독일 연방 정부는 2007년 '팻 대신 핏하기 액션플랜'을 가결했고, 2008년에는 '체형 갖추기. 건강한 영양 섭취와 더 많은 운동을 위한 독일의 제안IN FORM. Deutschlands Initiative für gesunde Ernährung und mehr Bewegung'이라는 캠페인을 출범시켰다. 이런 종류의 제안은 1970년대까지 거슬러 올라간다. '팻 대신 핏'과 '체형 갖추기IN FORM'는 2020년까지 '건강한 삶을 사회적 가치로' 확고하게 자리 잡게 하여 독일인의 영양 섭취 및 운동 행태를 개선하는 것을 목표로 삼고 있다. 하지만 그 길을 깔아주는 것이 법과 형벌이어서는 안 된다고 한다. 그들이 하려는 것은, 오히려 사람들이 그런 결정을 내려 행동하는 데에 필요한 기본 조건들을 제대로 만들어주고 온갖 종류의 유인책을 마련해주는 일이다. 따라서 이 일을 주도하는 공공 기관들은 국민들로 하여금 건강에 더 좋은 음식을 먹고 운동을 더 많이 하도록 훌륭한 모범을 보여주고, 지식과 정보를 제공해주며, 동기를 부여해야 한다. 그러니까 감자튀김을 먹을지 샐러드를 먹을지, 또 소파에 앉아 있을지 아니면 자전거를 탈지를 독일인은 앞으로도 계속 자유롭게 결정해도 된다는 말이다. 그러나 결정이라는 건축물은 '더 건강한' 길을 가는 것이 더 간단한 일이 되도록 지어져야 한다. 이건 '넛지 행위 Nudging'라는 느낌을 준다. 넛지라는 것은 그사이 독일에도 이미 도래한 일종의 통치형식으로, 시민들을 '팔꿈치로 슬쩍 찔러줌으로써' 그 시민 스스로가 자발적으로 '더 나은' 것, 그리고 '더 건강한' 것으로 간주되는 것을 선택하도록 유도하는 행위를 말한다.

자유로운 사회에서 살아가는 자유로운 개인은 자유롭게 결정해야 하기는 하지만, 그 과정에서 자기 자신의 생산성에도 유용하고, 그럼으로써 공동체의 생산성에도 쓸모 있는 그런 결정도 동시에 내려야 한다. '팻 대신 핏'은 그 강령 첫 문장에서 "예방은 미래에 대한 투자"라고 강조한다.[20] 미셸 오바마는 미국의 퍼스트레이디로 지내는 동안 대중의 눈길을 많이 끌었는데, 가장 크게 주목받은 것은 팻과의 전쟁을 이끌 때였다. 영부인이

27

주도한 '레츠 무브Let's Move'라는 운동은 무엇보다 아프리카계 미국 아동을 목표로 삼았다. 아이들로 하여금 더 많이 움직이고 더 나은 음식을 먹도록 유도하고 동기를 부여한 것이다. 영부인은 그 일에서 중요한 것이 정보와 유인책의 제공, 단체급식소와 산업계의 협력 그리고 자신이 스스로 모범을 보이는 것이라고 생각했다. 그래서 백악관 텃밭에서 채소를 뜯어다 아이들과 함께 음식도 만들고, 함께 뛰어다니기도 하고, 춤도 추고, 아령도 들고, 팔굽혀펴기도 했다. 물론 미국 언론매체들이 보는 가운데 말이다. '레츠 무브' 같은 프로그램은 지시를 통해서는 성공할 수 없다는 것과 피트니스는 정치적으로 강제할 수 있는 성질이 아님을 영부인은 당연히 잘 알고 있었다.

　　뉴욕시 블룸버그 시장은 2014년 놀이공원 등지에서 소프트드링크를 16온스(0.47리터)를 초과하는 용량의 컵에 담아 판매하는 것을 금지하려 했지만 (독일 녹색당이 2013년 '채식의 날 Veggieday'이라는 걸 만들려 한 것과 마찬가지로) 장엄하게 실패하고 말았다. 뉴욕시 최고법원이 블룸버그 시장의 "탄산수 금지"에 맞서는 판결을 내리고 만 것이다. 그런 금지를 발령할 권한이 시 보건당국에 전혀 없다는 것이 그 이유였다. 그러나 시민대중 및 정치권의 싸움은 당국의 발령 권한을 둘러싸고 벌어진 게 아니라 자유권이라는 기치 하에서 이루어졌다. 탄산수 판매금지에 반대하는 이들은 '국가가 보모라도 되는 듯' 전지전능하다는 환상에 빠져있다고 신랄하게 비판했다. 미셸 오바마는 정치적 원칙으로서의 선택의 자유와 결정의 자유가 갖는 거대한 의미에 대해 물론 알고 있었다. 미국은 국가 탄생 이래 이 자유를 중요시해왔으며, 1970년대 이후 이 자유는 전에 없던 높은 수준에 이르렀다. 그런 까닭에 오바마 여사는 금지라는 강제적 조치가 아닌 방식으로 작전을 전개했다. 말하자면 영부인은 자기 말처럼 '건강한 선택'이 아니라 '간단한 선택'이 되도록 결정구조를 설계하려 했던 것이다. 그럼에도 불구하고 보수-자유 공화당원들은 국가개입이라며 영부인을 욕했는데, 이는 선택과 결정의 자유를 둘러싼 싸움이 미국에서 얼마나 치열하게 벌어지는가를 잘 보여준 장면이다.[21]

그러나 피트니스와 '패트니스'를 둘러싼 담론 속의 정치적 요소가 갖는 영향력은 고전적인 정치영역의 그것을 크게 뛰어넘는다. 국회의원 및 정부 각료들의 행위를 능가하며, 실행계획, 법적 금지조치를 둘러싼 치열한 토론 공방 또는 설탕세나 지방세脂肪稅를 능가하는 영향력이다.[22] 하나의 문화사회가 자기 능력과 성공을 개인 및 주민 전체의 성취능력에서 길어온다면 그 사회를 우리는, 미셸 푸코식으로 말하면, 생명정치적biopolitisch이라 일컬을 수 있다.[23] '생명정치의 탄생'은 19세기에 이루어진 하나의 절차인데, 이에 대해서는 다음 장에서 보다 상세히 기술하겠다. 그러나 나는 생명정치의 질서가 주민 전체의 잠재력을 겨냥하고 있으며 몸과 체형을 통해 인간 및 인간집단을 규정하고 자리매김함을 여기서 미리 언급해두고 싶다. 이 질서는 인간 및 인간집단이 여러 자원 및 사회참여에 접근하는 것을 통제하며 그리하여 그들이 그 사회의 창의적 구성원으로서 경험할 수 있는 인정認定의 깊이가 어느 정도인지를 측정한다. 거기서 체형은 능력의 상징, 즉 책임 있는 결정을 내리는 능력, 자유주의 경쟁사회에서 나름의 기능을 수행해내는 능력 및 그 사회의 발전에 도움이 되는 능력의 상징이 된다. 이로써 체형은 누가 '호모 폴리티쿠스', 즉 정치적 인간으로 간주될 수 있는지를 결정한다. 뚱뚱함은 이런 능력의 결핍으로 간주된다. '셀프-트레커'가 생명정치적 피트니스 사회의 원형을 구현하듯, 다시 말해 심지어 더 나은 인간이고자 하는 소망과 노력을 구현하듯, 뚱뚱함은 결정능력, 성취능력 및 성취태세의 결핍을 상징하는 것 같다.[24]

<아틀란틱> 2010년 5월호 표지

그렇기 때문에 소위 전염성이 있다는 비만증을 두고 펼쳐지는 여러 위기 시나리오는 비만이 개인의 문제를 뛰어넘는 어떤 문제임을 알려준다. 잡지 〈아틀란틱 Atlantic 〉의 2010년 5월호 표지는 이를 '일거에' 아주 극명하게 보여주며, 뚱뚱한 신체는 자유 사회, 그 사회의 기능방식 그리고 그 사회의 원칙이 위기에

처했음을 알려주는 신호인 것 같다. 자유의 여신상 몸에 달라붙은 지방질이 표현하는 바는, 자유를 바탕으로 세워졌으며 행복 추구, 스스로 책임지는 행동 및 성취 태세를 신뢰하는 사회질서가 체지방 때문에 그 존재를 위협받고 있다는 것이다. 이 시나리오에 따른다면, 자유의 여신상은 무너지기 직전인 것 같다. 늘씬함, 가벼운 몸, 피트니스 같은 말들은 신자유주의와 유연한 자본주의의 시대에 이상적인 개인과 그들의 신체를 묘사할 때 그 어느 때보다 더 많이 쓰이는 개념들이다. 이 용어들은 그 외에도 사회, 경제 및 국가의 능력이 어떠한지를 표현할 때에도 활용된다. 늘씬한 국가에 어울리는 늘씬한 시민, 핏한 기업과 그 기업의 '린 프로덕션'에 어울리는 핏한 (자유로운) 직원.[25]

이때 신자유주의라는 말이 가리키는 것은 언제 어디서든 항상 시장 모델을 지향하는 사회 및 정부 형태다. 이로써 인간은 어떤 인생 여건에서든 경쟁적 상황에 처한 시장행위자로 간주된다. 여기서 더 나아가 신자유주의는, 정치학자 웬디 브라운이 말하듯, "이성의 한 특징적 양식, 주체 생산의 한 특징적 양식, '행위 유도[*]'이자 평가의 틀"이다. 언제 어디서든 주체의 행위는 자기 자신에게 투자함으로써 자신의 '자산 가치'를 높이는 데에 맞

---

[*] Führung des Verhaltens. 푸코의 용어 conduct of conduct를 번역한 말로, 비강압적 내지 우호적 수단을 통해 특정 행위를 하도록 유도하는 것을 의미함. "행동지침"이라고도 번역됨.

"팻이 아니라 핏?"
역사 속의 피트니스와 현대의 피트니스

추어져 있어야 한다. 이렇게 투자하고 자신에 매달려 애씀으로써 가시적 성공을 거두는 것이 목표다. 여기에 성공하면 각 개인은 창조적 사회구성원으로 인정받을 수 있다. 따라서 신자유주의에서는 개인과 사회의 관계가 새롭게 측정된다. 시민으로 인정받는 것은 권리의 문제만이 아니다. 개인이 공공의 안녕에 대해 염려하는 것하고만 관련되어 있지도 않다. 그런 인정은 개인이 자기 자신에게 투자하여 성공함으로써, 또 자신의 인적 자본을 최대화함으로써 점차 생겨나는 것이다. 따라서 선량한 사회구성원에게 제기되는 요구사항들을 가장 잘 충족시키는 이가 가장 우수한 투자자다. 그러므로 '호모 오이코노미쿠스*'이기도 한 사람만이 호모 폴리티쿠스로 간주될 수 있다.[26]

생물학적 시민권으로서 신체

구체적으로 지적하면, 신자유주의에서 피트니스가 정치적 압박으로 작용한다는 것을 우리는 '생물학적 시민권'이라는 개념으로 포착할 수 있다. 제 몸과 건강, 생명력 및 삶의 가능성의 최대화에 대한 염려가 자유주의 사회에서 모든 각각의 인간에게 얼마나 심하게 일종의 의무가 되어버렸는지를 사회학자 니콜라스 로즈는 강조한다.[27] 여기서 로즈가 관심을 둔 것은 특히

---

* 라틴어 표현이며, 영어식은 호모 이코노미쿠스

유전공학과 줄기세포 연구가 갖는 사회적 정치적 함의다. 그에 따르면, 신체의 기본 프로그램까지 다 뒤져 건강에 의심스러운 모든 순간을 감지해내고, 그것의 교정 가능성을 검토하며, 거기에 맞게 생활방식을 조절하라는 것이 우수한 시민에 대한 요구사항이 되어버렸다.[28]

'생물학적 시민권'이라는 개념으로 인해 신체, 자유, 피트니스, 시민으로서의 각종 의무 및 인정의 관계를 바라보는 눈길이 엄정해지고 있다. 이제 자유주의 사회는 생물학을 바탕으로 하여 고안된 각종 구별장치 없이는 절대 돌아가지 않게 되었다.[29] 그렇게 아메리카 공화국은 건국 당시 비록 모두에 대한 자유를 자국의 정치 원칙으로 선언하기는 했지만, 동시에 이 공화국은 개인의 자유와 사회의 인정을 어느 정도까지 부여해줄 것인지를 '인종', '성별' 및 '섹슈얼리티', 말하자면 생물학을 바탕으로 고안된 범주들과 결부시키고 말았다. 오로지 백인 남성들만이 제 몸을 핏하게 만들고 자기 신체를 통해 자신을 의미 있게 규정하는 기본 능력을 갖고 있다고들 오랫동안 떠들어댔다. 이에 맞서서 여성주의자들은 19세기부터 싸웠다(예를 들면 자전거 타기를 개인적 및 정치적 실천이라고 찬탄하는 노래를 지어 부름으로써 그렇게 한 것이다).[30] 하지만 그런 견고한 생물학적 범주에 젖어버린 사상에 대해 여러 사회운동이 강력한 거부의사를 표명하기 시작한 것은 1960년대에 들어서였다. 이 범주들은, 물론 오늘날까지도 완전히 없어지지 않고 있기는 하지만, 그 근본부터 완전히 흔들리고 말았다. 그 대신에 사회, 인간 및 신체란 형성하기 나름이라는 믿음이 앞으로 밀치고 나왔다.[31]

그러나 이와 더불어 '생물학적 시민권'이 의미할 수 있는 것 역시 변했다. 이제 본질적으로 중요한 것은 자기 신체, 그 신체의 여러 능력과 가능성을 형성하고 최적화하는 것, 곧 자기 피트니스에 대한 투자다. 따라서 이제 몸을 매개로 이루어지는 여러 구별이란 더 이상 무조건 흑백 간의 구별이나 남녀 간의 구별이 아니다. 피트니스를 이상적 통제장치라고 보는 문화사회가 구별하는 것은 '핏'한 몸과 '핏하지 않은' 몸이다. 이 말은, 자신에게 투자한다, 자신에게 매달려 애를 쓴다, 자기 잠재능력을 이용할 줄 안다는 믿음을 줄 수 있는 사람들이 있다는 것, 그리고 그런 신뢰를 충분히 주지 못하는 다른 사람들이 있다는 뜻이다.[32] 자기최적화를 할 의지와 능력은 사회적으로 얼마나 인정받는가에 매우 중요하며, 그런 시도의 성패를 결정하는 기본 능력은 몸과 그 몸의 형태를 보면 알 수 있는 것 같다. 뚱뚱한 몸은 능력있는 핏한 몸과 성공한 인간 일반에 맞서는 본질적인 대립개념이 되었다. 팻은 게으름, 무능, 무절제 및 무지의 상징으로, '거짓된', 건강하지 못한 행동의 상징으로 간주된다. 그렇기 때문에 사진 속의 그 뚱뚱한 자유의 여신상은 개인의 실패 그리고 국가 및 자유주의 체제의 위기를 상징한다.[33]

우리 피트니스 시대의 여러 자취는 18세기와 19세기, 그러니까 리버럴리즘, 경쟁 및 다윈의 진화론이 형성된 때로까지 거슬러 올라간다. 이 자취들을 모으니 경계가 뚜렷한 밭이 하나 만들어졌다. 원칙이자 실천행위로서의 피트니스를 처음으로 태동시킨, 그럼으로써 뚱뚱함은 문제라는 인식도 만들어낸 밭이었다.[34] 다음 장에서 나는 이 문제를 보다 자세히 설명할 것이다. 그러나 우선은 비교적 가까운 과거에 머물 것이다. 1970년대 이래의 역사를 보다 정밀하게 들여다보면, 우리 눈앞에서 펼쳐지는 격동의 피트니스를 더 잘 파악하는 데에 도움이 되기 때문이다.

'나' 중심의 70년대 이래 '제대로' 먹기란?

'제대로' 먹기는 피트니스 시대에 볼 수 있는 사회적 강박의 하나다. '제대로 된' 식사라는 문제는 곧장 소비사회와 성취사회 간의 긴장관계로 이어진다. 이미 제2차 세계대전 직후에 나타난 이른바 잘 먹기 물결Fresswelle*은 경제기적을 이룬 독일을 사로잡았다. 수십 년 동안 없이 살다가 이제 마침내 다시 그런 걸 감당할 상황에 다다른 덕분이었다. 비록 독일 평균가정의 살림살이가 여전히 풍족하지는 않은 상황이었지만 식료품은 다시 비교적 넉넉해진 것이다. 미국에서는 소비가 선량한 시민의

---

* 2차대전 이후 독일에서 유행한 현상으로, 값비싼 음식을 배불리 먹는 일을 가리킴

"팻이 아니라 핏?"
역사 속의 피트니스와 현대의 피트니스

주된 활동거리가 되었다. 먹는 일은 1950년대의 여러 소비 공화국에서 유일하지는 않지만 어쨌든 중요한 하나의 요소였다. 식품은 - 무엇보다도 미국에서 - 점점 제조업을 통해 만들어졌으며 발전적으로 그리고 근대적으로 섭취되었다. 예를 들면 해동한 뒤 데운 음식으로 저녁상을 차려 텔레비전을 보면서 먹었고, 초창기 맥도널드 지점 여러 곳에서는 '노상에서' 식사를 할 수도 있었던 것이다. 1950년대는 식료품 산업의 황금기였다. 성장은 엄청났고, 거의 아무도 그 산업이 하는 일에 의문을 제기하지 않았다. 미국인들은 여태 이 세상을 산 사람들 중에서 자기들이 가장 잘 먹은 사람들이라고 떠벌였다. 얼마 안 가 미국의 전문가들이 굶주림의 종말이라는 말을 입에 올렸다. 그러나 여기에 해당되는 이들은 무엇보다도 성장하는 백인 중산층이었다. 이와 반대로 비판적 보고서에는 미국 남부, 특히 미시시피주에 사는 아프리카계 아이들의 비쩍 마른 몸이 실려 있었다. 미국에서 가장 가난하고 가장 검은 미시시피주에서는 주민 절반이 굶주림에 시달렸다. 1967년, 텔레비전 방송사가 〈미국의 굶주림Hunger in America〉이라는 제목으로 내보낸 현장 보도방송CBS은 온 나라를 충격에 빠뜨렸다.[35]

비만에 대한 사회적 공포

그러므로 '세계사상 가장 잘 먹는 인간'이 미국에 살고 있다는 이 환호할 만한 진단은 사실상 그 나라 국민의 일부에게만 해당되었던 것이다. 게다가 이렇게 소위 잘 먹는다는 사람들이 실제로 가장 핏하기도 한 사람인가 하는 의심이 이미 1950년대부터 커졌다. 소비가, 얼마나 많은 소비가 사람을 병들게 하고 그럼으로써 그들 자신의 능력에 걸림돌이 되느냐는 물음은 해결 과제였다. 지방과 당분이 너무 많이 든 음식의 섭취, 과도한 음주, 과도한 흡연 및 심각한 운동 부족이 어떤 결과를 가져오는지 의학적으로 연구되었고 공개 토론이 행해졌다. 이때 전문가들이 주목한 것은 무엇보다도 심근경색이었으며, 얼마 안 가 체중 또는 체지방과 사망률 사이에 상관관계가 있다는 판단이 내려졌다. 이미 1950년대에 언론은, 비만이 미국 사람들에게 가장 큰 위험임이 틀림없다고 떠들었다. 〈라이프LIFE〉는 사진이 많은 한 에세이에서 과체중을 재앙이라 일컬은 바 있다.

빵빵한 몸집은 천천히, 그러나 확고하게 위험이라고 해석되는 일이 늘어났으며 성공과 안락의 상징으로 해석되는 경우는 갈수록 줄어들었다. 무엇보다 중년의 백인 중산층 남성이 위험에 처해 있다는 것이 중심 주제가 되었다. 그들은 일을 너무 많이 했고, 자신은 거의 돌보지 않았으며, 흔히 말하듯, 가족과 사회를 위해 자기 건강과 삶을 바친 남성들이었다.[36]

다들 몸에 붙어 있거나 몸속에 있는 지방질을 두려워하는 것으로 보아, 지방이라는 물질이 나쁜 짓을 한 범인임이 분명했다. 물론 얼마 안 가 몸에 나쁜 동물성 지방을 몸에 좋은 식물성 지방과 구분하기는 했지만, 미국의 식단은 중유럽의 식단이 그러하듯 몸에 해로운 지방으로 가득했다. 이와 반대로 올리브유로 대변되는 지중해식 식단은 곧 대서양 양안에서 훌륭한 본보기로 칭찬받았다. 계속 지금까지 해 온대로 먹는 것은 때로는 자살, 또 때로는 집단살해와 비슷한 것으로 취급되었다.[37] 지방질은 전혀 의심의 여지 없이 해악의 주범이 되어 있었는데, 이는 특히 설탕 업계의 대규모 로비 작업 때문이었다. 설탕 역시 그것과 비슷하게 극적인 표현으로 기술되어 헤로인과 비교되었다. 이미 1950년대 중반 및 아이젠하워 대통령 시대(1953-61년) 이래 백악관도 국민 일반의 피트니스에 대해 염려했다. 결국 〈영양과 건강에 대한 백악관 컨퍼런스White House Conference on Nutrition and Health〉는 1969년 미국인에게 지방, 콜레스테롤, 설탕 및 소금을 덜 섭취하라는 강력한 권고를 내렸다. 이제 1970년대의 독일은 '건강의 물결'을 뭐라 일컬었는지 이야기해야 할 것 같다.[38]

반문화 운동과 자본주의의 결합

1970년대는 서구 소비사회로서는 고밀도화와 변화가 동시에 진행된 시대였으며, 성취사회와 소비사회 간의 긴장은 계속 커져갔다. 이때 중심 역할을 한 것이 영양 섭취와 식사였는데, 거기에는 다양한 경제적, 사회적 및 정치적 의미도 들어 있었다. 예컨대 대안적 삶이라는 기치를 내걸고 1960년대에 생겨나 생태적 및 경제적 비판을 내놓은 이른바 '카운터퀴진 coun(cuisine)[*]에서부터 시작하여 그 대척점에는 공장에서의 전례 없는 대규모 생산까지 있었던 것이다. 그래서 '치킨 너겟'은 닭고기와는 사실 더 이상 아무런 공통점을 갖고 있지 않다. 비교적 오랜 기간을 두고 관찰해본 결과, 그 이후의 여러 해 내지 수십 년 동안 '카운터퀴진'과 대량생산이 필연적으로 대립 관계를 형성하지는 않음이 드러났다. 대안 상점인 생태제품 판매점 Bioladen이 서독과 미국에서 생겨난 것은 1970년대 초였는데, 이들은 이제 슈퍼마켓 체인점이 되었다. 생태Bio 제품이 대량생산 제품이 되어 성공을 거두었다는 점에서, 우리는 자본주의가 비판 세력과 협력하는 재주가 있음을 잘 알 수 있다.[39]

　　1970년대의 변화를 더 잘 이해하려면 우선 이 시기의 경제적 사회적 위기를 살펴볼 필요가 있다. 미국은 베트남 전쟁에 소요되는 거대한 비용, 제1차 석유파동, 엄청난 무역적자 그리고 반복되는 인플레 등과 씨름하고 있었다. 그 결과 실질임금은 1973년부터 정체되었고 심지어 줄어들기까지 했다. 수많은 사람의 이러한 소득 상실은 그 이후 수십 년 동안 이어져야 했다. 이제 사회적 및 경제적 여러 문제에 대해 사람들이 내놓는 해법들은 우선은 일단 '덜' 해보자는 식이었다. 덜 하는 정부, 덜한 통

---

[*] 　글자 그대로는 반(反)부엌으로 옮길 수 있는데, 1960-1970년대의 반문화 (counterculture)의 일부로서, 건강하고 지속성 있는 식생활로의 전환을 주장한 운동을 의미한다.

"팻이 아니라 핏?"
역사 속의 피트니스와 현대의 피트니스

제, 덜한 사회보장 정책, 덜 하는 노조, 덜한 임금, 덜한 집단사고, 덜한 분배 같은 식으로 말이다. 다른 쪽에서는 개인이 더 많이 책임지라고, 빚도 더 많이 지고 이윤도 더 많이 가져가라고 떠들어댔다. 이 1970년대는 미국에서는 기나긴 '뉴딜' 시대의 종언을, 자본주의 세계에서는 사회복지 국가 및 포드주의의 종언을 의미한다.

경제와 사회가 신자유주의로 탈바꿈한다는 신호음이 울려 퍼진 때가 이 시기다. 역사가 브라이언트 사이먼은 그때 시작되는 시대를 '싸구려 시대 age of cheap'라 불렀다. 그 시점 이래 모든 것은 싸구려라야 했다. 생산도, 임금도, 상품도, 먹는 것도. 독일 및 유럽 내 다른 나라에서도 이제, 비록 그 변화가 미국에서보다 좀 더 더디기는 했지만, '대호황 이후' 시대가 시작되었다. 하지만 독일식의 사회적 시장경제도 이런 신자유주의의 압박에 그리 오래 저항하지 못해, 결국 1990년대에 그런 사회적 시장경제를 상실하고 말았다.[40]

'싸구려 시대'에 주요 식량의 지위를 차지한 것은 콩과, 무엇보다도 옥수수였다. 특히 미국에서는 해당 작물의 경작지와 농업재벌이 대규모로 성장했으며 (농장이라고 말하면 잘못된 연상을 유발시킬 것 같다), 생산 수익률은 상승했고 가격은 내려갔다. 수확물은 대부분 살코기 제조업에 사료로 들어가며, 나머지는 - 흔히 과당을 많이 함유한 옥수수 시럽의 형태로 - 가능한 모든 식품 속에 들어가거나 수출된다. 마이클 폴란은 미국의 식료품 산업에 대해 가장 큰 목소리로 비판하여 출판계에서 성공을 거둔 사람인데, 그는 미국의 평균적 음식섭취자의 '딜레마'라는 말을 하고 있다. 물론 소비자들에게는 넉넉한 세일 제품과 매우 많은 다양한 식료품 중에서 원하는 것을 선택할 권리가 있다. 하지만 공장에서 가공되는 거의 모든 제품은 어떻게든 옥수수에 바탕을 두고 있다. 옥수수는 (콩과 마찬가지로) 국가의 보조금을 지급받아, 제조업이라 할 정도로 거대한 경작지에서 기계를 통해 재배, 수확된다. 자두, 딸기 또는 샐러드용 채소 같은 다른 농산물은, 물론 생산 방식이 산업화, 합리화되긴 했지만, 아직도 많은 수작업을 거친다. 동시에 식료품 산업과 교역은 1970년대부터 임금 덤핑을 주도한 산업 부문 중 하나였다. 이는 실질임금의 전반적 하락에 아주 제대로 이바지했으며 그렇게 함으로써 자기네 산업이 만들어내는 싸구려제품에 대한 수요를 창출해냈다. 폴란은 더 나아가, 싸구려 먹거리가 아니었다면 훨씬 더 큰 체제 위기, 다시 말해 인구 상당수의 굶주림 그리고 그것으로 인해 야기되는 대중의 분노를 다른 곳으로 돌려놓을 수 없었을 것이라고 추측한다.[41]

물론 미국에서는 더 이상 굶주림이라는 말보다는 '먹거리 불안food insecurity'이라는 표현이 쓰이기는 했다. 그사이 전 가구의 20퍼센트가 이 먹거리 불안 집단에 해당하거나 직접적으로 그런 위협을 받았다. '먹거리 불안'이란, 배는 부른 것 같지만 신체의 필수영양분을 충족 시켜 줄 식료품은 섭취하지 못함을 의미한다. 한 마디로 나라 전체에 널리 퍼져 있는 비교적 가난한 국민들이 이런 식료품을 손에 넣지 못하는 상황인 것이다. 굶주림이라는 말과는 반대로, '먹거리 불안'이라는 말도 비쩍 마른 신체를 연상시키지는 않으며, 연상시키더라도 그저 조금에 그칠 뿐이다. 달리 표현하면, 뚱뚱함은 오늘날 종종 가난과 '먹거리 불안'의 상징으로, 그러니까 식료품이 충분히 제공되지 않는다는 뜻으로 통한다.[42]

이제 이렇게 물어볼 수 있을 것이다. 왜 이 모든 것이 피트니스의 역사에 그리도 중요하다는 말인가? 사회지리학자 줄리 구트만은 현재 및 그 직전 시기에 자본주의, 소비 및 신체의 관계가 어떠했는지 날카롭게 분석해내는 전문가의 한 사람이다. 구트만 교수는 신자유주의 정치경제를 '거식증'이라고 특징짓는다. 그런 정치경제는 한편으로는 늘씬하고 성취능력 있어 보이는 신체를 요구하며, 다른 한편으로는 공장에서 제조된 고칼로리 식료품을 한껏 소비하라고 은근히 부추긴다는 것이 교수의 지적이다. 이런 식료품 생산이 말도 안 될 정도로 저렴해지다 보니 자본주의 판매논리와 소비논리로 보면 비교적 큰 포장이나 대용량 물품을 비싸지 않은 가격에 제공하거나 소비하는 것은 매우 유의미한 일이라는 것이다. 그렇게 판매자는 소비자를 묶어두고('대용량 음식'도 한 번만 계산대를 통과하면 되니 판매자로서는 임금 비용 지출에 거의 차이가 없다), 구매자는 같은 돈으로 더 많은 것을 구입하게 된다고 교수는 말한다. 최저 가격으로 최대치를 소비하는 것은 자본주의에서는 아주 합리적인 행동이다. 게다가 임금은 줄어들고 일자리의 불안정성은 높아지기 때문에 많은 소비자는 절약하지 않을 수 없다. 또 여러가지 일을 해 가면서 한 주를 살아가야 하는 사람들은 '슬로우 푸드'를 택하기보다는 오히려 주전부리와 데우기만 하면 되는 완제품 식품을 후다닥 (싼값에) 소비하는 쪽으로 결정할 것이다. 비교적 빈곤층이 거주하는 많은 지역이 이른바 '식료품 사막food deserts', 즉 건강한 먹거리를 전혀 또는 거의 구할 수 없는 그런 곳임은 말할 것도 없다. 그런 시나리오 속에서라면 우리가 찬미해 마지않는, 선택하고 결정하는 자유 - 이는 자유주의의 기본가치라고 떠받드는데, 세상 그 어느 나라보다 이걸 더 추어올리는 나라가 미국이다 - 는 무엇보다도 소득, 가격 및 생활 여건의 문제가 되어버린다. 구트만은 체형과 계급의 상관관계, 뚱뚱함과 가난의 상관관계는 신자유주의 정책, 소득 격차의 확대 및 공장에서 제조된 싸구려 먹거리를 마구 뒤섞은 잡탕을 먹고 생겨난 결과물이라고 강조한다.[43]

피트니스라는 강박과 규범

1970년대는 국가 통제를 더 줄이는 쪽으로 전환이 이루어졌을 뿐 아니라 일반 시민들에게는 계속해서 스스로 더 많이 책임질 것을 요구했으며, 제 몸과 그 몸의 피트니스 그리고 성취능력에 대해서도 마찬가지였다. 이에 따라 싸구려 시대와 보조를 맞춘 가운데 담론 하나가 힘을 얻었다. 이 담론은 "제대로 먹으라", "양질의 영양을 섭취하라"라고, 제 몸과 자기 자신을 잘 챙기라고 사람들에게 갈수록 더 강력하게 요구했다. 이 모든 것은 자유주의 사회의 선량한 시민이 갖추어야 하는 특징이 되었다. 작가 톰 울프는 이미 1976년에, 우리는 나ICH 중심의 70년대를 살았다고 했는데, 그때 그는 나ICH를 의도적으로 대문자로 적었다. 울프는 자신의 글 첫 장의 표제를 신랄하게 "나와 나의 치질"이라고 달았다. 그가 지적하는 것은, 제 몸에 대한 염려가 전에 없던 정도로 커지면서 인간이 자신의 영양 섭취 및 운동 행위에 새롭고 커다란 의미를 부여하게 되었다는 점이다. 수많은 고백 사례 중 하나로, 예전에 소비중독자였다가 지속적인 금욕주의자로 개종한 사람이 그걸 어떻게 표현했는지를 살펴보자. 자주 보았겠지만 전형적인 고백은 다음과 같은 식이었다. "나는 체형이 아주 엉망이었죠. 체중이 110킬로였는데, 소파에서 일어나 냉장고 쪽으로 걸어가면 항상 심장이 마치 북처럼 쿵쾅거리며 뛰었습니다."[44]

소외된 대중 산업사회 속에서 자신과 제 몸을 염려하는 것도 1960년대와 1970년대 '반문화Counterculture'의 소산이었다. 떠오르는 신자유주의 문화와 여러 '반문화'가 염려와 목표를 공유했다는 것은 모순적으로 보일지도 모른다. 하지만 개성과 자기 결정에 대한 각별한 선호 그리고 정책 담당기관에 대한 원칙적 불신은 예나 지금이나 이 둘의 특징이다. 영양 섭취와 관련해서 반문화는 '더 자연에 가깝게' 그리고 더 의식적으로, 구체적으로는 건강과 정치 두 측면에서 더 의식적으로 음식을 먹어야 한다고 요구했다. 카운터퀴진은 공장에서 제조된 음식이 신체와 사회에 미치는 나쁜 영향에 맞서기 시작했다. 그들이 내세운 원칙은, 음식을 직접 조리하자는 것, 그리고 예컨대 1960년대 후반부터 생겨난 협동조합이나 생태제품 판매점에서 장을 보자는 것이었다. 그리하여 마침내 1980년대에는 최초의 '홀푸드Whole Foods' 매장이 텍사스주 오스틴에서 문을 열었다. 이 매장은 생태제품 판매점의 여러 요소와 종래의 슈퍼마켓이 지닌 요소를 결합하자는, 당시로써는 새로운 사업 아이디어였다.[45]

'홀푸드'는 그사이 미국 이외의 지역까지 포함하여 수백 개의 지점을 거느린 국제적 대기업이 되었으며 2017년부터는 아마존 그룹의 일원이다. 독일에서도 잘나가는 주거 지역의 생태제품 슈퍼마켓은 젠트리피케이션 진행의 표지로 통한다.[46] 이들 슈퍼마켓에서 장보는 이들은 주로 자기 신체 데이터도 기록하는 사람들이다. 게다가 생태 농업은 거대한 경제 부문으로 성장했는데, 예를 들면 캘리포니아나 스페인 남부의 넓은 지역이 그런 성격이 강한 곳이다. 구체적으로 말하면 이곳은 종종 공명정대와는 전혀 딴판인 노동 조건을 갖고 있다. 21세기 초까지만 해도 생태제품 분야는 5% 내외의 성장률을 기록한다. 그렇다고 생태제품 시장에서 판매되는 모든 상품이 다 반드시 무제한적으

로 건강에 좋다고는 당연히 말할 수 없다.[47]

결국 카운터퀴진과 더 건강하고 '대안적'으로 먹으려는 노력이 나ICH 중심의 70년대의 소용돌이 속으로, 또 자기 안녕은 자기가 책임져야 한다는 게 널리 인정되고 있는 소용돌이 속으로 빠지고 만 것은 별로 놀랍지 않다. 그것들도 그런 식으로 상업화에, 달리 말하면 보다 넓은 사회집단이 이용할 수 있어야 한다는 논리에 굴복하고 만 것이다. 이렇게 된 것은 자본주의가 주는 압박과도 관계가 있을 뿐 아니라, 이 반문화反文化라는 것이 많은 목표 및 기법을 건강 및 피트니스 지향 사회, 개인 및 자기 책임 지향 사회와 두루 공유한다는 사실과도 관계가 있다. 몸에 좋은 음식을 먹는다는 것에는 '더 나은' 신체 데이터가 나오리라는 전망도 포함되어 있다. 경제신문 〈한델스블라트〉도 1985년에 최고의 필치로, 신체를 "더 튼튼하게 가꾸면, 더 높은 부가가치"가 돌아온다고 공언하였다.[48] 물론 식료품 산업계도 악성 건강공포증을 어떻게 다루어야 하는지를 알고 있다. 그들은 항상 신제품을 준비한다. 탄수화물 함량을 더 줄이고 지방과 당분을 없애 콜레스테롤 수치에 문제가 없도록 소비자를 챙겨주는 그런 신제품이다. 이런 식으로 산업계는 반응도 하지만 행동에 나서기도 한다. 먼저 위험성과 문제점들을 주장하는 연구 계획들을 진행시킨 다음 바로 자기네 제품이 그 해법을 약속해준다는 방식이다. 다이어트 산업의 2014년 매출은 전 세계적으로 대략 1,500억 달러에 달했으며 2022년까지는 2,500억 달러로까지 성

장할 거라고 하는데, 이에 대해서는 별도의 장을 할애하여 기술할 가치가 있을 듯하다.[49]

요약하면, 음식을 먹을 때 피트니스에 신경 써가며 먹는 것은 우리 시대에 하나의 강박이자 강력한 규범적 지침이 되어버렸다. 그렇다고 달달한 것, 군것질거리 및 패스트푸드에 대한 인간의 열정이 사라지는가? 절대 그렇지 않다. 오히려 그 반대로, 그 두 경향은 서로를 제약하고 서로에게 힘을 준다. 그 둘은 '좋은' 식습관과 '나쁜' 식습관, '좋은' 신체와 '나쁜' 신체를 구분한 다음 그걸 정치적 질서의 일부로 삼아버리는 문화사회를 만든다. 좋은 음식을 섭취하는 사람은 자신, 가족 및 집단에 대해, 그리고 그 집단의 건강과 성취역량에 대해 책임질 수 있음을 보여주는 것 같다. 그런 사람은 무엇이 중요하고 옳은지를 아는 것 같고, 자기 자신에게 성공적으로 투자하며 그 과정에서 내내 기쁨까지도 느낄 줄 아는 것 같다. 스스로 음식을 만드는 것은 '선량한 국민'의 실천행위라고 작가 바버라 킹솔버는 말한다. 건강한 식사와 거기에 어울리는 생활방식에 대한 관심은 1970년대 이래 두 집단의 차이, 그러니까 삶을 성찰하고 건강과 성취를 의식한다 싶은 사람들과 자신에 대해 그런 걸 요구할 처지가 못 되는 사람들 간의 차이를 만드는 엔진이 되었다. 바로 그런 이들의 몸을 보면 그들의 무지를 읽어낼 수 있는 것 같다. 미국에서는 비교적 가난하고 교육과는 거리가 먼 인구집단뿐 아니라 '아프리카계 미국인African American'도 종종 그런 주목을 받는 집단이다. 이로써 그들은 - 또 다시, 그리고 민권운동의 성공에도 불구하고 - 자율적으로 인생을 영위할 능력이 없는 존재로 묘사된다. 이런 맥락에서 볼 때 패스트푸드는 자기 가능성과 능력에 손해를 끼치는 최악의 무신경한 소비로, - 독일 상황과 관련한 파울 놀테의 언급처럼 - "교육적 가치라고는 거의 없는 쓰레기 같은 텔레비전 토크쇼와 동급"으로 통한다. 이것이 우선순위와 결정에 잘못(즉 좋은 음식 대신 고선명 텔레비전 시청, 당근과 감자 대신 '버거킹'이라는 선택)이 있어서라고 볼지, 아니면 주머니 사정이 넉넉지 않은 탓이라고 볼지는 일반적으로 논평하는 이의 정치 성향에 달려 있다. 이러나저러나 건강함과 불건강함, 핏함과 핏하지 않음을 구별하는 것은 계급을 구별하는 행위가 되어버렸다. 이런 구별은 현재 갖고 있는 결정능력 및 책임의식의 크기가 어느 정도인지도, 다시 말해 자기 자신, 가족, 사회, 환경 및 지구 전체에 대한 책임의식의 크기도 항상 나타내준다는 것이다.[50]

나ICH 중심의 70년대 이래 '적정량'의 운동이란?

피트니스 추구에서 양질의 음식 섭취와 적정량의 운동은 서로 쌍둥이 관계다. 이 적정량의 운동과 관련해서도 1970년대는 북미와 서유럽에서 결정적 가속이 이루어진 시기였다. 서독에서는 독일 스포츠 연맹DSB이 1970년 봄 '몸 다듬기Trimm–Dich' 캠페인에 들어갔다. 내다 건 목표는 '모두를 위한 스포츠'였다. 이 캠페인이 주창한 것은 경쟁 스포츠가 아니라, 영어식 표현인 '피트니스'였으며, 그 이후 이 표현은 독일에서도 하나의 개념으로 확립되었다. 이 개념은 그때까지만 해도 독어권에서는 별로 보편화되지 않은 상태였다. 더 많은 몸 움직임을 통해 더 많은 국민이 더 성취능력 뛰어난 몸을 만들어 삶의 기쁨을 더 많이 누릴 수 있어야 했다. 이 개념이 의미한 것은 대중 스포츠였다. 오스트리아는 심지어 '핏스포츠'라는 개념도 만들었다. 오로지 제 몸과 그 몸의 성취능력을 지향하는 (그래서 예컨대 골을 넣거나 달리기 경주에서 이기는 것은 지향하지 않는) 신체 실천행위를 일컫기 위해서였다. 그곳 사람들은 이제 '함께 핏 합시다fit-mach-mit' 캠페인이 벌이는 핏-걷기와 핏-달리기에도 동참했으며, 독일과 스위스의 숲과 공원에는 몸 다듬기 산책로Trimmpfad가 만들어졌다. [51]

핏한 몸의 아름다움

1970년대 중반부터 독일 텔레비전 화면을 통해 방송된 여러 광고에서 시청자들 눈에 들어온 이는 대개 운동을 하는 중년의 평균 남성이었다. 통통한 몸매의 한 남성이 자전거를 타고 유쾌하게 시골길을 달리면 아나운서가 나와서 "페달을 꾸준히 밟으면 심장과 순환기 계통이 몇 년은 더 젊어집니다. 몸을 꾸준히 움직여주면 핏해지고 남을 능가하게 되거든요"라고 말한다. 결과적으로 피트니스는 경쟁 스포츠에서의 승리 가능성에 정신이 팔려있지는 않았지만 그래도 삶 전반에서 남보다 앞서는 것을 겨냥함은 사실이었다. 그들에게 삶이란 그 어느 때보다도 경쟁과 다툼이라는 개념 속에서 생각해야 하는 무엇이었던 것이다. 다른 광고 꼭지에서 '오스카 K 씨'는 이런 우월성의 한 단면을 연기한다. 조깅은 분명 그의 건강과 삶의 기쁨에만이 아니라 성적 매력에도 좋은 작용을 한다. 조깅 코스 한쪽에 서 있는 여인의 나신상이 그에게 관심이 있는지 뒤에서 그를 쳐다보며 엄지를 치켜세워 온몸으로 말을 하고, 여기에 아나운서의 음흉한 코멘트까지 더해지니 의심이 끼어들 자리가 전혀 없다. 다들 이제 핏한 몸을 아름다운, 매력적인 몸이라 여긴 것이다.[52]

1972년 뮌헨 올림픽 개최 후 서독 연방은 스포츠 열기에 사로잡혔다. 그 덕분에 수백만 명이 이 캠페인의 마스코트 트리미Trimmy가 해 주는 조언을 받아들였다. 불과 몇 년 지나지 않아 트리미의 존재는 거의 모든 독일인에게 알려졌고, 대략 10년이 지난 뒤에는 시민 3/4이 적어도 이론적으로는 "운동을 해야만 건강을 유지할 수 있다"는 말에 고개를 끄덕였다.[53] 독일 연방 건강계몽 센터도 이 메시지를 널리 퍼뜨리는 데에 기여하였다. 얼마 지나지 않아 새로 시작된 또 다른 캠페인은 "먹는 것과 운동

하기 - 둘은 조화를 이루어야 합니다"라는 이름을 내걸었다.[54]

　　미국에서도 이와 비슷한 소리가 울려 퍼졌다. 〈타임 매거진〉이 1981년 11월 초 '미국, 몸만들기에 나서다America Shape Up'라고 머리기사를 낸 것이다. 지난 10년 동안 참으로 광적인 피트니스 열풍이 미국을 휩쓸었다는 내용이었다. 잡지 표지에는 막 운동을 마치고 돌아왔음이 분명해 보이는, 힘과 기쁨을 내뿜는 성인 남녀 다섯 명의 사진이 실려 있었다. 테니스를 치거나, 역기를 들어 올리거나, 자전거를 타거나, 에어로빅을 하거나, 조깅 - 독일에서는 트림-트랍Trimm-Trab이라 함 - 하는 자기 모습을 찍은 사진을 손에 들고 카메라 앞에서 자세를 잡고 있다. 이 사진에서도 눈에 띄지만, 1980년대 초의 피트니스는 그야말로 백인 일색이었다.[55]

　　〈타임 매거진〉은 진짜 아메리칸 드림이란 자신이 젊고 대단하다고 믿는 것이라 규정하였다. 피트니스를 열심히 하는 바로 그 영웅적인 모습, 늘씬하고 탱탱해지려는 의지, '하나! 둘!' 구령을 붙여 가며 운동하는 것 그리고 피트니스 스튜디오에서 끙끙거리며 땀 흘리는 것은 그 꿈을 실현하려는 노력을 상징했다. 그 당시를 산 다른 관찰자들은 1980년대 초의 이런 평가를 공유했다. 그들은 일상 속의 제 몸, 직업을 위한 제 몸 그리고 개성 표현으로서의 제 몸에 대단한 의미를 부여하지 않는 사람은 미국에 분명 하나도 없다고 아주 뭉뚱그려 강조했다. 톰 울프

<타임 매거진> 1981년 11월호 표지

와 나의 십 년die ICH Dekade*이 안부를 물을 판이다.[56]

달리기 유행과 새로운 에토스

몸과 피트니스에 대한 열광은 1970년대에 미국을 사로잡았는데, 그 원동력의 하나는 달리기였다. 퇴근 후 한 바퀴 달리기 같이 몸에 좋은 일을 함으로써 핏해지거나 핏한 상태를 유지하자는 생각은 그때까지만 해도 아무도 하지 않았다. 마라톤을 한 차례 뛰는 것조차 소수의 광적인 사람들이나 하는 짓이었다. 또 마라톤을 대중적 이벤트로 만들어 줄 수 있었을 적절한 인프라도 당시에는 존재하지 않았다. 1970년에 개최된 뉴욕 마라톤 대회에서 출발선에 선 사람은 남성 126명과 여성 한 명이었으며(완주한 사람은 43%), 오랫동안 미국 내 마라톤 대회 중 가장 중요한 대회였던 보스턴 마라톤의 경우 여성이 공식적으로 출발선을 박차고 달릴 수 있었던 것은 1972년부터였다. 1974년부터 개최되어 온 베를린 마라톤은 오늘날 세계 최대의 달리기 행사의 하나인데, 첫 대회 당시에는 244명이 출발선에 섰고 그중 여성은 열 명이었다. 1986년에는 마라톤 참가자 수가 베를린에서는 처음으로 만 명을 넘어섰으며, 뉴욕 마라톤은 이미 1979년에

---

* 저술가이자 저널리스트인 톰 울프는 「The 'Me' Decade and the Third Great Awakening」이라는 에세이를 썼는데, 이 글은 격주간지 <뉴욕>의 1976년 8월 23일 자 머리기사로 실렸다. Me-dacade는 1970년대를 가리킨다.

이 선을 돌파했다(11,533명으로, 여성은 11%였고, 91%가 완주함). 2013년부터는 뉴욕에서 매년 5만 명 이상이 출발선에 서는데, 남녀 비율이 거의 비슷하며 거의 모든 참가자(2013년의 경우 99%)가 결승선을 통과했다.[57]

1970년대 초에는 대중 스포츠로서의 달리기가 아직 걸음마 단계였던 반면, 1970년대 말에는 자칭 달리기하는 사람이라는 미국인 숫자가 약 3천만 명에 달했다. 성취지향적이자 경쟁지향적인 '달리는 사람들Runner'은 자기네는 조금 빨리 걷는 '조깅하는 사람들Jogger'과는 다르다며 구분하려고 애를 썼다. 하지만 - 미국 으뜸의 달리기 잡지 - 〈러너스 월드Runner's World〉[58]의 독자 편지나 의사이면서 동시에 열정적인 달리기 애호가인 건강 상담 전문가 조지 시한 박사의 칼럼을 들여다보면 '달리는 사람들'과 '조깅하는 사람들'의 경계가 얼마나 유동적이었는지를 알 수 있다. 〈러너스 월드〉는 스스로를 진짜 달리는 사람을 위한 잡지라고 했지만, 거기에 실린 수많은 독자 편지, 질문 및 촌평은 중년 남성들, 다시 말해 늘어나는 체지방과 줄어드는 신체 능력을 상대로 다소 절망한 상태에서 힘겹게 씨름하면서 기껏 조깅이나 해보자는 생각을 가진 이들이 쓴 것이었다. 예컨대 어떤 독자가 1975년 3월 시한 박사에게 쓴 글을 보자. 일단 직장생활을 하면서 나이가 좀 들면 '거대한 한 덩어리의 지방이 빙하처럼 서서히' 쉬지 않고 몸 위로 밀려든단다. "이 지방이 지휘권을 넘겨받는 겁니다. 그러고 나면, 그러고 나면 드디어 우리는 몸에 대한 통제권을 상실하는 것입니다"라고 독자는 하소연했다. 자유의 올바른 사용이라는 가치를 중요시하는 어떤 사회에서 제 몸과 자기 삶에 대한 더 많은 통제권을 갖는 것, 이것이 바로 피트니스가 내뱉은 약속이자 요구였다. 거기서 피트니스는 젊음을 유지하려는 의지 및 젊음을 유지해야 한다는 당위와 직접 결부되어 있었다. [59]

〈러너스 월드〉에서의 논쟁에서도 볼 수 있었다시피 - 그리고 이는, '2%쯤 부족하기는 하지만', 독일판 〈러너스 월드〉라 할 〈스피리돈Spiridon〉에도 해당되는데 - 피트니스란 퇴근 후 한 바퀴 잘 달릴 수 있는 것 혹은 다양한 구간별로 개인 최고기록 달성하기 이상을 의미했다. 달리기를 하는 것은 스포츠이기도 했으며, 예컨대 (트레이닝 단계 동안, 달리기하기 직전 또는 달리는 동안의) 올바른 영양 섭취에 대한 논쟁들도 잡지의 수많은 페이지를 채웠다. [60] 그러나 그것과 똑같은 정도로 사람들은 살을 빼려고, 직장생활의 피로에서 벗어나거나 직장생활을 위해 기운을 차리려고, 일상의 스트레스에서 벗어나 안식을 좀 얻으려고, 사교를 위해서, 자신의 성적 매력을 드높이려고 또는 자기 내면에 이르기 위해서도 달리기를 했다. 이를테면 독일 외무장관 요슈카 피셔는 1990년대 말, 내면에 이르기 위해 달리기를 한다고 언급했다. 동시에 그는 달리기에 대한 열정을 통해, 체중 30킬로그램 줄이기가 되었든 마라톤 완주가 되었든 뭐든 다 할 수 있음을 보여주었다. 그러나 결국 무엇 때문에 달렸느냐는 문제와는 전혀 상관없이, 달리기는 그저 하나의 취미 이상이고자 했고 이상이어야 했다.

　　달리기 관련 잡지들과 이 기간에 발행된 십여 종의 달리기 관련 도서들은 달리기가 삶 전체를 바꿔줄 것이며 삶의 목표를 건강과 안락, 성취능력과 성공에 맞춰준다고 떠들었다. 수많은 사람을 대신하여 여기서는 데이브 멀렌스라는 이름의 평범한 조깅족 한 사람을 언급하고자 한다. 그는 거의 날마다 업무에 들어가기 전에 '여명의 순찰대dawn patrol'라는 이름의 조깅 그룹과 함께 캘리포니아 팔로알토 시내와 주변을 달렸다. 멀렌스는 개종신앙인 같은 열정으로, 달리기가 정말 자신의 온 존재를 완벽히 바로잡아주었다고 강조했다. 요슈카 피셔도 자신의 "조깅족으로 지낸 새로운 삶"을 두고 비슷하게 말했다.[61] 달리기하는 사람들은 종종 일종의 각성 체험 같은 것을 하는데 이 체험 덕에 올바른 길로 나아갈 수 있었다고 한다. 그것은 그들이 앞으로도 계속 가야 할 길이었다. 왜냐하면 피트니스는 자기 자신에 매달려 항구적으로 뭔가를 할 것을 요구했기 때문이다. 그래야 피트니스를 다시 잃어버리지 않았다. 중요한 것은 "참고 견디는 것"이라고 피셔는 강조했다. 이와 관련하여 우리가 〈러너스 월드〉에서 읽을 수 있었던 것은, "피트니스란 저축이 안 되기 때문에 늘 되풀이를 거듭하여 벌어들여야만 해, 영원토록"이라는 구절이었다.[62]

　　〈러너스 월드〉가 달리기에 대해 기사를 쓰면, 거기에는

1970년대를 전반적으로 규정한 수많은 다양한, 그리고 부분적으로 모순적인 여러 힘이 반영된다.[63] 예컨대 달리기는 한편으로는 반문화를 먹고 자랐으며, 그 시기의 자기발견을 위한 대안적 노력의 일부이기도 했다. 달리기를 하는 많은 사람은 자신이 자본주의를 비판해 거기서 떨어져 나온 존재로서, 대량사회 및 소비사회와는 동떨어진, 삶을 관통하는 어떤 길을 추구한다고 보았다. 동시에 이 달리기라는 운동은 다른 한편으로는 달리기용 의류와 신발, 나이키와 아식스, 베를린과 뉴욕 마라톤 대회, 게토레이, 바디펀치, 파워바 및 수많은 상품을 둘러싸고 돌아가는, 성장 중인 스포츠용품 소비시장의 엔진이었다.

반문화와 명품소비의 공존보다 아마 더 모순적이다 싶은 것은 지구력 운동을 하는 이를 신자유주의적 자아의 한 이상형으로 보는 것이다. 그는 하나의 문화 및 운동의 일부이지만, 그 속에서 자신이 독립적이며 주도적이라고 느낀다. 그는 제 몸에 초점을 맞추고 있다. 자신을 전체적으로 더 우수하고 더 성공적인 한 인간으로 만들기 위해서다. 그는 끊임없이 자신에게 투자하며 건강, 자기 최적화 및 성취능력을 위해 애쓴다.[64] '마지막으로 중요하게 언급해야 할'게 있다. 많은 사람이 열정을 갖고 달리기를 하여 새로운 삶의 태도로 개종했다는 말을 입에 올렸는데, 이 열정은 피트니스 추구를 그 시기에 특히 미국을 사로잡은 두 가지, 즉 기독교 부흥 및 도덕적 리더십 추구와 이어주었다. 그러니 피트니스는 곧 새로운 한 시대의 에토스였다고 단언할

수 있을 것이다.[65]

　　이 새로운 에토스를 설파한 것은 텔레비전 영상에 나오는 서독 연방의 '몸 다듬기' 캠페인 광고나 〈러너스 월드〉 같은 전문 잡지, 〈타임 매거진〉이나 〈슈피겔〉 같은 시사주간지 또는 군의관 케네스 쿠퍼의 에어로빅 관련 저서 같은 트레이닝 조언서였다. 그 외에도 많은 사람이 이런 에토스의 메신저가 되었다. 달리기 집결 장소에 모인 사람들, 시내 달리기와 자선 경주 및 마라톤에 동참한 이들 또는 예컨대 쿠퍼의 지침에 따라 운동량 통제 방식과 포인트 시스템, 즉 오늘날의 '셀프-트레킹'에 이미 아주 가까운 일종의 셀프모니터링 형식으로 훈련한 많은 사람들이 그들이었다.[66]

신체활동의 젠더 구분

　　달리기의 경우 여성도 잡지와 도서에 항상 출현하기는 했다. 이를테면 일련의 사진들 상에, 한 기사의 주제로 그리고 이따금 저자로서 등장했던 것이다. 그러나 결국 달리기 담론과 초창기 달리기 운동은 일단 남성적인 것으로 각인되어 있었다. 남성이 운동의 주역이었으며, 주된 목표 집단이었고, 달리기와 관련한 질문, 문제점 및 갖가지 전략도 남성의 것이었다. 지구력 운동으로 예방된다는 심장질환조차도 남성의 병이란 뜻으로 이해되었다. 지구력 운동 선수처럼 살아야 자기 잠재력을 아직 몇 년 더 길어내 쓸 수 있으며, 흔히 말하듯, '진정한 피트니스'에 이를 수 있다는 압박을 받은 이는 특히 중년 남성이었다. 그들은 몸을 움직여라, 영양 섭취를 잘하라, 담배와 술을 끊어라, 충분한 수면을 취하라는 말들을 들어야 했다. 그런 식으로 그들은 자기 건강을 챙겨야 했고, 더 오래 살아야 했으며, 더 크고 오래 가는 성취능력을 얻어야만 했다.[67]

여러 근대사회의 역사를 거슬러 올라가 살펴보면 알 수 있지만, 신체활동을 이렇게 성별에 따라 규정하는 일은 결코 그렇게 경직되어 있지 않았다. 그러다 1970년대에는 그런 규정이 그 이전 어느 때보다 더 광범위하게 시작된 것으로 보인다. 여기서 중요한 의미를 지니는 것이 여성주의 운동인데, 이 운동은 여성의 몸을 중심축의 하나로 삼았다. '제2물결 여성주의Second Wave Feminism' 내지 제2차 여성운동은 제 몸 및 그 몸의 건강에 대한 통제 및 처분 문제와 관련하여 개인적인 것을 정치적인 것과 결부시켰다.[68]

이때 세 가지 양상이 뒤섞여 극도로 생산적인 하나의 혼합체를 형성했다. 첫째, 정치적 주체임을 인정받기 위한 투쟁에서 여성들이 품은 핵심 관심사는 몸과 건강에 대한 통제였다. 둘째, 그렇게 인정받는 일은 피트니스의 의미와 겹치는데, 이때의 피트니스란 자유주의 사회에서 어떤 사람이 생산적 존재임을 표시해주는 징표이다. 여성주의자로서 피트니스에 대한 권리를 요구하는 것은 따라서 당연하고 자명한 행위에 불과했다. 19세기 말과 20세기 초에 이미 제1차 여성운동의 주역들이 그렇게 했다.[69] 셋째, 정치학자 낸시 프레이저에 따르면, 여성주의는 신자유주의와의 "위험한 동맹"에 발을 들여놓았다. 프레이저는 여성주의자들이 병원 내 간호사회 및 여성끼리의 연대뿐 아니라 여성의 자율성과 책임감도 신뢰했음을 상기시킨다. 프레이저에 따르면, 남성의 특권에 맞서고 성별로 나뉘는 딱딱하게 굳어버린 사회질서에 맞서 싸울 때에 여전히 요긴하고 생산적인 요소들은 안 그래도 1970년대와 1980년대를 질주하던 신자유주의의 여러 가치와 질서모형에도 동시에 도움이 되었다. 그리고 제 몸에 대한 염려는 이 질서모형들과 아주 긴밀하게 엮여 있다.[70]

특히 젠더학을 통해 잘 드러났다시피, 몸을 이런저런 모양으로 만들 수 있음을 아는 것도 처음에는 해방이지만 나중에는 요구가 될 수 있다. 몸을 바꿀 수 있음을 알게 되면 몸에 변화를 줄 수 있는 길이 열리고, 그럼으로써 예부터 안정성을 누려온 섹슈얼리티, 성별 또는 '인종' 같은 범주를 깨트릴 길이 열릴 뿐 아니라, 신체의 다양한 형성 가능성을 최대한 이용해야 한다는 일종의 의무감까지도 자유주의 경쟁의 질서 속으로 들어오기 때문이다. 예컨대 성형수술의 호황은 '내 몸은 내 마음대로!'라는 여성주의 이상이 신자유주의를 만나 탄생한 현상이라고 할 수 있다. 마음대로 한다는 것은, 도처에 널린 경쟁에서 살아남아 성공하려면 투자도 해야 한다는 뜻이다. 1980년대 이래 갈수록 더 많은 남성이 자기 외모를 가꾸는 데에 큰 비용을 지출하고 있다.

이를 통해 우리는 성별의 경계, 성별에 따른 규범과 실천행위가 얼마나 유동적인지를 한 번 더 확인할 수 있다.[71]

여성주의와 피트니스의 이런 긴장관계, 모순 및 상호작용 방식은 에어로빅의 역사에서 조우한다. 그 흔적들은 1960년대, 그러니까 군의관이던 케네스 쿠퍼가 조종사를 위한 특별한 지구력 훈련 용도로 에어로빅을 개발한 때로까지 거슬러 올라간다. 쿠퍼의 훈련 원리는 제키 소렌슨의 '에어로빅 댄싱'과 주디 셰퍼드 미셋의 '재즈운동Jazzercise'을 통해 비로소 비교적 널리 퍼지게 되었다. 소렌슨과 미셋은 여성들을 어떻게든 피트니스 트레이닝에 끌어들이기 위해 춤의 요소를 이 지구력 훈련에 엮어넣었던 것이다.

그다음에 나타난 인물이 1980년대 초에 에어로빅의 여왕으로 등극한 제인 폰다였다. 폰다는 당시 배우 겸 정치활동가로 이미 이름을 날리고 있었다. 그런데 딴 사람도 아닌 제인 폰다가 미국과 유럽의 여성들을 함께 끌어들이는 물결 하나를 일으킨 것이다. 에어로빅을 통해 (경쟁 스포츠 분야 여성 선수만이 아니라) '모든' 여성들이 제 몸을 통제하고, 핏하게 만들며, 당당하게 제 몸으로 행동에 나서는 법을 배워야 한다는 게 폰다의 주장이었다. 이에 따라 에어로빅은 여성주의 프로젝트에서 중요한 하나의 힘이었는데, 이 프로젝트가 힘차게 나아가는 데에는 바로 운동에 대한 재미와 기쁨도 힘을 보탰다.

동시에 에어로빅은 전혀 여성주의적이지 않았다. 왜냐하

면 새로운 미적 이상에 부합하는, 섹슈얼리티를 전면에 내세우는 여성 기준신체를 창조하여 제시했기 때문이다. 1980년대에 여성이 가져야 할 이상적 몸은 근육질에다 늘씬하며, 운동으로 단련되고 섹시해야 했다. 이러한 - 한편으로는 자신에 대한 권능부여, 다른 한편으로는 특정 규범체계와 가치체계에 순응하기라는 - 이중적 성격의 운동은 자유주의 사회에서의 주체 형성이라는 원칙과, 또 그럼으로써 우리가 그 사회의 창조적 일원으로서 얻을 수 있는 인정에 기본이 된다. 미국 언어에서 새로운 여러 피트니스 행위를 가리키는 단어 중 다수 - 'Aerobicize'에서부터 'Jazzercize'와 'Dancercize'를 거쳐 'Powercize'와 심지어 'Nutricize'까지 - 가 '-cize'로 끝났다는 것은 몸과 주체가 이제 상시적 변화의 과정에 있다고 사람들이 생각했다는 또 다른 징표다. 폰다는 그런 핏한 여성 주체 및 새로운 에토스로서의 여성 피트니스의 중요한 메신저였던 것이다.[72]

피트니스 시장의 형성

폰다는 에어로빅용 특수 복장의 수요를 부추기는 데에도 그 누구보다 크게 이바지했다. 1980년대에 에어로빅은 새로이 만들어진 피트니스 숭배현상 및 소비시장에서 최소한 달리기만큼의 비중을 차지했다. 미국의 경우만 봐도 이 시기에 대략 2,500만 명이 에어로빅을 했으며 대략 7,000만 명, 그러니까 성인 인구 전체의 절반 정도가 제 나름대로 이러저러한 피트니스에 매달려 애를 썼다. 그들 중 다수가 그런 '핏한 옷차림fit look'을 통해 피트니스라는 새로운 일상문화의 일부가 되었다. 그들은 스니커즈 운동화를 신었고, 발 토시(레그워머)에 레깅스, 레오타드를 입었으며, 땀 흘림 방지용 머리띠를 둘렀다. 당장 운동 중인지 아닌지는 중요하지 않았다. 이들 의류의 재료는 스판덱스였는데, 잘 가꾼 몸이 최대의 효과를 내게 해 주었지만, 그 대신 몸에 붙은 최소한의 지방층도 가려주는 법이 없었다. 새로 등장한 '피트니스 바비' 인형도 '바비 피트니스 센터'에서 운동할 때면 발 토시와 머리띠 외에도 피부에 찰싹 달라붙는 레오타드를 입었다. 그리고 인기를 끌고 있는 장르인 뮤직비디오가 이제 피트니스 그리고 잘 단련된 아름다운 몸이라는 모티브를 무척 선호한 것은 당연한 일이었으며, 그래서 이 모티브는 이곳 독일에서 수십 차례 복제되기도 했다.[73]

　　트레이닝 비디오도 마찬가지로 피트니스라는 신규 시장의 일부를 차지했다. 제인 폰다는 이 장르를 고안해 낸 사람이라 할 수 있다. 당시는 비디오 녹화기가 신기술이었다. 여러 제조업체가 이미 1970년대에 다양한 기기들을 개발했지만, 미국이나 유럽의 가정에 살림살이로 비디오 녹화기가 자리를 잡은 것은 대략 1980년대부터였다. 그러나 일단 그렇게 자리를 잡고 나자 이 기기는 급속도로 확산되었다. 폰다가 자신이 등장하는 첫 트레이닝 비디오를 시장에 내놓은 것이 1982년이었으니 가장 적확

한 시점이었던 것이다. 초보자용 및 상급자용 에어로빅 프로그램이 각각 한 편씩 들어 있는 〈오리지널 워크아웃〉은 1,700만 개나 판매대 위를 거쳐가 세계에서 가장 많이 팔린 비디오테이프의 하나가 되었다. 수많은 다른 비디오테이프, 그다음에는 CD 그리고 최근에는 온라인 동영상이 그 뒤를 따랐는데, 제작과 시연은 폰다가 직접 하기도 했고, 그녀의 영향을 받아 함께 활동한 다른 많은 사람이 나서기도 했다.

스타일링의 중요성은 해가 갈수록 더 커졌으며 시장은 끝없이 확대되는 것 같았다. 트레이닝 비디오에 사람들이 매혹된 까닭은 주로 여성들이 몸도 별로 가려주지 못하는 데다 그나마 몸에 착 달라붙는 옷을 입은 채 이따금 관능적인 몸동작을 하다가 신음소리를 내는 등, 땀 흘리며 몸 움직이는 모습이 테이프 상에서 돌아가기 때문이었다.[74] 그 외에도 제인 폰다는 몸을 잘 가꾸어가는 아름다운 여성들 (그리고 뒷줄에는 여성보다 적은 숫자의 남성들이 나오는) 영상에다 의학적이고 과학적 훈련이라는 느낌을 주기에 부족함이 없는, 심혈관계 건강에 대한 부록을 덧붙였다.

이 비디오테이프의 성공을 불러온 또 다른 중요한 원인으로, 비디오 기기가 피트니스 트레이닝을 할 여건을 바꾸어놓았다는 점을 들 수 있다. 비디오가 있으니 이제 언제든 시간만 나면 집에서 트레이닝을 할 수 있고, 원할 때 비디오를 볼 수 있게 된 것이다. 트레이닝을 안내하는 비디오를 보면서 동시에 제 몸으로 훈련도 할 수 있었다. 앞으로 빨리 감기를 해서 몇몇 연습을 건너 뛸 수도 있었고 반대로 되감기를 하여 영상을 반복해서 보거나 한 번 더 정밀하게 탐구할 수도 있었다. 비디오 기기 작동을 잠깐 멈추고 물을 한 모금 마시는 것도 가능했다. 한 마디로, 모든 것을 자기 집 거실에서 스스로 결정할 수 있었던 것이다.[75]

집에서 운동을 하지 않는 사람은 스포츠 스튜디오로 갔다. 스포츠 스튜디오 또는 '체육관Gyms'은 이미 19세기부터 존재했고 당시에도 이미 만남의 장소로 이용되었으므로, 운동하는 곳이라는 의미 그 이상의 장소였다.[76] 이른바 '헬스클럽'도 1950년대 이래 점차 호황을 누렸지만, 거기서는 신체단련이 무조건 맨 첫 자리에 있지는 않았다. 그러나 피트니스 스튜디오라는 이름을 내건 곳이 우후죽순처럼 퍼진 건 1980년대에 들어와서다. 서독에서도 건물 지하실, 뒷마당 또는 오래된 공장 등에 둥지를 틀고 있던 보디빌딩 연습장, 말하자면 정체 모호한 '근육질' 인간들이 모여 직접 용접해 만든 운동기구에 매달려 땀 흘리던 공간들이 도회풍의 변화된 생활양식의 장소로 바뀌었다. 1980년대 초에도 서독연방 전체에 수백 개의 스튜디오가 존재하기는 했다 (그러다 2016년에는 스튜디오 숫자가 8,700개에다 회원 수는 천만 명에 달했다).

하지만 이 스튜디오들이 트레이닝의 오아시스, 웰니스의 오아시스가 되기 시작했다. 바로 우리가 오늘날 알고 있는 공간이다. 옛날보다 더 좋고 더 다양한 운동기구에, 지구력 훈련, 심장 및 순환계 운동, 의학적 돌봄, 에어로빅 및 여타 강좌 그리고 사우나, 수영장에 바까지 갖춰진 그런 곳 말이다. 이런 신식 스튜디오를 두고 사람들은 이미 1980년대 초에 '몸을 찬미하기 위한 세속의 거대한 성전'이라고 일컬었다. 이런 스포츠 스튜디오는, 달리기와 자전거 타기가 그랬던 것과 비슷하게, 학교, 대학, 스포츠클럽이나 동호회가 아닌 곳에서도 운동할 수 있는 가능성을 제공했다. 동호회와 클럽 시스템이 전통적으로 아주 뚜렷한 독일에서조차 그런 일이 일어난 것이다. 게다가 운동 프로그램 하나를 반복적으로 행하려고 사람들이 이런 스튜디오를 찾은 것은 아니었다. 사람들은 레스토랑이나 영화관 대신 그곳에서 친구들을 만나기도 했다. 몸에 딱 달라붙는 얼마 안 되는 천 조각을 걸친 수많은 몸이 스튜디오에서 뽐내듯 돌아다녔고 운동하면서 함께 땀을 흘렸으며 애쓰느라 끙끙 신음을 냈다. 이로 인해 친밀한 분위기가 만들어졌고, 이런 친밀함은 운동 후 바에서 만나 연애로 이어지는 데에도 아주 쓸모가 있었다.[77]

스튜디오에서 이루어지는 트레이닝의 중심을 차지한 것은 오랫동안 보디빌딩이었다. 하지만 1980년대에는 이것이 점차 뒤로 밀려났다. 보디빌딩은 다른 그 어떤 신체단련보다도 몸만들기의 가능성을 잘 보여준다. 하지만 그것은, 물론 그 경계가 유동적이기는 하지만, 피트니스의 영역에 속하지는 않는다. 보디빌더의 몸이란 한도를 넘어선 상태이자 기능부전이다. 그런 몸은 특정한 미적 요소를 보여주는 데에만 쓰일 뿐, 일상생활에서의 능력이라는 뜻의 피트니스를 표현해주지는 않는다. 오히려 보디빌더의 거대한 몸은 일상에서는 대개 거추장스럽다. 보디빌더들은, 예술학자 외르크 셸러의 말에 따르면, 예술가다. 보디빌딩 관련 기록영화 〈펌핑 아이언Pumping Iron〉의 인터뷰 장면에도 나오지만, 아놀드 슈바르체네거*는 이미 1977년에 자신에 대해 예술가의 지위를 요구한 바 있다. 그 자리에서 슈바르체네거는, 자신은 조각가의 일을 하고 있으며 작품을 만들어내려고 수천 톤의 쇳덩이를 머리 위로 들어올려야 한다고 자신에 대해 열변을 토한다.[78]

'핏이냐, 팻이냐?'

역사 속의 피트니스와 관련하여 이 장에서 언급된 수많은 실 가닥은 코버트 베일리가 1977년에 저술한 한 권의 늘씬한 책에 다발로 나온다. 그는 군인, 영양학자, 저술가이자 텔레비전에도 출연한 피트니스의 사도다. 그가 쓴 책의 제목은 『핏이냐 팻이냐?Fit or Fat?』이다. 책 두께처럼 간결하면서도 많은 의미가 담

---

* 독일계로, 스스로 자기 이름을 독어식으로 발음한다.

긴 제목으로, 답을 넌지시 암시하는 질문 형식 속에는 신자유주의적 주체의 에토스가 들어가 있다. 신체 및 트레이닝 관련 조언서인 베일리의 이 책은 기계로서의 몸Körpermaschine, 체중 측정및 체지방 비율, 트레이닝 간격과 휴식기, 트레이닝의 강도와 맥박수, '양질의' 영양 섭취, 단백질, 설탕 및 지방 등에 대한 설명으로 가득 차 있다. 마지막에는 열두 달짜리 트레이닝 프로그램용 일지가 나온다. 사전 제작된 서식을 이용하면 자기 자신을 안정적으로 추적하는 데에 도움이 되며, '자기정량화 커뮤니티'의요즘 방식으로 표현하자면, '보다 많은 정보에 기반'하여 자신의피트니스 및 삶에 대하여 결정하는 데에, 심지어 '더 나은 인간'이 되는 데에 도움이 된다는 것이다. 결국 베일리의 책이 우리에게 요구하는 것은 다음과 같다. "와서 우리처럼 해 보시라. 제 몸에서 최대치를 끌어내 자랑스레 남들 앞에 서 보시라. 지금 시작하시라!"[79]

　　베일리의 책은 성취와 신체의 물신성物神性을 표현하고 있는데, 1970년대와 1980년대에 서구세계를 사로잡은 이런 물신성은 오늘날까지도 계속 이어지고 있다. 그것도 분명 더 가속화된 형태로 말이다. 피트니스에 열광하는 사람들에게는 이때 뭔가를 성취해 낼 수 있는 몸을 만들어내는 것도 중요했지만, 오히려 그 이상으로 몸을 가능한 한 가장 멋지게 보여줄 필요가 있었다. 이제 사람들은 트레이닝을 할 때만 몸을 강조하는 민소매 티셔츠나 거의 아무것도 감춰주지 않는, 피부에 찰싹 달라붙는 레오타드를 입는 게 아니라 스튜디오 외부에서도 그런 옷을 입고 다녔다. 이때 피트니스와 몸에 대한 열광은 그 방향이 완전히 자기 자신과 자신의 성공에, 또 자기 인생과 행복에 대한 통제에 맞추어져 있었다. 이미 당대의 비평가들, 예컨대 역사가 벤저민 레이더 같은 이들은 "새로운 애씀new strenuosity"이라는 말과 그렇게 "애쓰는 삶strenuous life"이라는 말을 했다. 이런 삶이란, 말하자면 부지런하고도 지치지 않는 생활방식으로, 이제 다시 이런 게 필요하다, 이런 삶을 살아야 한다고들 떠들어댄다는 것이다.[80] 이 말을 통해 레이더가 넌지시 가리키는 것은 미국 역사상 가장 유명한 연설의 하나로 꼽히는 백 년 전의 연설이다. 1899년 당시 뉴욕 주지사 시어도어 루즈벨트는 미국인에게 그런 "애쓰는 삶"을 살라고 요구했다. 세계적 경쟁 속에서, 또 '적자생존'을 위한 투쟁에서 살아남을 수 있으려면, 지치지 말고, 고요히, 신체적으로 활기차게 삶을 살아가라고 요구한 것이다. 또 신체 최적화 및 건강한 영양 섭취를 통한 역량 강화는 유럽 쪽에서도 결코 1970년대의 발명품이 아니다. 물론 그 무렵에 이런 역량강화가 호황기에 접어들어 피트니스 시대가 열리기는 했지만 말이다. 하지만 피트니스 역사의 흔적들은 19세기까지, 그리고 심지어 그 이전으로까지 거슬러 올라간다.[81]

18세기 이후 피트니스 개념의 경기변동 양상

"사물에는 불변의 합목적성이 있다"?

21세기에 피트니스란 대수롭지 않은 어떤 것이 아니라 자유주의 사회의 창조적 일원으로 인정받기 위해서 애써서 확보해야만 하는 그 무엇이다. 근대의 피트니스는 역동적이고, 끝 모르는 활동성을 상징하며, 그 바탕에는 건강, 성취능력 및 삶의 질, 그리고 이들의 고양 및 최적화를 스스로 책임져야 한다는 염려가 깔려 있다.

18세기: 정태적 의미의 피트니스

그러나 항상 그러하지는 않았다. 18세기, 그러니까 자유, 개인의 권리 및 인간으로서의 행복이라는 말이 유럽과 미국에서 들불처럼 퍼져나갈 무렵에는, 이 피트니스라는 말이 아직 인간이 살아가면서 스스로 책임져야 하는 어떤 것, 나름의 삶을 형성하도록 해 주는 여유 공간 같은 것을 대표하는 말이 결코 아니었다. 오히려 그 반대로, 피트니스는 주어진 원칙과 상황을 고집스레 지키는 것을 의미했다. 당시 오로지 영어에서만 사용된 이 개념은 자기 운명을 바꾸어 개선하는 것과는 아무런 상관이 없었으며, 오히려 개인의 영향력에 전혀 좌우되지 않는다고 여겨진 어떤 경직된 질서에 자신을 맞추어 넣는다는 뜻이었다.

19세기가 저물 때까지 끊임없이 반복적으로 인용되어야 했던 이런 정태적 형태의 피트니스가 압축적으로 잘 표현된 것은 업둥이 이야기를 다룬 헨리 필딩의 장편소설 『톰 존스』(1749)에서였다. 이 소설은 18세기 영국 사회와 그 질서 및 도덕에 대한 일종의 해설이다. 이 소설에서 뻣뻣하기 그지없는 사상가이자 교사인 스퀘어 씨는 시대의 변화에는 반대하고 예부터 전해져 온 도덕, 윤리 및 사회질서에 찬성하는 말을 할 때마다 피트니스라는 말을 마구 내뱉었다. 이 말을 확고부동한 반석 위에 올려놓기 위해 그가 근거로 삼는 것이 "권리에 대한 변경불가의 규칙과 사물들의 항구적인 피트니스the unalterable rule of right and the eternal fitness of things"[1]다. 18세기식 지성에 찌든 스퀘어 씨가 그 과정에서 근거로 삼는 것은 자연법이다. 동료 교사인 트와컴 목사 역시 신의 의지를 끌어들여 각각의 사람들에게 이 세상과 사회 구조 내의 확고부동한 자리를 하나씩 할당해주려 한다.

피트니스의 이런 정태적 의미는 오늘날의 관점에서는 낯선데, 이 소설의 독어 번역본에서는 이런 의미가 더욱 뚜렷하게 나타난다. 예를 들면 1750년의 독어 초판본에 나오는 위의 인용구절은 "die unveränderliche Regel des Rechts, und der ewige Zusammenhang der Dinge(불변의 권리규칙, 그리고 사물들의 항구적인 연관성)"으로 번역된다. 1771년 번역본에는 "ewige Schicklichkeit der Dinge(사물의 영구적 적합성)"이라고 옮겨져 있다. 19세기 중반까지만 해도 영어 단어 '피트니스 fitness'의 의미가

18세기 이후 피트니스 개념의 경기변동 양상

표현되어야 할 때 Tüchtigkeit(유능함), Leistungsfähigkeit(성취능력) 및 Optimierbarkeit(최적화 가능성) 같은 개념들은 나타나지 않는다. 1841년 번역본은 오히려 "unveränderliche Zweckmäßigkeit der Dinge(사물에 불변의 합목적성)"을 강조한다.[2]

필딩의 시대에 '피트니스'라는 말을 사용하는 이는, 세상에는 다수의 원칙과 하나의 사회질서를 지닌 하나의 세계와 하나의 사회가 존재하며 이런 세계와 사회는 주어진 사실이자 확고부동한 것으로 받아들여야 한다고 맹세한 사람이다. 있는 그대로의 상태가 선하고 옳기 때문이었다. 영원토록 자기 자신에 매달려 자신의 가능성을 개선하고, 자신의 능력을 키우며 앞으로 나아가려고 애쓰는 것은 18세기 당시의 그런 피트니스관 및 그것의 세계질서에 대한 관계에 역행하는 것이었으리라.[3]

18세기 후반: 자유와 자기결정의 중시

그러나 대서양 양안의 세계는 18세기 후반부터 이제 근본적으로 변했다. 자유와 자기결정이라는 계몽주의 공리들이 사회의 정태성이 반영된 기존 관념들에 도전했다. 인간이라는 존재와 인간 사회는 함께 역동적으로 변해갔다. 이제 인간은 느끼고 생각하는 존재, 자유로운 데다 제 운명을 제 손에 거머쥐고 있으며, 항상 선거권을 갖고 있어서 자신에게 맞는 규칙, 법률 및 정부를 만들 수 있는 존재였던 것이다.

북미 지역은 이미 영국 식민지 시대였던 17세기 및 18세기에 신분 상승의 기회 및 정치-사회적 참여 가능성을 사람들에게 제공했었는데, 이는 당시의 유럽으로서는 생각도 못 할 일이었다.[4] 아메리카 합중국이 신생국으로 성립하자 사람들은 이제 그곳을 계몽주의의 약속이 실현되는 곳으로 여겼다. 왜냐하면 1776년 7월 4일의 독립선언은 제왕의 지배와 절대 권력은 종식되었고 그 대신 각 개인이 생명권, 자유권 및 행복추구권을 지니고 있다고 공표했기 때문이다. 여기서 근대 피트니스의 역사에 중요한 내용은, 이 독립선언이 행복 그 자체가 아니라 적극적인 행복추구 - 자아실현, 안전, 안락, 소유의 추구 - 를 인간 존재의 기본조건으로 선언했다는 점이다. 그리고 거기서 언급된 "행복추구"라는 것은 하나의 권리일 뿐 아니라 자유를 추구하는 인간 존재에 동반된 일종의 의무이기도 했다.[5] 더 나아가, 전에는 인간에게 이 세상의 이른바 특정한 자리를 할당해주는 것이 신의 의지였다면 이제는 인간 스스로 자기 삶을 훌륭하게 만들고 성공과 진전을 적극적으로 추구하는 것을 신의 뜻이라고 여겼다.

18세기에 사회조직 및 세계 전반의 원리로 통하던 '사물들의 불변하고 영구적인 적합성'은 이제 스스로 책임지기, 자신의 안락에 매달려 애쓰기, 적극적이고 자율적으로 행복과 양질의 삶을 추구하기라는 권리와 의무에 밀려나고 말았다. 세계질서 및 사회질서 그리고 인간이라는 존재를 사람들은 그때부터는 역동적이라 여겨 자기 운명을 개선하는 방향으로 나아갔다. 그러나 몸의 성취태세 및 성취능력이 그것을 달성하기 위한 전제조건이라는 말은 아직 사람들의 입에 오르내리지 않았다. 19세기 후반부에 이르러서야 비로소 거기에 변화가 나타났다. 정태적 개념으로서의 피트니스가 점차 역동적인 것으로 대체되었고 몸이 보다 더 뚜렷하게 사회질서의 중심부로 이동한 것이 그때였던 것이다.[6]

이제는 여러 자유주의 사회의 역사에서 자유, 평등 및 자기결정이라는 말이 나올 때마다, 인간은 사실상 독립선언서가 천명한 것보다 덜 평등했다고 생각하지 않으면 안 된다. 이는 미국에서조차도 마찬가지였다. 왜냐하면 자유, 평등 및 자기결정을 찬미하는 노래는 부자유, 불평등 및 타율이라는, 심지어 노예제도의 존치까지도 가능케 한 정치적 실제와 짝지어 울려 퍼졌기 때문이다. 자신의 자유를 생산적으로 다룰 수 있으며 따라서 자유로운 사회를 떠받치는 힘으로 간주될 수 있는 잠재력은 결국 우선적으로 백인 남성에게 있다고 본 것이다.[7]

정치적 성숙성을 갖추었다고 하는 인간 집단이 비록 백인 남성에 국한되어 있기는 했지만 그래도 여전히 많은 회의론자는 미국의 실험이 얼마나 위태롭고 어려운지를 경고했다. 왜냐하면 성취와 자기책임에 대한 준비태세와 능력을 기반으로 과연 하나의 사회를 세울 수 있는지가 신생 공화국인 미합중국에 들이닥친 절박한 하나의 질문이었기 때문이다. 대단히 많은 숫자는 아니더라도 어느 정도의 사람들, 예컨대 여성 및 노예와 더불어 과거에 특히 하층에 속한 백인 남성에게도 사실 통제와 지도가 필요하지 않았을까?

그들의 좋지 않은 습관은 유럽으로서도 두렵기는 마찬가지였지만, 자유에 대한 일관된 태도는 자유주의 미합중국으로서는 특히 절박한 문제였다. 개인의 자유와 관련한 사항을 포함해서 한 공화국의 정치 지도부가 얼마나 강해야 하는가 하는 문제는 이미 초기의 정치 논쟁에서도 늘 반복적으로 다루어졌다. 이 논쟁을 통해 한편으로는 자유주의의 여러 핵심 원칙이 꼴을 갖추게 되었으니, 예컨대 정부권력을 제한하고 국가를 날씬하게 하며 시장을 본질적 통제장치로 삼는 것이 그것이었다. 이것은 향후에도 미국의 사회질서를 특징짓는 원칙들이었다.[8] 다른 한편으로는 날씬한 국가와 개인의 자율성이라는 자유주의 신조에는 시민 엘리트의 염려가 애당초부터 따라다녔다. 예전에 비교적 하층계급에 속했던 사람들이 과연 술과 다른 부도덕에 빠지지 않고 자기 자신을 다스려 성공적으로 행복을 추구할 준비가 되어 있느냐는 염려였다. 나름의 권리와 의무를 갖춘 한 자유주의 공화국에 어울릴 만큼 모든 사람이 충분히 '핏'한지 - 물론 19세기 초에는 아직 핏하다는 표현을 쓰지 않았다 - 사람들은 믿지 못했던 것이다.[9]

19세기: 자기주도 능력과 도덕성의 고양

시민계급은 얼마 안 가 곧 최초의 사회운동을 조직하기 시작했다. 그들이 겨냥한 것은 사람들을 잘 인도하여 자기 자신의 일에 애쓰도록, 또 자기주도 능력 및 성공추구 능력을 키우는 일에 애쓰도록 하는 것, 그리고 술과 느슨한 도덕성에 맞서는 능력을 키우는 일에 애쓰도록 하는 것이었다. 이제 신생 미국이 주도한 가운데 대서양 양안에서 생겨난 새로운 방식의 교육기관, 교정 및 수형 기관도 자유주의 사회를 보다 안정적 토대 위에 올려놓는 데 쓰이는 수단으로 작동해야 했다. 그 바탕에는 형벌 개념의 변화가 깔려 있었다. 형벌의 목표와 실행 및 의미가 새로 규정되었던 것이다. 형벌은 더 이상 규범을 위반한 자들에게 치욕이나 고통을 갚아주는 것에 맞추어져 있지 않았다. 오히려 형벌이란 해당자들을 자유주의 사회를 위해 "교정矯正"하고, "개혁" 하며, "핏"하게 만드는 것이어야 했다. 형벌 제도는 이제 자기 성찰을 통해 사회에 참여할 수 있도록 능력을 갖추게 하는 것을 목표로 삼는다고 선언했다.

인간을 최적화하고 개선한다는 생각은, 비록 그 효과가 제한적 수준에 머무르기는 했지만, 구체적 형태를 띠었고 사회정치 질서 속에 자리 잡았으며, 그 질서의 도구들을 만들어냈다.[10] 새로운 형벌 및 교육기관들도 몸을 통해 작동했다. 말하자면 육체노동을 하게 하거나, 옥에 가둠으로써 설치지 못하게 한 것이다. 말하자면 그 기관들은 몸에서 시작하긴 했지만, 스스로 선언한 목표인 몸 고통주기를 따르지도, 몸의 성취능력 개선을 추구하지도 않았던 것이다. 근대적 의미의 피트니스 같은 것은 중요하지 않았다. 오히려 몸은 무엇보다 품성을 교육하는 도구로 기능했다.

물론 유럽과 미국에서는 이미 이 시대 - 19세기 전반 - 에도 일상적 몸 관리, 신체적 건강 유지 및 몸의 잠재능력 전개를 위한 다양한 지침과 체계가 널리 활용되고 있었다. 유럽의 경우 예컨대 시민계급의 사람들에게 올바른 자세를 가르쳐주려 했던 여러 다양한 형태의 체조Gymnastik 같은 것을 생각할 수 있을 것이다. 아니면 그것보다 더 멋진 독일 기계체조Turnen를 생각할 수도 있을 것 같은데, 이는 1820년대부터 이민자들을 통해 미국으로도 들어갔다. 그러나 기계체조는 개인이나 개인의 성공보다는 오히려 국가를 그 수렴점으로 삼았다.[11]

그러다 19세기 중반이 되면서부터 몸 자체에 그리고 그 몸의 개인적 성취능력에 더 많은 주의를 쏟아야 한다는 목소리가 점점 더 많아졌다. 예컨대 〈노스 아메리칸 리뷰〉는 1855년, 자기최적화 분야의 다양한 전문가들, 이를테면 '의사, 교육자 및 돈독한 신앙을 가진 남성' 등을 날을 세워 비판했다. 개인 및 사회의 발전에 대해 몸이 지니는 의미를 그들이 지금까지 용서받을 수 없을 정도로 무시했다고 말이다. 몇 해 뒤 〈애틀랜틱 먼슬리〉에서도 몸의 문화가 이제 마침내 제일 높은 곳에 있다는 글을 읽을 수 있었다.[12] 그때 유럽에서는 이걸 가리켜 몸에 매달려 애쓰기라고 표현했는데, 이는 한 인간의 품성이나 태도의 형성을 겨냥했다기보다는 오히려 몸 그 자체를 지향했다. 몸이 이제 최적화의 목표이자 성공적 인생 영위의 상징이 된 것이다. 프로테스탄트 윤리는 이제 몸 자체에 주목했다.[13] 근대가 계속 이어지는 가운데, 사람들은 몸과 그 몸의 잠재력에 새로 크게 주목했다. 이는 자본주의와 새로 떠오르는 기계시대가 지닌 역동성 덕분이었다. 몸에 대한 이해 그리고 그 몸의 잠재력과 성취능력에 대한 이해를 지향하는 생리학은 19세기 후반에 국제적으로 주도적 학문으로 떠오르지 않을 수 없었다.[14]

몸의 역사에서 새로운 변화의 시대가 열린 때는 19세기 중반인데, 이런 사실은 피트니스 개념 자체를 살펴보면 잘 드러난다. 이제야 비로소 이 개념이 역동적인 모습을 보여주기 시작한 것이다. 그때까지만 해도 피트니스 개념은 아무런 의미 변화를 보여주지 않고 있었다. 여전히 그 개념은 특정 인간 및 사물이 특정한 하나의 기능이나 지위에 어울리는 하나의 특수한 '합목적성' 및 '형태적 적합성'을 갖고 있음을 상징했을 뿐, 그 인간과 사물들이 스스로 애써서 얻은 신체 능력을 상징하지는 않았다. 피트니스 개념이 가진 정태적 의미는 말하자면 오랫동안 굳건하게 유지되고 있었고, 애당초 종래의 모든 것을 바꿔버리겠다고, 모든 경직된 구조를 끝장내버리겠다고 기치를 내 건 미국에서도 상황은 마찬가지였다.[15] 1860년대만 해도 아직 '피트니스'라는 개념은 예컨대 월간지 〈애틀랜틱 먼슬리〉에서는 주로 미적으로 잘 어우러짐을 기술하거나 특정 인물이 지닌 특별한 능력, 그러니까 이를테면 철도회사 경영자, 편집자, 기금관리인 또는 예술가 등으로서의 특정 직무를 감당할 수 있는 능력을 유형화하는 데에 이용되었다. 특정한 성과를 내는 것이 중요하다면 거기에 필요한 학습능력을 키우고 연습하는 것은 분명 쓸모가 있다는 것이었다.

사람들이 피트니스라는 말을 불러내 사용했다면 전면에 등장하는 의미는 여전히, 어떤 사람이 특정 지위에 어울리는 능력과 적합성을 갖고 있는가 하는 물음이지, 그가 그런 것을 애써서 획득할 수 있는가 하는 물음은 아니었다.[16] 이때 피트니스는 폭넓은 스펙트럼을 갖고 있었다. 제대로 된 음식에 맞게 제대로 따뜻하게 데워진 접시 같은 보통의 물건들을 가리키기도 했고, 어째서 특정 사건이 정치적으로 더 폭발적이지 않을 수 있었는가 하는 물음을 가리키기도 했다. 그 예로 1865년에 해방을 맞이한 미국 남부 노예들이 선거권을 행사할 수 있을 정도로 '핏'한가 - 그 일에 적합한가라는 뜻이어야 한다 - 그렇지 않은가라는 질문을 들 수 있을 것 같다. 사람들은 "자연스러운 피트니스natürlicher Fitness"라는 말을 아직도 빈번히 사용했고, 필딩을 통해 18세기부터 알려진 "사물들의 영구적인 피트니스eternal fitness of things"라는 표현도 마찬가지였다.[17] 이것이 19세기 후반에 비로소 서서히, 그러나 확실히 바뀌기 시작했다.

피트니스, 다윈 그리고 자연계의 필수 요소인 경쟁의 발명

　　피트니스 개념의 역사에서 열쇠가 되는 사건은 찰스 다윈
의 『종의 기원On the Origin of Species』이었다. 1859년 런던에서 처
음 간행된 이 책은 그 이듬해에 뉴욕에서도 간행되었으며 독어
및 네덜란드어 번역판으로, 또 곧 수많은 다른 언어로도 간행되
었다. 그 이후 피트니스를 성공의 조건 그리고 심지어 이른바 편
재遍在하는 경쟁에서 살아남는 조건으로 보는 생각은 다윈 및 그
의 사상과 긴밀히 이어진다.

　　사회 조직의 도구로서의 경쟁이라는 원리를 다윈이 고안
하지는 않았다. 인구론이나 정치경제학 분야에서는 이미 수십
년 전부터 자원 부족을 둘러싸고 벌어지는 경쟁이라는 관점 하
에서 사고를 해왔다. 그러나 경쟁이라는 원리를 이제 자연 연구
에 정착시켰으며 그렇게 함으로써 그 이후 수년 및 수십 년 뒤
사회과학과 생명과학 간의 점진적인 긴밀한 결합이 생겨나는 데
에 기여한 이는 다윈이었다. 경쟁이 자연계의 필수적 질서원리
라는 발상은 그런 결합에 없어서는 안 되는 요소였다.[18]

진화론과 경쟁 관념

피트니스의 여러 뜻 중에서 글자 그대로 살아남기 위한

경쟁이라는 관념과 엮인 하나의 뜻에 대해서도 다윈이 요구할 수 있는 저작권은 제한적이다. 그는 피트니스 개념을 이미 1859년 자신의 책 1판에서 사용하기는 했지만, "가장 핏한 자의 생존survival of the fittest"이라고 말한 것은 몇 년 뒤였다. 먼저 사회철학자 허버트 스펜서가 1864년에『생물학의 제원리Principles of Biology』에서 (그러니까『종의 기원』초판 발간 5년 뒤) 이런 표현을 만들어 썼고, 여기에서부터 출발해 이 표현은 얼마 뒤 생겨나는 사회과학으로 옮겨갔다. 다윈이 스펜서의 이 표현을 받아들인 것은 1869년에 나온 자신의 책 신판에서였으며, 이 말이 자기가 생각하고 있는 과정을 일컫는 데에 극도로 안성맞춤이라고 칭송했다.[19] 그가 염두에 둔 것은 변이, 선택 및 적응이 벌이는 끝없는 게임, 다시 말해 무자비한 경쟁에서 생존에 유리한 조건을 확보하고 넉넉잖은 필수 자원을 차지하기 위한 투쟁에서 누가 살아남는지를 정해주는 게임이었다. 물론 다윈에게도 '피트니스'는 개개의 생명체가 주도적으로 만들어내는 그 무엇은 결코 아니었다. 승리나 패배, 생존이나 사멸은 자신의 성취능력에 매달려 애쓴다고 결정되는 것이 아니었다. 어떤 생명체가 하나의 특수한 환경에 가장 잘 적응하여 결과적으로 살아남는지를 결정하는 것은, 다윈에 따르면, 우연이었다. 다윈의 저서『종의 기원』의 초기 독어판 (독어 제목: Über die Entstehung der Arten) 여럿을 한번 들여다보면,『종의 기원』이 이곳 독일에서 그런 뜻으로 읽혔음을 알 수 있다. 독어판에서는 - 스펜서의『생

18세기 이후 피트니스 개념의 경기변동 양상

물학의 제원리』에서 차용하여 - 한결같이 "가장 적합한 자의 생존Überleben des Passendsten"이라는 표현이 사용된 것이다.[20] 말하자면 다윈에게도 '피트니스'는 정태적으로 여겨졌으며, 가장 핏한 자der Fitteste는 가장 적합한 자der Passendste였다. 자기 자신에 매달려 애쓴 결과이자 자신의 잠재력을 의도적으로 최적화한 결과라는 역동적 피트니스는 일단 다윈에게서는 그 어떤 흔적도 발견되지 않았다.

그러나 자신의 성공 및 생존 가능성을 확대하기 위해 매달릴 수 있고 매달려야 하는 것이라는 뜻의 피트니스를 향한 발걸음은 이제는 더 이상 크지 않았다. 왜? 자기 돌봄을 위한 경쟁, 투쟁 및 자유가 이렇게 공존하는 판에 그 누구라고 유리함과 더 나은 출발점을 얻어내는 데에 전념하겠다는 생각을 하지 않을 것이며, 그 누가 자신의 자유를 자연계에 필연적으로 존재하는 경쟁에서 유리한 자리를 차지하는 데에 활용하려고 애쓰지 않겠는가? 이렇게 획득된 피트니스는, 이제 성취사회 및 경쟁사회의 모습이 점점 더 뚜렷해지면 그러하듯, 개인의 생존가능성을 더 높여줄 것이며, 그리하여 여러 세대에 걸쳐 진행되기는 하겠지만, 생물학적 및 사회적 의미의 한 집단의 최적화로 이어질 지도 모른다.

이와 반대로, 자신에게 매달려 애쓰는 것이 아니라 나쁜 습관을 허용한다면 그것은 종의 퇴화로, 그리고 최악의 경우 멸종으로 이어질 위험성이 있었다. 이 담론에는 찰스 다윈, 프랑스의 생물학자 장-바티스트 라마르크 및 다른 이들의 서로 다른 학문적 견해가 뒤섞여 있었지만, 이 담론의 역동성은 무너지지 않았다. 그 반대다. 다윈주의가 근대의 진화이데올로기라는 불에 기름을 붓게 된 것은 무엇보다도 다윈주의의 라마르크적 독법을 통해서였다. 왜냐하면 획득된 형질과 능력은 생존 및 성공 가능성을 높여줄 수 있을 뿐 아니라 거기에 더하여 여러 세대를 넘어 전승될 수 있으리라는 믿음으로 인해 자신에 매달려 애쓰는 것이 더 유의미해 보이기 때문이다. 이런 생각은 후생유전학*에서 최근 다시 호황을 누린 바 있다.[21]

경쟁, 자유주의 그리고 피트니스

여기서 우리는, 정치 원칙으로서의 자유와 개인의 자기 책임이 이 시점에, 특히 미국 그리고 미국에 비하면 좀 덜하지만 유럽에서도 얼마나 중요해졌는지 다시 한 번 상기해 보려 한다. 왜냐하면 피트니스가 이후 엄청난 힘을 펼치는 데에 핵심적인 작용을 한 것이 바로 인간적-개인적 자유와 책임이라는 두 개념이기 때문이다. 이 두 가지는 특히 미국에서 새로운 자유주의 국가질서 및 사회질서의 형성으로 이어졌었고, 거기에는 노예제도

---

* 글자 그대로 해석하면 '출생 이후의 유전학'이라는 뜻이다. 출생 후의 환경적 요인에 의해 (유전자 변화는 없이) 유전자 발현에 변화가 일어나기도 하는데 이를 바탕으로 환경이 유전자에 어떤 영향을 주는지를 연구하는 학문이다.

존속에까지 이르는 온갖 욕 먹을 짓들도 들어가 있었다. 하지만 독일에서도 자유주의Liberalismus와 자유Freiheit 관념의 속을 채워 넣은 것은 '성숙성', '자립', '독자적 사고' 및 '독자적 행동' 같은 개념들이었다. 물론 유럽 쪽에서는 이 자유주의적 사고가 미국에서처럼 그렇게 강력하게 자신에 대한 정치적 평가 및 정치적 실천행위의 중심에 자리 잡고 있지는 않았다.[22]

동시에 자유주의의 메트로놈 같은 수많은 지식인이 구세계에서 나왔다. 여기서는 스코틀랜드 사람 애덤 스미스만 언급하고자 한다. 1776년, 그러니까 미국이 독립을 선언한 해에 그는 저서『국부론』을 통해 자유시장과 경쟁을 경제사상과 정치사상에 도입했다.[23] 그러다 19세기가 흘러가면서 존 스튜어트 밀이 자유주의를 대표하는 유럽 쪽 이론가로 통한다. 정치경제에 대한 저술에서 밀은 시장경제, 개인의 자유 및 국가권력 제한을 융합하였다. 그의『자유론』은 (찰스 다윈의『종의 기원』과 같은 해인) 1859년에 처음 출간되었다. 밀은, 자유와 사회발전의 참된 원천이자 기본조건은 자신의 재능과 삶의 가능성을 개선하겠다는 각 개인의 추동력이라고 했다. 이것은 피트니스의 뉘앙스를 강하게 풍긴다. 이 개념 자체는 밀의 저술에 나타나지 않지만, 그래도 그의 글에는 피트니스 사상이 도드라져 있다. 그리고 사회, 개인의 주도성 및 인간의 최적화능력에 대한 밀의 여러 구상은 자연학자 다윈에게서는 찾을 수 없었던 역동적 자아를 그 출발점으로 한다.[24]

(자유와 책임을 인간 존재의 중심 원리로 여기는) 자유주의와 (경쟁과 투쟁을 모든 존재의 필수 원리로 삼는) 다윈주의는 19세기 중반에 이르러 극도로 생산적인 시너지를 형성했다. 이들의 공존 덕분에 과거의 정태적 피트니스 개념은 그 이후 수십 년 동안 변화를 겪게 되었다. 다시 말해 개인과 집단의 발전과 성공에 대한 책임이 각 개인에게 있다는 믿음은 이런 공존으로 인해 계속 불타올랐고 그 과정에서 몸이 사람들의 입에 오르내리는 현상이 더 도드라진 것이다. 물론 피트니스에 대한 그런 역동적 이해가 단박에 정태적 이해를 대체하지는 않았다. 오히려 그런 정태적 이해는 여러 해 및 수십 년에 걸쳐 보완, 확대 및 수정되었다. 이따금 "타고난 획득된 피트니스"라는 말이 한 덩어리가 되어 튀어나오기도 했다.[25] 성취능력 및 경쟁에서의 승리는 거기에 걸맞은 (균형 잡힌 팔다리와 튼튼한 폐 같은) 신체적 여건과 강력한 의지의 종합이라고 해석되었다. 후자로 인해, 자신에게서 모든 것을 도출해 내고 자신의 잠재력을 심지어 확대하는 것이 비로소 가능해졌다.[26]

이제 자신과 몸을 선제적으로 핏하게 만들라는 요구가 점점 더 뚜렷하게 울려 퍼졌다. 이런 피트니스는 다시금 고도의 성취태세와 성취능력 전반을 갖추고 있다는 상징으로 간주되었고, 이런 태세와 능력이 있어야 자원과 사회적 관심을 얻기 위한 경쟁에서 자기 존재를 유지하고 살아남을 수 있었다. 따라서 피트니스는 자유주의 사회의 중심 개념의 하나로 발전하려 했으며,

18세기 이후 피트니스 개념의 경기변동 양상

이는 스포츠를 크게 뛰어넘는 것이었다. 이 개념은 오히려 자신에 매달려 애쓰고 자신이 하는 일에 책임지는 근본적 능력과 덕성을 상징했다.[27]

신체 한계의 극복과 전 지구적 생존투쟁

이와 같은 도도한 역사적 물결 속에서, 인간에게 특정한 고정불변의 한계, 다시 말해 정치적, 사회적, 신체적 한계가 본래부터 주어져 있다는 믿음도 산산조각 났다. 이 한계를 더 넓히고 극복할 수도 있으리라는 마력의 주문이 바로 트레이닝이니 '엑서사이즈exercise'니 하는 말들이었다. 이제 몸과 건강은 연습을 통해 체계적이고 지속적으로 강화될 수 있을 것이며 그렇게 되어야 할 것이라고 사람들은 목소리를 높였다. 그래서 스코틀랜드의 문인 존 스튜어트 블레키는 대서양 양안에서 널리 읽힌 자신의 책에서, 연습도 하지 않고 매달려 애쓰지도 않으면 이 우주에서 그 어느 것도 돌아가지 않는다고 썼다. 뭐든 다 할 수 있고 만들 수 있다는 대단히 근대적인 이 믿음은 몸을 넘어서서 인간의 생활방식까지도 사로잡았다. 자신과 제 몸에 자발적으로 흔쾌히 주의를 기울이는 사람, 책임감을 갖고 절제하는 가운데 행동하는 사람, 그리고 자기 자신을 잘 돌보는 사람만이 성공하여 앞으로 나아갈 수 있으리라는 것이었다. 거기에는 자기를 정밀하게 관찰하고, 자신과 (식습관 및 행동방식, 체중, 배변 등)

제 몸에 대한 온갖 정보를 취합해 평가하며, 훈련도 당연히 하고, 또 이 모든 것을 과장 없이 행하는 것도 들어가 있었다. 중요한 것은 적정 분량을 찾아내는 일이었다.

　　새로운 트레이닝 문화를 포함하는 이 새로운 피트니스 개념은 빠른 확산추세를 보이던 '자아함양self-culture'이라는 것의 일부였는데, 이 말은 당시 독어로 'Selbsterziehung'이라고 번역되었다. 그런데 '자아함양'에 성공하는 일 역시 (부모, 교사, 일터의 작업반장 같은) 비교적 더 노련한 이들 또는 전문가의 일원으로 통하던 사람들에게 조언을 받을 것을 요구했다. 여기서의 전문가란 당시 몸, 성취능력 및 그 능력의 개선에 대한 논쟁을 형성하기 시작한 사람들이었다. 이 말은, 예컨대 생리학이나 체력단련론 분야 출신인 이들 신규 피트니스 전문가들이 결국 어떻게 하면 신체의 건강과 성취능력을 개선할 수 있는지 가장 잘 알 수 있으리라는 뜻이었다. 이와 관련된 조언서들도 이제 수없이 생겨났다. 덴마크의 운동선수이자 체육교사 요한 페터 뮐러 Johann Peder Müller/Mueller*가 1904년에 낸 『나의 시스템. 건강을 위한 하루 15분의 노력』이라는 책은 유럽에서 베스트셀러가 되었다.[28]

　　피트니스 개념에서 역동적 양상이 점차 증가하면서 이 양상은 모든 층위와 모든 범위에서 발전, 진보 및 경쟁 사상의 일

---

* 　이는 독어화 된 표기로, 덴마크어 표기는 Jørgen Peter Müller이다.

부로 자리를 잡았다. 사회진화론의 급속한 확산에 힘입어 이제 성과 전시회가 동네, 지역 또는 국제적 규모로 도처에서 개최되었다. 몸 만들기Körperbildung가 개인의 발전 그리고 그것과 더불어 미국 사회 및 '앵글로색슨 종족' 전반의 발전에 얼마나 중요한지를 마침내 미국도 진정으로 이해하는 시대가 왔다고 1887년 하버드 대학의 체육 교수 더들리 앨런 사전트는 강조했다. 한 해 뒤 〈노스 아메리칸 리뷰〉는 심지어, "문명사는 사람의 몸을 개선한 역사"라고까지 주장했다. 여기서 말하는 몸과 문명의 황금 표준이란 곧 백인 남성 시민이었다.[29]

개인 및 집단의 피트니스 추구는 서로 맞물려 돌아가야 했으며 스포츠에서부터 군사 및 경제를 거쳐 기술과 과학에 이르는 모든 영역에서 이를 전 지구적 '생존투쟁'의 일부라고 생각했다. 이런 생각은 대서양 양안에 널리 퍼져있었다. 물론 유럽에서는 진보에 대한 미국의 그런 떠들썩한 열광에 거리를 두어 회의적으로 바라볼 때도 있었고, 심지어 심각한 혐오감을 표현하기도 했지만 말이다. 게다가 이 피트니스 사상은 확산 일로에 있던 식민지 개척 열기에도 에너지를 제공했다. 19세기 중에는 유럽 열강뿐 아니라 미국까지도 그런 열기에 사로잡혀 있었던 것이다.[30]

이런 사상은 시어도어 루즈벨트가 1899년에 행한 '애쓰는 삶'이라는 주제의 연설에서도 다발로 나온다. 당시 뉴욕 주지사였으며 나중에 미국 대통령이 될, 그리고 자신이 '아웃도어맨

Outdoorman[*]이라고 고백한 사람이자 참전 군인이었던 루즈벨트는 이 연설에서 미국 사람 각각에게 쉼 없는 삶, 노력하는 삶, 항상 앞으로 밀고 나아가는 활동적인 삶을 영위할 것을 요구했다. 그렇게 해야 여러 국가와 "민족들" - 나는 여기서 의식적으로 인종주의적 함의가 있는 "민족Volk"이라는 개념을 선택한다 - 사이에서 벌어지는 항구적 경쟁에서 미국과 미국인이 남들보다 앞설 수 있다는 것이었다. 이때 루즈벨트는 백인, 앵글로색슨, 개신교도에다 남성인 미국인을 명시적으로 언급했다. 그가 보기에도 그런 사람들은 자유와 책임을 실질적으로 다루는 방법을 알고 그 둘을 생산적으로 이용할 줄 아는 유일한 집단이었던 것이다. 루즈벨트가 볼 때, 진보와 집단의 힘은 각 개인의 각오와 능력에서 생겨나는 것이었다. 그리고 비록 루즈벨트가 '핏', '핏하지 않음unfit' 같은 개념들을 체계적으로도 분석적으로도 이용하지 않았지만, 그의 연설은 1900년경의 피트니스 디스포지티프의 다양한 양상, 예컨대 자유주의와 다원주의의 시너지, 자유와 경쟁의 시너지, 개인의 셀프리더십과 집단의 진보 그리고 몸, 국가 및 '민족'의 공존, 자기 응원 및 타자 배제 같은 양상들을 정확히 표현했다. [31]

---

* 실외활동, 즉 스포츠 따위를 즐기는 사람

18세기 이후 피트니스 개념의 경기변동 양상

피트니스, 차이 그리고 정치 참여

역동적 성격의 피트니스가 19세기의 마지막 삼십여 년 동안 여러 근대 사회 속으로 얼마나 깊이, 또 얼마나 강력하게 파고들어 갔는지는 미셸 푸코의 생명정치 모델을 이용해 파악할 수 있다. 이 모델은 몸, 조직 및 생명함양이 어떻게 근대와 근대 정치의 중심으로 밀고 들어왔는가를 잘 보여준다.

사회적 과업이 된 피트니스

1900년경 자신을 더 유능하고, 더 생산적이며, 더 방어능력이 있도록 - 한 마디로 더 핏하게 - 만드는 일은 개인 및 (사회, 국가, '민족' 같은) 집단이 꼭 해야 할 과업이었다. 몸이 항상 준비되어 있고 활성화되어 있어야 그 몸의 능력이 개선될 수 있다는 생각은 점차 표준으로 자리 잡아갔다. 자신에게 매달려 애쓰는 건 그냥 '정상normal'이었다. 그러나 피트니스는 단순히 자신에게 매달려 애쓸 것만 요구한 게 아니라 그 과정에서 차이를 만들어냈다. 자신에게 매달려 애쓰는 사람과 유능하다고 인정받는 사람 그리고 그런 일에 성공하지 못한 사람 간의 차이다. 근대사회는 전자를 성공적 주체로, 후자는 그렇지 못하거나 조금만 성공한 존재로 여겼다. 피트니스가 하나의 이상, 사회를 규율

하고 누가 어떻게 그 사회를 어느 정도 공유할 수 있는지를 통제하는 이상이 되어버린 것이다.[32]

　피트니스를 행할 능력 그리고 그것과 더불어 사회적으로 온전히 인정받아 그 사회에 참여하는 능력이 몇몇 사람에게는 애당초 제한적으로만 인정되거나 심지어 근본적으로 그런 능력이 전혀 인정되지 않았다. 우리는 그렇게 알고 있다. 그러나 동시에 18세기 이후부터는 상황이 달라졌음도 알고 있다. 즉 자유와 책임이 사회의 보편적 원칙으로 이미 선언되긴 했지만 그것은 일부의 사람에게만 적용되었던 것이다.

　한 사회가 자유, 자기개선이라는 이상 및 자율적 주체라는 발상에 신세를 졌다고 느낀다면 구별하고 배제하는 행위는 그런 사회를 구성하는 필수 요소다. 그래서 그런 사회는 자유를 성공적으로, 생산적으로, '선량하게' 사용하리라는 믿음을 주는 사람과 그렇지 못한 '나머지'를 구분한다.[33] 말하자면 '인종'과 혈통, 성별과 계급, 섹슈얼리티와 나이 등 여러 범주에 따라 만들어진 각양각색의 '단면들'이 스스로는 인간 존재를 기본 바탕으로 하여 구성되었다고 주장하는 그 인간집단을 휘젓고 있는 것이다.[*] 무엇보다도 생물학적-신체적 기준에 근거한 이런 단면들은 사회참여의 규모와 방식을 통제한다. 이때 포함과 배제라는 생명정치의 논리가 의미하는 바는, "타자의 죽음"이 어떤 한

---

[*]　인권, 자유 같은 것은 '모든 인간'에게 적용된다고 하고서는 인종, 성별 등의 단면으로 구별, 배제하는 것을 의미한다. 일종의 역설

사람의 삶을 "더 건강하고 더 순수하게" 만들어 주리라는 것이다.[34] 여기서 말하는 죽음이란 글자 그대로의 의미가 아니라 모든 가능한 형태의 사회적 배제에 대한 은유다.[35]

피트니스와 시민의 자격

19세기의 마지막 삼십여 년 동안 역동적 피트니스라는 관념은 사회적 및 정치적 사상과 행동 속에 점점 더 단단하게 둥지를 틀어 안착했다. 이와 더불어 누가 시민으로서의 쓸모를 갖추고 있느냐는 물음도 '피트니스'라는 제목하에 다루어지는 일이 눈에 띌 정도로 더 빈번해졌다. 결국 피트니스는 성취할 수 있는 능력의 표현으로, 또 자기를 제어하고, 경쟁에서 살아남으며, 그렇게 함으로써 생산적 사회구성원이 되는 능력의 표현으로 간주되었다. 이 과정에서 자유주의 사회는 성취의 정의*를 내세움으로써 여러 불평등 요소와 각종 배제 메커니즘을 덮어버린다.[36]

피트니스와 시민의 자격이라는 말이 나왔다면, 이는 권리 관계가 기록된 문서나 특정 여권 따위에 표시된 국적과는 관계가 없었다. 그것이 의미한 바는 오히려 여러 요구를 표출할 수 있다는 것이며, 이런 요구는 이른바 자기를 개선할 수 있고 자유주의 사회에 건설적으로 참여할 수 있는 능력에서 도출되었

---

* 분배의 정의 중 하나로, 각자의 성취에 따라 소득분배가 이루어지면 분배의 정의가 달성된 것으로 본다.

다.[37] 제 몸의 힘과 건강을 챙기는 사람은, 자신의 성취능력이 어떤 의미를 갖고 있는지, 그리고 그것과 더불어 노동력, 방어력 및 생식력이 어떤 의미를 갖고 있는지 잘 알고 있음을 입증한 셈이며, 이것은 다시 개인 및 사회의 성공을 위한 기본 바탕으로 간주되었다. 달리 말하면, 어떤 사람이 자신의 피트니스에 신경을 썼다는 것은, 그가 사회에 뭔가 이바지할 생각이 있으며 따라서 참여할 권리와 존재를 인정받을 권리가 있음을 드러낸다는 뜻이었다. 이런 주장은 당시의 미국에만 널리 퍼진 것이 아니었다. 독일이나 영국 같은 유럽 여러 나라에서도 몸은 이미 도구가 되어 있었다. 이 도구를 활발하게 사용함으로써 사람들은 정치-사회적 참여와 소속감, 인정 및 특권을 보장받을 수 있었다.[38]

그러는 사이 피트니스는 매우 역동적이라 생각되기는 했지만, 아직은 정태적인 여러 축이 주름잡고 있었다. 왜냐하면 어떤 인간들이 자유주의 시민이 될 잠재력을 '자연적으로' 갖추고 있으며 누가 그렇지 않은지를 '종족' 내지는 인종, 성 및 다른 범주들을 근거로 판단할 수 있다고 여겼기 때문이었다. 19세기에서 20세기로 넘어가는 전환기에 미국에서는 긴박하고도 회의적인 토론이 벌어졌다. 한 시민을 자유주의 사회의 일원으로 만들어줄 수 있는 요소, 즉 '타고난' 책임의식, '본능적' 목표지향성 및 노동에 대한 '천부적' 애정을 특정 집단의 구성원이 실제로 지니고 있는가를 둘러싼 토론이었다. 거기에 해당되는 이들은 노예 해방 이후 시점의 옛 아프리카계 미국인 노예, 군사력에 의해 복

18세기 이후 피트니스 개념의 경기변동 양상

속된 토착민, 선거권을 얻기 위해 투쟁하는 여성, 농업에 종사하는 못 배운 남동유럽 출신 이민자 또는 식민지화된 이후 건너간 필리핀 사람이었다.[39] 심지어, 각양각색의 사람들과 인간집단을 피트니스한 상태에 이르게 함으로써 자기를 통제하고 정치에 참여하며 시민으로서의 자격을 갖춘 존재로 만드는 일은 앞으로 자유주의 사회에 들이닥칠 가장 긴요한 과제의 하나라는 말까지 나왔다.[40]

근대적 신체성의 시대: 백인, 남성, 성취

1900년을 전후한 시기는 거대한 사회변동의 시간으로, 또 근대 최초의 신체성의 시대로 통하는데, 이는 피트니스 담론에서 다양한 형태로 표현되었다. 모든 것이 몸을 중심으로, 그 몸의 성취의욕 및 성능개선을 중심으로 돌아갔다. 뿐만 아니라 평등을 주장하는 한 사회 내에서 차이를 도출할 때에도 소위 가변적 잠재력을 지녔다는 그 몸이 동원되었다. 이 시기의 거대한 사회적 역동성은 사람들의 신경을 곤두서게 했고, 그런 상황에서 몸은, 그리고 특히 백인 남성의 몸이 우월성을 타고났다는 믿음은 안도감을 주는 것 같았다. 마치 닻이 걸리는 지점처럼, 몸은 격변의 시기에 사회질서를 단단히 지탱해주는 지점으로 확립된 것이다.[41] 하지만 백인 남성의 몸이 우월하다는 것은 얼핏 자연스러워 보였음에도 사람들은 이를 늘 반복적으로 주장하고 연출하며 적극적으로 만들어야 했다. 그래야 그 우월성에 효력을 부여할 수 있었다. 왜냐하면 백인 남성의 몸이 피트니스하며 그 것과 더불어 그 몸의 소위 자연스런 우월성을 보여주는 데에는 항구적인 활동이 필요했기 때문이다.[42]

게다가 점점 도시화되어가는 근대 세계의 몸은 동시에 다수의 도전거리에 직면해 있다는 말들이 나돌았다. 이런 도전거리로 인해 사람들은 안정성의 요람이라고 상상한 몸에 대해 의심을 품게 되었다. 첫째, 근대 사회에서는 몸의 투입을 요구하는 일이 점점 더 줄어들고 있음이 관찰된다고 사람들은 생각했다. 미국의 경우 이런 상황은 당시까지만 해도 뚜렷하던 역사적인 한 장면의 상실, 다시 말해 특히 미국 백인 남성의 몸이 이른바 야만을 문명으로 전환한다는 서부 '개척'의 과정에서 강철처럼 단단해지리라는 상상의 상실과 함께 일어났다. 그러나 19세기 말에 이르자 북미대륙은 사람이 거주하는 곳으로, 그리고 '개척'의 시대는 이미 지난 것으로 간주되었다. 이는 거대한 상실감의 체험이 되었다. 몸이 덤벼들어야 할 대상이 없어져 버렸으니 이제 미국 남성의 몸은 지속적으로 약화될 것이라고 사람들은 생각했다. 그걸 보완해야 한다고 요구하는 목소리가 커졌다. 동시에, 그리고 이것이 제2의 도전거리이기도 했는데, 근대의 도시들은 짜증 날 정도로 온갖 자극이 넘쳐나는 곳으로 자리를 잡았고, 이런 자극 탓에 사람들이 정말 전염병에 걸리듯 대규모로 신체적 정신적 탈진상태에 이르렀다고들 여겼다. 사람들이 두려워

18세기 이후 피트니스 개념의 경기변동 양상

한 것은, 무엇보다도 백인 중류계급에서 급속히 퍼지는 새로운 질병, 바로 신경쇠약이었다. 이 신경쇠약은 백인 중류계급의 특수한 역사적 맥락을 대표하는 질병이며 아울러 20세기 말 21세기 초의 관상동맥 관련 심장질환이나 번아웃 증후군에 해당할 '세기말' 질환이기도 했다.[43]

이를 두고 미국 사회에 위기가 도래했다는 말들이 강력하게 울려 퍼졌다. 이와 같은 위기감에 자양분을 제공한 것은 왕성한 이민이었다. 우선 중국 노동자들이 미국 서부로 들어왔고, 그 다음에는 가톨릭교와 유대교 신앙을 가진 사람들이 남유럽과 동유럽 지역에서 미국 동부 및 중서부로 들어왔으며, '아프리카계 미국인'은 미국 남부를 떠났다. 이와 같은 이민 물결로 인해 혼란에 빠진 것은 무엇보다도 백인, 앵글로색슨, 개신교 미국인이었다. 이들은 자기들이 가진 사회적 헤게모니를 상실할까 두려워했다. 초기 여성운동도 급변의 시대를 살아간다는 이 어지럽고 혼란스러운 감정에 이바지했다. 무엇보다 백인 남성의 무리속에서 이 여성운동이 요구사항을 제기하고 여러 성과를 거두었다는 점이 위기에 처해있다는 두려움을 유발한 것이다.[44]

이 모든 도전거리에 대해 내놓을 수 있는, 유일하지는 않지만 그래도 딱 들어맞는 중요한 응답이 바로 몸, 특히 백인 남성의 몸의 활성화인 것 같았다. 사회진화론 시대에 사람들이 수긍할 만한 하나의 답이었다. 경쟁과 '가장 핏한 자의 생존'이 지배적 문화였음을 고려할 때, 신체가 튼튼하지 못함은 분명 유달리 위태로워 보일 수밖에 없었으며 신체단련은 그것에 대한 대응조치로서 특별히 유망해 보였다. 그렇게 신체 활성화는 신경쇠약 시대에 무엇보다 백인 남성에게 최선의 치료이자 예방으로 간주되었다. 신선한 공기를 마시며 몸을 움직이고 건강에 좋은 영양을 섭취하는 일은 백인 남성이 우월한 건 당연하다는 인식을 만들어 보여주는 최선의 길이었다. '바킬루스 아틀레티쿠스'*가 퍼졌고, '트레이닝, 트레이닝, 트레이닝'이라는 구호가 울려 퍼졌다. 그렇게 몸의 퇴행에 맞선 것이다. 신체단련을 지향하는 체조, 자전거 타기, 수영 및 그 밖의 활동에 대한 새로운 열광이 1900년경 근대 사회의 일상 속으로 들어왔다.[45] 동시에 '잘' 먹어야 한다는 생각은 일종의 확고한 강박관념이 되어버렸다. '제대로' 먹기, '건강한' 다이어트 선택하기 그리고 이따금 금식 요양을 감내하는 일은 자신과 제 몸에 대해 현 수준에서 요구되는 만큼의 주의를 기울이고 있음을 드러내는 표지로 간주되었다. 영양학적 근거가 있는 섭식을 행하고 자신을 정밀하게 관찰하며 육식 비율을 제대로 지키는 것도 능력을 유지하고 개선하는 데에 도움이 될 거라고 했다.[46] 그 뒤로도 백인의 뚱뚱한 몸은 시간이 흐를수록 유복한 인생이나 성공을 덜 상징하게 되었고, 오히려 생명정치 시대에는 갈수록 실패, 허약, 셀프리더십 결핍 및 핏하지 않음Unfitness을 더 많이 의미했다.[47]

---

* '스포츠균'이라는 뜻의 은유적 표현

18세기 이후 피트니스 개념의 경기변동 양상

몸을 통한 권능부여

몸을 둘러싸고 이렇게 새롭게 요란 떠는 일은 무엇보다도 백인 중산층 남성 사이에서 횡행했으며, 이것은 사회 내 힘의 관계를 다시 안정화시키는 하나의 가능성이었다. 백인 남성이라면 몸을 고루 단련함으로써 자신이 남다른 성취역량을 갖추고 있음을 뚜렷이 드러낼 것이고, 자본주의적 경쟁 속에서 경제적으로 성공하기 위해서도 만반의 준비를 할 것이며, 아울러 자신의 특권적 지위를 강화하고 합법화할 것이다. 피트니스계의 구루 버나르 맥패든이나 쾨니히스베르크 태생에 유진 샌도우라는 예명으로 북미에서 뉴질랜드까지를 아우르는 세계적 아이콘이 된 보디빌더 프리드리히 빌헬름 뮐러 같은 이는 위기라고 떠들어대는 그 모든 입 앞에 사진 한 장을 들이밀었다. 백인 남성의 몸 하나가 무엇을 성취할 수 있는지를 보여주는 사진이었다. 그 몸짱들의 몸은 인간, 그중에서도 특히 백인남성이 가진 최상의 것을 끄집어내 줄 법한, 이상이자 실제로서의 피트니스를 입증하고 확인해주었다.[48] 새로 발행된 스포츠 잡지나 피트니스 관련 잡지를 통해 사람들은 샌도우, 맥패든 및 다른 수많은 사람의 몸을 수천 번씩 볼 수 있었다. 그런 식으로 잡지들은 잘 가꾸어진 몸을 신앙으로 만들었다. 그것이 자유주의 경쟁사회를 이끄는 원리이며, 백인은 이른바 우월한 능력을 바탕으로 그 사회에서 성공을 거둔다는 것이었다. 버나르 맥패든이 세운 미디어 제국의 일원인 〈피지컬 컬쳐 Physical Culture〉 같은 잡지나 스포츠 전문지 〈아우팅Outing〉은 트레이닝을 통한 피트니스가 건강한 몸과 온갖 성공의 토대라는 점에 한 치의 의심도 허용하지 않았다. 노동세계에서든, 사업가로서든, 정치가로서든 아니면 군인으로서든 상관없다는 것이었다.[49] 맥패든의 좌우명은, "약하다는 것은 범죄의 하나다. 범죄자가 되지 말라!"였다.

몸 숭배의 초점이 백인 중산층 남성에게 맞추어져 있기는 했지만 다른 사회집단도 제 몸과 그 몸의 피트니스를 통해 사회적 정치적 관심을 더 많이 얻으려고 두루 애를 썼다. 특히 버나르 맥패든의 〈피지컬 컬처〉는 노골적으로 여성에게도 다가갔다. 경쟁의 시대, 신체를 앞세우는 시대에 피트니스는 '권능 부여하기'에 써먹기 딱 좋았다. 이는 아마도 피트니스라는 것이 남성성 및 백인성이라는, 다시 말해 사회 주도권 및 정치권력의 가장 중요한 상징 요소와 아주 긴밀하게 연결되어 있었기 때문일 것이다. 따라서 피트니스는 한편으로는 특정 사회집단과 개인을 배제했지만, 다른 한편으로는 보다 큰 사회참여 기회를 요구할 수 있는 여지를 그들에게 열어주었다. 여류 철학자 주디스 버틀러식으로 말하면, 피트니스는 제한력과 가능력이 동시에 작용하는 장場 하나를 드러낸 것이다.[50]

몸을 통한 '권능부여'의 사례로 우선 아프리카계 미국인 커뮤니티를 들 수 있다. 이미 세기 전환기 무렵에 예컨대 권투의

18세기 이후 피트니스 개념의 경기변동 양상

잭 존슨이나 경륜의 테일러 소령[*] 같은 흑인 스포츠 스타들은 가능한 일, 할 수 있는 일을 온갖 저항에 맞서서, 또 모든 한계를 뛰어넘어 이루어 낸 존재로 활용되었다. 하지만 W.E.B(윌리엄 에드워드 부르크하르트) 두보이즈나 에멧 제이 스코트 같은 흑인 지성인과 정치인은 광범위한 아프리카계 미국 주민을 향해서도, 정치적 평등과 사회적 인정의 획득 투쟁에서 이기려면 몸을 잘 가꾸어 양호하고 건강하며 생산적인 형태를 지녀야 한다고 강조했다. '아프리카계 미국인'이 실제로 미국 시민으로 성공하려면 놀이터와 체육시설, 수영장과 테니스장이 필요할 거라고도 했다.[51] 대서양 양안에 사는 유대인의 몸 정책과 관련해서도 비슷한 모습을 볼 수 있다. 유대인 남성의 몸이 약하다는 당시의 관념에 스포츠와 신체단련이 대응책으로 나서야 했던 것이다. 정치사회적 참여 기회를 요구하는 자신감에 찬 근대 유대인을 상징하는 것은 '근육질 유대인'이어야 했다.[52] 다른 한 가지 사례가 되는 이들은 체코 출신 이민자들이다. 이들은 몸을 팟하게 만들기 위해, 또 미국인이 될 자격이 있음을 보여주기 위해 미국에서 소콜Sokol이라는 일종의 집단 체조를 연습했다. 그러나 그렇게 하면서도 조국과는 끈끈한 연을 유지할 수 있었다.[53]

마지막으로 중요하게 언급해야 할 요소로, 여성주의자 프랜시스 윌러드와 그녀의 자전거 애호를 떠올려 보자. 윌러드에

---

[*] 본명은 Marshall Walter Taylor이나 Major라는 별명을 넣어 주로 Major Taylor로 불린다. 군복을 입고 자전거 스턴트를 한 것 때문이라고 한다.

게 자전거 타기란 모든 자유 민주주의 생철학의 구현이었다. 왜
냐하면 자전거 타기는 자기 자신에 매달려 힘들게 애씀을 의미
했으며 동시에 알맞은 만족감을 주었기 때문이었다. 자전거를
타는 사람은 몸과 품성의 힘을 함양하고 새로운 기술을 획득하
며 새로운 공간을 스스로에게 열어주며 전진한다고 윌러드는 열
변을 토했다. 또 자기 자신을 믿는 법, 그러면서도 남보다 이미
더 잘할 줄 알아 기술도 몸도 더 잘 장악한 이들의 조언을 물리
치지 않는 법을 배워야 한다고도 했다.[54]

20세기 초: 피트니스 개념의 보편화

　20세기 초에 마침내 - 적극적으로 신체단련을 행함으로써
얻은 능력이라는 - 변화된 피트니스 개념이 근대적 인간의 머리
와 몸속에 등록되었다. 물론 독어 문헌에 피트니스라는 영어 단
어는 아직 등장해서는 안 되었다. 그런 일은 1960년대가 되어서
야 비로소 나타났다. 그럼에도 불구하고 1900년 무렵의 신체성
관련 관념들은 이곳 독일에서도 그 몇십 년 이전보다는 더 역동
적이라고 여겨져 개인의 성취태세 및 성취능력과 결부되어 있었
다. 이런 점은 찰스 다윈의 『종의 기원』 독어판 여럿을 새로 들여
다보면 알 수 있는데, 이번에는 세기말 무렵 완성된 독어 번역본
들을 보자. 이들 번역판에서는 "Überleben des Passendsten(가장
적합한 자의 생존)"이라는 표현은 점점 더 줄어든 반면, 그 대신

"Überleben des Tüchtigsten(가장 유능한 자의 생존)"이라는 표현이 사용되었다. 18세기 말 이래 'tüchtig(유능하다)'라는 단어는 근면에 기초한, 보통 수준을 넘어서는 성취를 기술하는 데에 점차 사용되었다. 'Tüchtigkeit(유능함)'라는 단어는 영어 'fitness'에 해당하는 독어 단어 같은 어떤 것이어야 했다.[55]

미국에서는 'fitness'와 'fit'이라는 단어가 20세기 초에 일상 언어 내에서 확고하게 자리를 잡고 있었다. 'keep fit'이라는 표현이 그사이 널리 퍼져 모든 미국인에게 아주 친숙하다는 글이 1915년에 나온 스포츠 전문잡지 〈아우팅〉에 보이기도 했다. 미국 독립선언서에 나오는 '행복 추구'가 구체화된 것이 자신에게 매달려 애씀으로써 '피트니스를 추구'하는 것이었었는데, 이 말은 무엇보다 규칙적으로 운동 연습을 하고 영양 섭취를 잘하는 것을 의미했다. 하지만 어떻게, 또 어느 정도의 강도로 운동을 하고 먹어야 하는지, 그 훈련과 영양 섭취가 얼마나 적절하며 그것들이 어떤 효과를 내는지는 말하자면 그 사람의 성별이 무엇이며 어떤 피부색을 갖고 있는지에 달려있었다. 이런 피트니스 디스포지티프는 역동적이라 볼 수 있는 자기 최적화와, '인종', 성별 등과 같은 여러 관념에 따라 그어진 여러 정태적 경계선의 공존 위에서 작동했다.

자기에 매달려 애쓰기를 과학적 표준에 맞출 필요성이 있다는 말도 이제 점차 요란해졌다. 피트니스를 추구하더라도 체력단련론과 영양섭취론의 최신 지침을 따라야 한다는 것이었다.

연습단위, 식사 및 행위의 성공 여부는 최대한 정밀하게 측정하고 기록하고 상호조율 되어야 했다. 대체로 운동선수에게 적용되는 것과 똑같은 삶의 규칙들이 '보통의 미국인'에게 적용된다고들 말했다.[56] 모든 인간이 꾸준히 신체단련을 해야만 사회 경쟁에서 최선의 결과를 낼 수 있다는 것이 당시의 금과옥조였던 것이다.

인간을 개선하는 일에 열과 성을 다한 새로운 과학 개념도 하나 있었으니, 우생학이 그것이다. 우생학은 포용도 하고 배제도 하는 피트니스 권력을 극도로 명징하게 우리 눈앞에 제시해준다. 우생학이 겨냥하는 것은 핏과 핏하지 않음 구분하기, 선택을 통한 골라내기, 가장 핏한 자의 생존 장려하기 및 그렇게 함으로써 아주 우수하다고 여겨지는 '민족의 몸' 만들기였다. 이 과정에서 유전형질, 즉 몸만이 아니라 행동에 대한 통제 및 개입도 두루 역할을 했다. 피트니스가 그랬듯 우생학은 국가를 초월한 근대적 현상이었음에도 불구하고 지역별로 서로 다른 모습을 뚜렷이 드러냈다. 우생학은 과학적 및 정치적으로 인정을 받아 확립된 상태였으며 대단찮은 인종주의자들의 놀이터는 결코 아니었다. 그래서 미국의 저명한 사회학자 데이비드 콜린 웰스는 1907년 손꼽히는 학술지인 〈미국 사회학 저널American Journal of Sociology〉에, 우생학적 사고는 근대 사회의 신종교가 될 것이 틀림없으며 그에 상응하는 정치적 행위로 이어질 것이라고 단언했다. 같은 해에 미국 인디애나주는 우생학 관련 법률[*] 하나를 사상 최초로 의결했다. 독일과 다른 유럽 국가들보다 크게 이른 시점이었다.[57]

위기와 전쟁의 시대 속 피트니스

파시즘 체제의 몸만들기

1930년대 들어 신체성과 피트니스의 의미 및 기능은 다시 한번 변화를 겪었다. 사실 국가사회주의 치하의 독일이 몸과 성취에 대한 새로운 차원의 광기를 경험하기는 했다. 그건 스포츠형 몸과 군인의 몸, 노동의 몸과 재생산하는 몸을 열광적으로 숭배하는 가운데 표출된 것이었다. 하지만 파시즘 체제에서의 몸만들기는 자유주의적 셀프테크닉[**]은 아니었다. 사회를 이끌어가는 중심인물이 성공한 개인이 아니었던 것이다. 오히려 국가적 인종적 의미의 민족공동체에 이바지하는 신체단련과 경쟁 그리고 성취능력의 발휘가 장엄하게 거행되었다.[58] 그 과정에서 특히 세기 전환기의 독일에서 볼 수 있었던 철저한 생활개혁 운

---

[*]   유전적 요인이 있을 경우 강제불임을 허용한 법
[**]   Selbsttechnik, 푸코의 용어다. 영어로 technology of the self이며, '자기의 테크놀로지', '자기의 기술' 등으로 번역된다.

동[*]의 여러 함의도 함께 울려 퍼졌다. 말하자면 성취하겠다는 각오와 능력을 갖춘 해방된 몸을 내세워 근대의 너저분한 것들에 맞서자는 것이었다.

국가사회주의 치하의 몸 숭배에 대해 이와 적어도 똑같은 수준으로 중요한 역사적 공명공간을 형성해 준 것이 국가적 및 민족적 성향의 독일 체조선수들이었다. 19세기 초부터 그들은 신체단련에 모든 걸 다 바쳤지만, 피트니스 디스포지티프의 중심이 되는 자율적 능력을 통해서라기보다는 국가 집단에 의한 명령과 지시를 통해 행동했을 뿐이었다.[59] 국가사회주의 체제하의 성취하는 몸이란 무엇보다도 성취 및 순수성에 대한 집단의 환상에 이바지했으며, 이 환상의 지향점은 '아리아 종족의 몸'이라는 미의 이상이었다. 물론 민족공동체의 그와 같은 질서는 개인을 강제로 어디에 편입, 복속시킴으로써만 작동하는 것은 아니었다. 오히려 자발적 및 심지어 열정적 동참을 통해서도 그런 질서는 기능을 발휘했다.[60]

---

[*] 세기말을 전후하여 독일과 스위스에서 일어난 사회운동으로, 자연으로 돌아가자며 건강에 좋은 비가공 유기농 음식 먹기, 누드, 성 해방, 대체의학 그리고 음주 흡연의 금지 등을 주장한다.

국가사회주의에서 이상화된 노동자

뉴딜 정책의 사회적 몸만들기

1930년대에는 대서양 저편에서도 몸과 그 몸의 성취능력이 갖는 여러 의미 그리고 그 둘의 서로에 대한 태도에 변화가 있었다. 전례 없는 대규모 경제위기와 더불어 1929년부터는 자유주의와 경쟁의 힘에 대한 꽤나 무제한적인 신뢰가 미국에서 사라진 것이다. 사회를 통제하는 거의 유일한 본질적 요소라 불리던 시장, 경쟁 및 개인주의를 비판하는 목소리가 커졌고, 미국 내에서조차도 이제 집단국가 및 사회국가 사상을 찾는 판이었다.

역사가 제프 코위는, 미국 시장자유주의의 정치, 경제 및 사회적 전통과 원칙의 측면에서, '뉴딜', 제2차 세계대전 시기 및 전후 몇십 년을 "거대한 예외"의 시대라고 일컬었다. 물론 이 시장자유주의가 1930년대부터 1970년대까지 결코 완전히 사라지지는 않았지만, 그래도 그 지배력은 위기 트라우마로 인해 약화되어 있었다. 코위에 따르면, 프랭클린 디 루즈벨트의 '뉴딜' 정책, - 거기서 일부 정책을 덜어낸 - 해리 트루먼의 '페어딜Fair Deal'이라는 후속 정책 그리고 1960년대 린든 존슨의 '위대한 사회Great Society' 정책으로 인해 계급과 집단을 포괄하는 집단정신이 미국에서 생겨났다. 이 정신은 가장 핏한 자의 생존이라는 사회진화론의 원칙을 완충하는 작용을 했다.[61]

경제위기와 뉴딜 정책으로 인해 신체제어의 이상으로서의 피트니스에 대한 여러 조건에도 변화가 일어났다. 신체성, 몸에 매달려 애씀 및 국민자격의 상호관계가 바뀐 것이다. 위기를 이

18세기 이후 피트니스 개념의 경기변동 양상

겨내느라 피폐해진 몸을 다 함께 노력해서 다시 기운 차리게 하는 것이 이제 최우선 과제가 되었기 때문이다. 국가는 국민을 배부르고 강인하게, 그럼으로써 다시 성취능력을 갖춘 인간으로 만들어주어야 했다. 일자리를 못 찾은 이는 일을 하지 않으려는 것이라는 주장은 유례없는 경제위기로 인해 이제 아무도 믿지 않게 되었다. 일을 못하는 것의 본질은 당사자가 준비가 되지 않거나 능력이 부족해서가 아니라 외부의 조건들에 있다고 여겨졌다.

따라서 온갖 '뉴딜' 정책의 초점은 인간으로 살아갈 수 있도록 조건 만들어주기와 이 외적 조건이 갖추어진 상태에서 자조自助를 위한 지원을 제공하는 것에 맞추어져 있었다. 국가가 시행하는 각종 지원 프로그램 및 고용창출 방안은 자율적 자기제어에 이제 하나의 확고한 틀을 제공해 주어야 했다. 예를 들면 - 이 시기에 시행된 국가 차원의 일자리 창출 프로그램 중 가장 성공적이라고 일반적으로 평가받는 - '시민 보호단Civilian Conservation Corps'* 프로젝트의 자연보전을 위한 노동은 동시에 남성의 몸과 국가를 위해 애쓰는 노동이었다. 이들 노동 프로그램은 선량한 시민으로서 갖추어야 할 관념과 실천행위를 가르쳤는데, 그것들은 개인의 성공보다는 오히려 가족과 국가 같은 집

---

* 자연자원 보전 활동을 하는 시민단이라는 뜻. 루즈벨트 대통령의 뉴딜 정책의 하나로 1933년부터 1942년까지 시행된 프로젝트로 대공황으로 일자리를 구하기 힘들어진, 10대 후반에서 20대 중반까지의 청년에게 캠핑과 육체노동을 동반하는 자연자원 보전 활동을 하게 하고 의식주 및 현재 가치로 월 6백 달러가량의 급여도 지급한다. 이로 인해 자연자원 보전의 중요성, 캠핑 등 옥외 활동에 대한 의식이 국가적으로 일어났다. 동참자는 최대 30만 명에 이르렀고, 9년간 누적 동참자는 300만 명에 달했다.

단에 맞추어져 있었다.[62] 이는 국가가 발주하여 이제 공공건물의 벽화 형태로 수도 없이 설치된 '뉴딜' 예술에도 적용된다. 일을 하는 튼튼한 몸은 국가적 노력의 일부이자 결과이기도 하다는 메시지를 뉴딜 예술이 퍼뜨린 것이다.[63] 이건 분명 파시스트와 국가사회주의 시절에 몸만들기에 나선 이들과 별 차이가 없다.

그러므로 신체 중심주의는 1930년대에 결코 정치적 및 사회적 의미를 상실하지 않았다. 그러나 성취능력을 만들어내기 위해 설정된 목표와 그 실천행위는 이제 '자기함양'의 일부라기 보다는 오히려 집단프로젝트의 하나였다. - 성취능력, 경쟁 및 개인성을 지향하는 자유주의 사회에서 개인이 스스로 행하는 실천행위라고 이해되는 - 피트니스가 그 쟁쟁한 지위를 상실한 것이다.

제2차 세계대전 중에도 근육질에 힘세고 단단한 몸은 미국에서 계속 국가적 프로젝트로 유지되었다. 그런 몸이 공동으로 하나의 사회적 몸을 형성하여 파시스트 원수를 온 힘을 다해 저지해야 했던 것이다. 여류 역사가 샬롯 맥도널드가 영연방에 대해 제시한 것은 기본적으로 미국에도 적용될 수 있다. 신체 중심주의는 집단적인 의미로, 또 독재사회의 위협에 맞서는 자유주의 사회질서의 방어력이라는 의미로 자리를 잡았으며, 성별도 가리지 않았다. 미국 고향 전선[*]을 상징하는 여성 아이콘은 군

---

[*]   일제강점기에는 '총후', '대후방' 따위로 표현되었는데, (군수품을 만들고, 적의 항공 공격도 받으므로) 고향도 곧 일종의 전선이라는 뜻으로 사용한다.

제2차 세계대전 당시 미국의 선전 포스터

수업체 노동자인 '리벳접합공 로지'였다. 로지는 근육을 실룩거려 보였다. 수많은 포스터에 등장한 그녀의 튼튼한 두 팔은 전쟁 물자 생산을 독려해야 했고 미국을 지키는 데에 도움을 주어야 했던 것이다.[64]

피트니스와 소비문화

제2차 세계대전이 거의 끝나자마자 건강 및 성취능력에 대한 생명정치적 염려는 다시 개인 및 개인의 셀프리더십에 비교적 뚜렷하게 주목하기 시작했다. 그 배경에는 전후 수십 년 동안 일어난 서방의 호경기가 자리 잡고 있었다. 서독은 경제 기적의 나라가 되어 이른바 잘 먹기 물결에 사로잡혔다. 생필품 배급표의 시대가 지나가고, 식탁 위에는 다시 풍성한 음식이 차려졌다. 물론 아직도 살림이 넉넉지 않은 경우라면 많은 것이 예전처럼 소박했을 수도 있지만, 다시 소비라는 걸 할 수 있었고 심지어 뱃살도 오르기 시작했다. 그건 상황이 좋아졌음을 의미했다.[65]

중독적 소비와 '새로운 전염병'의 유행

미국에게 이 1950년대는, 20여 년의 위기와 전쟁을 끝내고 다시 20세기 초 수준 및 그것을 능가하는 중독적 소비에 동참할 수 있음을 의미했다. 소비자와 구매자는 시장경제 사회를 살아가는 자유로운 시민이라는 이상형을 향해 그 어느 때보다도 더 많이 나아갔다. 많이 소비하는 것은 국가의 이익을 위한 행동이었다. 왜냐하면 첫째, 힘든 시기를 보낸 후 사람들은 그런 식으로 경제적 사회적 체력을 강화하는 데에 기여했으며, 둘째, 냉전시대가 계획경제를 가동한 적국에 맞서는 정치적 실천으로서의 소비를 요구했기 때문이다. 미국 부통령 리처드 닉슨과 소비에트 연방의 니키타 흐루쇼프가 1959년 모스크바 박람회 기간 중 미국 전시관에서 조우한 것은 정말 전설 같은 일이다. 그곳에서 닉슨은 미국인이 자기 소유의 집에 최신 가전제품 등 온갖 기물이 완비된 부엌을 갖추고 있는 것이 자본주의가 공산주의와 계획경제보다 우월하다는 지표라고 추켜세웠다.[66]

　　동시에 소비가 사회와 그 구성원의 성취능력 및 경쟁력을 얼마나 위태롭게 만드는가에 대한 논쟁이 미국에서 먼저 펼쳐졌다. 음식이 이제 다시 풍성해진 것과, 텔레비전, 자동차 또는 에스컬레이터같이 일상의 안락함을 제공하는 요소가 늘어난 것이 자본주의 장점의 표현으로만 간주되지는 않았다. 얼마 안 가서 사람들은 그것 때문에 자본주의 사회의 몸이 점점 더 약해지고 물렁해지며 썩어간다고도 생각하게 되었다. 이미 1950년에 비만이 건강 문제 넘버원이라는 목소리가 울려 퍼지기 시작했다. 무엇보다 고 영양가 음식을 더 많이 먹는 것이 그 원인으로 취급되었지만, 운동을 너무 적게 한다는 점도 거기에 들어가 있었다. 아프리카계 미국 주민 상당수가 1950년대 및 그 이후에도 여전히 굶주림에 시달리고 있다는 사실은 이 논쟁에 거의 등장하지 않았다.[67]

　　비만에 대한 공포가 이렇게 확산되는 가운데 피트니스의 문제가 다시 비교적 큰 주목을 받았다. 여기에 기여한 것은 1950년대 초에 실시된 국제 비교조사였다. 이 조사에서 9세에서 16세까지의 미국 아동 및 청소년이 오스트리아와 이탈리아의 해당 연령대 집단에 비해 신체적으로 덜 핏함이 드러났다. 그 원인으로 지목된 것은 소비를 즐기는 미국인의 생활방식이었다. 해법을 마련하기 위해 '대통령 직속 청소년 피트니스 위원회 PCYF: President's Council on Youth and Fitness'라는 기관이 구성되었다. 민간인과 유명인사, 비영리단체와 다양한 거대기업을 동맹으로 끌어들인 이 위원회는 미국 청소년의 활동성을 늘려주되, 그 과정에서 몸의 피트니스만이 아니라 '토탈 피트니스'도 분명 추구해야만 했다. 모든 것을 포괄하는 피트니스란 신체적, 정서적, 정신적 및 사회적 측면을 다 고려한 것으로, 세계보건기구 WHO가 말하는 포괄적 건강이라는 개념과 비슷했다. 그 무렵 확립된 이 포괄적 건강 개념은 오늘날까지 건강을 신체적, 정신적 및 사회적 안녕이라고 규정하고 있다.

　　몸과 건강에 매달려 애쓰기는, 설사 백악관이 촉발은 했을

지라도, 자유민주주의 미국에서 국가통제적 또는 전체주의적 방식으로 추진되어서는 안 되었다. 이 계획이 국가사회주의 독일이나 소련 그리고 그 두 나라가 선전한, 국가에 이바지하는 우수한 몸을 상기시켜서는 안 되었다. 오히려 미국인의 활동성은 자율적, 자발적이어야 했다. 그것이 건강하고, 기쁨을 주며, 미국인으로서의 정체성에 부합하기 때문이었다. 하지만 이때 '토탈 피트니스'가 사실 정확히 무엇이어야 하며 어떻게 그걸 달성할 수 있는지는 분명치 않았다. 이런 불명확성은 정치적 프로젝트로서의 피트니스가 가진 결함이라고 해석해도 되겠지만, 자기 자신에 매달려 애쓰기라는 원칙이 피트니스의 중심임을 증명하는 것으로도 볼 수 있다. 피트니스 추구의 바탕에 깔려있는 것은 개별성, 스스로 활동하기 및 성공을 위한 노력이다. 그러니 구체적 조치에 대한 제약도 없지만 구체적 목표도 정해주지 않는다.[68]

　　1950년대에 피트니스에 대한 정치, 사회적 염려가 점점 늘어나면서 아동 및 청소년만이 아니라 성인도 그 염려의 대상이 되었다. 그 이면에는 관상동맥 관련 심장질환에 대한 공포가 농익어 부풀고 있었다. 전후 수십 년 이어진 소비사회에서 심장질환이 급속히 퍼져나갔던 것이다. 심장질환은 전염병학이라는 새 연구분야의 대상이자 추진동력이었다. 물론 각종 심장질환은 본디 의미의 전염성은 갖고 있지 않다. 하지만 사람들은 이들 질병이 환경 및 개인의 행동에 영향을 크게 받는다고 여겼다. 이 말은 이들 질환이 특정 문화 및 사회에서 특정 시기에 급속히 확산되었음을 의미했다.

이 새로운 전염병학의 토대가 된 것은 (특히 매사추세츠 주의 소도시 프래밍험에서) 장기간에 걸쳐 광범위하게 진행된 여러 연구로, 그 바탕이 된 모델은 여러 위험요인을 특정한 다음 그것들을 거꾸로 개인 및 집단의 생활환경 및 생활방식과 연관 짓는 방식으로 작동했다. 이런 관점은 사회적 요인도 개인이 책임져야 할 요인만큼이나 중요하다고 보는 광의의 건강 개념에 가장 잘 부합했다. 영양 섭취, 음주와 흡연, 스트레스, 노동 그리고 신체활동 정도가 이제 심장질환 발병과 연관 지어졌다. 예방이 핵심이 되었으며, 누가 마법이라도 부린 듯 자기책임이라는 권력이 홀연 등장했다. 왜냐하면 예방은 자기 건강과 피트니스에 신경을 써서 병을 예방해야 한다는 의무를 각 개인에게 떠안기기 때문이다.[69]

1950년대 몸 만들기 담론에서의 남성과 여성

여기서 지적할 것이 두 가지 더 있다. 첫째, 가장 크게 주목받은 이들이 그 사회의 중산층인 백인 남성, 이를테면 대개 중간간부급이자 주로 앉아서 일하고 돈도 잘 벌며 양호한 생활 수준을 유지하고 있지만 스트레스를 받는 데다 흡연에 과도한 음주를 즐기고 몸은 거의 움직이지 않는 40대 남성이었다는 점이다. 말하자면 미국 사회에서 주도적 위치를 차지하고 있는, 다시 말해 사회의 여러 자원에 대한 가장 큰 접근 가능성을 가진 바로 그 남성이 다들 알고 있는 심근경색 위험성의 중심에 있었던 것이다. 동시에, 위기에 처해 있다는 말을 1950년대에 다시 한번 듣게 된 이도 그 남성들이었다. 소비사회로 인해, 또 - 미국 사회가 1950년대의 자기 모습을 그릴 때 핵심 개념으로 등장하는 - '유대감Togetherness'이 주는 안락감으로 인해 그들의 몸이 허약해졌다는 것이다. 또 대기업에서 일하면서 어쩔 수 없이 머리를 조아려야 하는 상황도 그들의 에너지와 추진력에, 그리고 마침내 미국에도 손상을 가했다는 것이다. 심근경색은 몸이 약하다는 표시일 뿐 아니라 동시에 중산층 백인 남성이 남다른 책임감을 갖고 사회와 가족의 안녕을 위해 죽도록 일했다는 뜻이기도 했다.[70] 이 '아픈 남성'이란 남녀 사이에, 그리고 사회에 질서가 있다는 생각에 푹 젖은 인물이다. 이 인물에게는 오늘날까지도 남성이 가족과 사회의 안녕을 위해 희생했다는 의미가 내포되어 있다.[71] 1950년대 내내 (그리고 그 이후에도) 이런 인물이 너무나 사회의 중심을 차지한 탓에 여류 사회학자 바버라 에렌라이크는 '남성의 심장*'을 중심으로 이 시기의 사회를 진단하기도 했다.[72]

둘째, 1950년대에는 신체단련이 실제로 예방효과가 있는지, 또 심근경색에 대해 유의미하게 투입될 수 있고 또 되어야

---

* 책 제목 『Die Herzen der Männer』(원제: The hearts of men)이기도 하다.

하는지에 대한 분명한 합의가 아직 전혀 존재하지 않은 상태였다. 스포츠가 건강에 유효한지는 논란 중이었으며, 심지어 유해하다는 논의까지 나오는 판이었다. 게다가 운동으로 단련된 몸을 평균적인 남성이 아직 무한정 아름다움의 이상으로 간주하지는 않는 상황이었다. 체형을 바로잡으라는 요구는 무엇보다도 늘씬함이라는 여성적 이상에 부합해야 하는 여성을 향했다. 살오른 남성은 힘이 세다고, 또 남자답다고, 따라서 정상이라고 간주되었다. 남성 건강상의 위험을 피하기 위해서 널리 선전된 것은 트레이닝을 그렇게 많이 할 게 아니라 오히려 무엇보다 긴장 풀기와 기껏해야 (과도한 식사나 지나친 음주를) 피하라는 것 정도였다. 이를 실천할 책임은 무엇보다 아내들에게 있었다.[73] 존 에프 케네디 같으면 미국 남성의 신체 약화를 국가의 안전문제라 선언하고 '허약함'에 맞서는 투쟁을 정치적 의제로 제기했을 것 같다(그러면서 그는 리처드 닉슨의 냉전시대 부엌정책도 비웃었다. 그 대신 빵빵한 로켓을 군사적 및 남성적 힘의 상징이라고 열변을 토했다).

하지만 이 시기에는 아직 그 누구도 제 몸을 핏하게 유지하기 위해 저녁 시간에 한 바퀴 더 조깅하고 그러면서 심지어 자기 신체 데이터를 기록까지 한다는 생각에 이르지 못했다.[74] 1960년에 나온 책 『몸을 핏하게 유지하는 기술』은 질병 발생의 전조, 다이어트, 긴장을 풀어주는 여러 방법 그리고 크게 애쓰지 않고 할 수 있는 갖가지 운동(스키 타기, 요트 몰기 및 골프)에 대한 정보까지도 중년 남성에게 제공해주었다. 하지만 체력단련론과 트레이닝 프로그램, 땀과 헐떡임 등을 그 책에서 찾는 것은 헛수고였다.[75]

하지만 이런 상황은 얼마 안 가 바뀌어야 했다. 케네스 쿠퍼의 베스트셀러 『에어로빅스Aerobics』는 1970년대를 위한 서곡이었다. 70년대란 사회질서는 점차 신자유주의화 되고 자본주의는 점차 유연해지는 가운데 몸과 피트니스가 개인 발전의 중심 도구로 간주된 시기다. 사람들은 어느 모로 봐도 의욕으로 충만하고 단단히 각오가 되어 있어야 했으며, 생산적이고, 정력적이며, 싸울 준비가 되어 있고, 예외적인 것을 다룰 수 있어야 하며 거기에 더하여 잘생기기까지 해야 했다.

노동

사내社內 피트니스 : 노동을 위한 몸 다듬기 I

늘씬한 기업에 늘씬한 사람, 유연한 자본주의에 유연한 몸

〈슈피겔〉은 1980년 2월, 미국 기업에 나타난 새로운 경향 하나에 대해 반은 재미있어하며, 또 반은 경탄하며 보도했다. 점심 휴식 시간에 직장인이 행하는 이른바 워크아웃*이라는 것이 그곳에서 점점 더 인기를 얻는다는 내용이었다. 미국 서부해안에 자리한 '보잉'사에서는 공장 건물 지하에 설치된 터널 시스템에서 조깅을 했고, 동부 해변에 위치한 보험 및 금융재벌 '프루덴셜 보험회사'에는 마천루 사옥 꼭대기에 최신 유행의 피트니스 체조시설이 있었다. 느긋하게 '세 시간의 점심식사3-Martini-Lunches**를 즐기는 아늑한 시대는 이미 지났음이 분명하며, 그 대신 일터에서의 몸 다듬기가 그 등장을 예고하고 있었다. 이를 두고 〈슈피겔〉은 "땀을 짜내는 갖가지 방식들"이라고 토를 달았다.[1]

1980년대 초 미국 신세대 기업의 자기이해와 정책은 회사 부지 내에 있는 달리기 주로走路, 수영장 그리고 피트니스 스

---

* 몸과 정신을 단련하는 일종의 피트니스. 에어로빅, 치어리딩, 각종 격투기, 기공, 요가, 실내 자전거 타기 등과 이들이 합쳐진 치어로빅, 태보, 태어로빅, 스피닝 등이 있다.

** 여기서의 Martini는 hours와 같은 뜻이라고 하며, 경영자나 변호사 등 부유층이 세 시간씩이나 풍성한 점심식사를 즐긴 것을 일컫는 말이다. 당시에는 이런 식사비용을 회사 경비로 인정해 주었기에 카터 대통령 등은 이를 두고 세법상의 문제라고 비판하기도 했다. 세금혜택도 줄고 이를 허용하는 기업 분위기도 없어지면서 이런 식사는 90년대 들어 거의 사라졌다.

튜디오를 통해 표현되었다. 하지만 혁신을 표방하며 대번에 이른바 '신경제New Economy'의 일원으로 분류된 거대 기업들은 여기에서 한 걸음 더 나아갔다. 트레이닝 센터만 지어준 게 아니라 직원들로 하여금 제대로 체형을 갖추고 그것을 유지하도록 하려고 보다 더 탄력적인 인센티브를 설정하기도 한 것이다. 기술 분야의 거대기업인 '휴렛패커드'를 예로 들어보자. 이 회사로서는 한 곳에 고정된 피트니스 센터라는 것이 별 의미가 없었다. 회사가 캘리포니아주 실리콘 밸리의 여러 곳에 흩어져 있었기 때문이다. 그래서 직원들이 스스로, 그리고 사내 시설에 구애받지 않고 적극적으로 활동할 수 있도록, 또 농구팀이나 달리기 모임 등을 시작할 수 있도록 자금을 제공하는 것이 더 효율적인 것 같았다. 다른 기업들은 자전거 경기나 자선 달리기에 참가하라고 주말여행 경비를 대주거나 아니면 심지어 뉴욕 마라톤이나 보스턴 마라톤 대회에 참가하라고 여행경비를 지원해주기도 했다. 당시 미국 내 대략 5천 개소나 되던 (그사이 거의 4만 개에 이른) 전문 '헬스클럽' 중 하나에게서 협상을 통해 할인을 얻어낸 기업도 있었다.[2] 아니면 스포츠에 적극적인 직원에게 포인트를 지급하고 그 포인트에 해당하는 보너스를 기업이 지급하기도 했는데, 이는 케네스 쿠퍼가 1968년 자신의 운동 안내서인 『에어로빅스』 부록에 아주 상세히 만들어 두었던 포인트 시스템에 근거한 것이다.[3] 늘씬한 기업에 늘씬한 사람, 유연한 자본주의에 유연한 몸, 이것이 그들이 내건 구호였다.[4]

노동

미국의 이런 새로운 관행을 '사내 피트니스'라 불렀는데, 누이 좋고 매부 좋은 일이었다. 말하자면 기업, 직원 및 경제 모두가 윈-윈 하는 상황이었던 것이다. 거기에 투자된 돈 한 푼 한 푼이 다 해당 기업에 곱절의 이익을 안겨주었다. 왜냐하면 첫째, 오늘날의 일반적 흐름이 그러하듯,[5] 신체적으로 양호한 상태를 유지한 직원들은 질병으로 결근하는 일이 더 적기 때문이었다. 둘째, 그런 직원들은 비교적 더 큰 자신감을 내보였으며, 더 생산적이고 더 창의적인 사람으로 통하기 때문이었다. 기업을 경영하는 이들은 신체적으로 활동적이면 외모도 더 우수해 보일 뿐 아니라 일도 더 잘할 거라고 강조했다. 각종 스포츠 프로그램의 할 일은 성취역량, 자발성, 셀프 리더십을 촉진하는 것이라고 했다. 그 외에도 이 과정에서 직원들이 팀 정신을 발휘하기도 하지만 서로 몸을 밀쳐가며 경쟁하기도 하고, 기업과 자신을 동일시하는 경향도 촉진된다는 것이었다. 셋째, 기업들이 믿을 만한 피트니스 프로그램을 갖고 있으면 성취역량이 높은 우수한 신입 직원을 뽑는 경쟁에서 우위를 차지하기 때문이었다. 캘리포니아의 한 최고경영자는, 몸이 숭배대상이 되는 시대에 그런 프로그램을 제공하는 것은 "노동자에게 온갖 법적 사회복지 서비스를 넘어서는" 좋은 인상을 준다고 말했다.[6] 그래서 그가 내건 모토는, 사회복지 수단이 아니라 자발성을 발휘하도록 이끌어 자기 자신에 매달려 애쓰게 하자는 것이었다.

21세기로 넘어가는 전환기에 이것은 사회정책적 주문呪文

과도 같았다. 클린턴 행정부 때인 1996년에 시행된 미국의 새 사회복지법* 및 독일의 하르츠-Ⅳ 개혁** 그리고 무엇보다도 새 천년이 시작될 무렵의 이른바 나홀로-주식회사Ich-AG***는 우리 가 지금까지 알고 있던 사회국가가 결국 이곳 독일에서도 종말 을 맞이했음을 드러낸다. 이들 법률이 희망을 거는 것은 '개인을 활성화시키는 사회국가', 즉 사회보장제도를 통해 시민을 시장 의 위험성으로부터 보호해주는 게 아니라 그들을 시장의 행위자 로 보아 책임을 지우는 나라다.[7] 그런 사고와 행동의 핵심이 피 트니스 - 그러니까 자기책임 하에 획득한, 그 어떤 퇴보도 용납 하지 않는 성취능력 - 이다.

피트니스 산업과 스포츠 산업의 호황

사무직 종사자에게는 회사의 피트니스 프로젝트에 참여 하는 것이 적어도 갑절 더 유리하다고 사람들은 생각했다. 첫째, 이 제도가 외모는 물론 건강에도 매달려 애쓸 기회를 준다는 것 이다. 따라서 이들 프로그램은 신체단련과 더불어 더 나은 영양

---

* 빈민층에 대한 복지혜택을 크게 축소하는 것을 내용으로 한다.

** 독일 노동시장 개혁을 위한 조치로, Ⅳ는 실업보험을 못 받는 구직자를 지원하는 실 업부조와 생계비를 지원해주는 사회부조를 통합했고, 실업급여 수령 기간을 최장 18개월 로 단축했으며, 이 법에 해당하는 노동자 가정의 아동수당을 축소한다는 내용을 담고 있 다. 전반적으로 노동자에게 불리한 규정으로 2005년 발효되었다.

*** 일종의 비유적 명칭으로, 실업자가 설립하는 1인 기업을 가리킨다. 일반적으로 자 연인 1인의 독립 사업체로, 농부, 프리랜서, 자영업자 등을 포괄하며, 직원 유무에 상관없 다. 이는 실업 대책의 일환으로, 실업자가 생업을 위해 1인 기업을 만들면 보조금을 지급 했다. 그 결과 실업자는 자영업자가 되었다.

섭취 및 체중 감량을 장려했으며, 동시에 유해한 기호품을 멀리 하라고 지속적으로 잔소리를 해 주었다. 둘째, 피트니스 트레이닝이 출세에도 유리하다고들 여긴 것이다. 규칙적 단련을 함으로써 자기 자신에게 매달려 애쓰는 사람은 인성을 발달 시켜 인생과 직장생활을 잘 꾸려갈 것이기 때문이라는 것이다. 그러므로 사무직 종사자는 땀을 흘림으로써 포인트와 보너스만이 아니라 그 이상을 얻을 수 있었다. 달리기하러 가거나 스튜디오에서 자신을 위해 애쓴다는 것에는, 인간으로서 대체로 남보다 더 성공했으니 출세의 사다리에서 더 빨리 위로 올라가리라는 약속이 담겨있었다. 〈타임 매거진〉은 1981년 11월에 피트니스 강박 속에 흘러간 70년대를 결산하면서, "단조롭기 그지없는 쳇바퀴 돌리기의 보이지 않는 (그리고 결코 다다를 수도 없는) 종착점에 부사장 자리가 여러분을 기다리고 있는지도 모를 일"이라고 썼다.[8]

　'마지막으로 중요하게 언급해야 할' 요소는, 경제적 내지 국가적 차원도 거기에 들어있었다는 점이다. 1950년대부터 개인의 건강 관련 행동과 국가의 성취역량은 서로 긴밀히 연관되어 있었다. 저 유명한 미국 프래밍험시에서의 심장 연구는 과학, 언론 및 정치적으로도 반향을, 그것도 아주 크게 불러일으켰다. 프래밍험 연구 이래 관상동맥 관련 심장질환은 사회적인 여러 조건, 생활환경 및 생활방식, 개인의 태만과 잘못된 결정 등이 불운하게 뒤섞여 발생하며 사회를 위협하는 새로운 형태의 일종의 전염병으로 간주되었다. 심장질환은 소비세계와 노동세계의 변화, 지나치게 기름진 식사, 과도한 음주와 흡연 그리고 일상생활에서나 직장에서의 몸 움직임 부족의 결과로 여겨졌다. 다시 말해 사람들은 이들 질환을 사무실에서 앉아서 일하면서 소비사회의 유혹에 넘어간 사람들이 걸리는 병으로 간주한 것이다.[9]

'사내 피트니스'에 대해 말할 때는 운동 부족 및 심장질환으로 인한 경제적 비용에 대한 언급이 반드시 따라 나왔다. 가슴에 조이는 듯한 통증을 유발하는 협심증으로 인해 미국이 상실한 노동은 1977년 중 총 1억 3,200만 일에 달했고, 이를 비용으로 계산하면 거의 300억 달러나 되었다.[10] 피트니스 프로그램은 거기에 맞서 싸워야 했으며, 건강증진 및 예방이라는 원칙을 높이 떠받들었다. 덕분에 이 원칙은 그 어느 때보다도 더 호황을 구가했다.[11] 이 원칙은 개인과 국가의 성취능력과 경쟁력(및 GNP)에 틀림없이 쓸모가 있을 것 같았다. 피트니스 산업과 스포츠 산업은 호황을 구가하여 1970년대부터 전 세계적으로 가장 강력한 성장 부문이 되지만, 이 산업이 경제적 측면에서 긍정적 효과를 가져다주는지는 아직 결산이 나오지 않은 상태였다. 〈타임 매거진〉 1980년대 초 기사에 따르면, 미국 내에서만 해마다 300억 달러 넘는 돈이 육상화와 에너지음료에, 에어로빅 강좌와 다이어트 음식에, 수영용 물안경, 스톱워치 등을 사는 데에 쓰였다.[12]

노동

자본주의 역사 속의 사내 자유시간과 사내 스포츠

조직 자본주의 또는 복지 자본주의

그러나 신체활동이 성취에 좋을 수 있다는 발상을 맨 먼저 한 이는 20세기 말 무렵의 경영자가 아니었다. 이미 산업화 초창기 이래 신체활동 및 휴식을 통한 기력회복은 공장주 측이 제공하는 포괄적 조치의 일부였다. 그렇게 함으로써 자기 공장 노동자의 자유시간을 그들의 성과를 개선하는 쪽으로 어떻게든 끌고 가려 했던 것이다. (당시 하루 노동시간이 12시간이었음을 고려하면, 진정한 자유시간이라고 하기는 어려웠다) 그런 조치가 만들어낸 것이 19세기와 20세기의 '조직 자본주의' 또는 '복지 자본주의'였다. 이런 자본주의의 핵심 전략을 여류 역사가 브리기타 베르넷은 "인소싱 Insourcing", 즉 "[임금 노동자를] 하나의 국가적 민족공동체와 하나의 사내 기구에 생산적으로 편입시키기"라고 불렀다.[13] '옛날의' 자본주의가 행한 이 인소싱은 얼마 전 과거 내지 우리 시대에 새로 대두된 유연한 자본주의의 '아웃소싱 Outsourcing'과는 반대된다. 유연한 자본주의는 가부장적 프로그램을 가장 폭넓게 거부했다. 그 대신 늘씬한 기업과 늘씬한 나라를 중시하는 것과 똑같이 늘씬한 사람들을 중시하며, 성취능력과 생산성에 대해 스스로 책임지기를 맨 앞자리로 밀어 넣는다. '자기 돌봄의 자유'가 '감싸 안아 보살피기'를 대체하는 것이다.[14]

이어서 19세기 초부터 20세기 말까지의 시간을 눈여겨보면, 노동, 운동 및 휴식의 공존과 관련하여, '옛날의' 가부장적 노동세계와 '최신의' 유연한 노동세계 사이에 어떤 연속성이 존재하는지를 한편으로 알 수 있을 것이다. 노동자의 몸을 "합리적으로" 원상회복시키고, 쉬게 하고, 건강하게 하고, 핏하게 하며, 그 몸의 성취 능력을 더 높은 수준으로 끌어올리려는 노력은 예부터 지금까지 죽 이어지고 있어 연속성이 있다.[15] 하지만, 앞으로 드러나겠지만, 특히 '옛날' 자본주의의 '인소싱' 전략과 '새로운' 유연한 자본주의의 '아웃소싱' 전략과 관련해서는 뚜렷한 차이점도 존재한다.

영국의 기업인이자 개혁가인 로버트 오웬은 이미 19세기 초에, 정원 가꾸기, 산책 그리고 신선한 공기를 마시며 춤추는 일도 고통에 처한 임금노예를 더 만족해하고 더 생산성 높은 노동자로 만들어준다고 썼다. 오웬의 면방적 공장은 스코틀랜드의 소도시 뉴 라나크New Lanark에 있었는데, 그곳에서 취해진 일련의 조치 덕분에 여러 형태의 신체 회복 활동이 가능해졌다. 구체적으로 말하면, 1일 노동시간이 줄어들었고, 더 양질의 주거시설이 지어졌다. 노동자들은, 백 년 넘는 시간이 지난 뒤에 안토니오 그람시[16]가 썼다시피, "노동력을 갉아먹는 가장 위험한 요인"인 술과의 싸움도 시작하여, 공장 구내에서의 음주를 그만두었다. 오웬이 보여주려 한 것은, 돌봄이 억누름보다 더 인간적이고 무엇보다도 더 효율적이기도 하며 아울러 생산성에 유리하다

는 사실이었다.[17]

　말하자면 19세기 후반에 전개될 '복지 자본주의'가 여기에서 이미 뚜렷이 드러난 것이다. 그러나 기력회복, 특히 신선한 공기를 마시며 신체의 기력을 회복하는 일은, 스스로 하든 시켜서 하든 상관없이, 기업정책 종합 패키지의 일부가 되었다. 이 정책이 원한 것은 노동자가 좋지 않은 습관을 만들어가는 것은 막는 대신 그들의 건강을 개선하고 생산성을 높이며 회사에 대한 충성도를 강화하는 일이었다. 이 과정에서 사람들은 훈육, 그러니까 몸을 통제 시스템 속에 엮어 넣는 것을 중요시했으며, 그렇게 함으로써 몸의 힘을 키워주려 했다. 노동과 자본 간의 점점 커지는 긴장관계를 누그러뜨리고 갈수록 세력이 강해지는 노동조합과 사회주의 권력을 약화시키는 것도 기업인의 목표였다.[18]

　말하자면 기업인은 노동자가 삶을 꾸려가는 방식을 조종하려 했던 것이다. 근무시간이 끝난 뒤에도, 또 그들이 공장을 떠난 뒤까지도 말이다. 노동 성취에 도움이 되도록 가족과의 생활과 자유시간에 울타리를 친 것이다. 기업인의 이런 개입은 이따금 기독교적-개신교적 색채를 지니기도 했으며, 영국과 미국에서는 19세기 중에 점차 영향력을 확대해 간 '기독교 청년회YMCA' 같은 단체와 기업인이 협력하기도 했다. 양측은 음주와 복권은 덜 즐기고 스포츠와 감화는 확대한다는 공동의 목표를 갖고 있었던 것이다. 하위 계급 (및 이에 더하여 미국에서 1880년부터 증가세를 보이던 비非 앵글로색슨 및 비非 프로테스탄트 이민자들)은 '도덕적으로 살아가는 법'을 배워야 했다. 몸 튼튼히 만들기와 스포츠 겨루기는 그것의 표현이자 동시에 그것을 장려하는 비교적 유망하고 저렴한 방법으로 통했다.[19]

산업계 여가활동 Industrial Recreation

곧 기업에 거대한 시설들이 생겨났다. 생산 증가만 겨냥한 것을 뛰어넘는 조치였다. 이 시설들은 '인소싱', 그러니까 노동자를 기업이라는 몸속에 몽땅 편입시키는 데에 이용되었다. 철도 호황기에 침대 객차로 산업화 추진의 한 원동력이 된 미국의 '풀먼 팰리스 카 컴퍼니 Pullman Palace Car Company'는 자랑할 만한 프로젝트 하나를 운영했다. 이 회사는 1880년대 초 시카고 남쪽에 수천의 노동자 가구가 거주하는 온전한 도시 하나를 세웠다. 이 프로젝트는 1870년대에 특히 철도산업에 불어 닥친 다수의 파업과 노동자 시위에 대한 대응이기도 했다. 회사 이름을 따서 명명된 이 풀먼 시는 노동조합 운동이라는 범선에 바람이 부는 것을 막아야 했다. 이와 비슷한 여러 프로젝트가 유럽 각국에 있었다. 이미 1851년에 북잉글랜드에는 솔테어 Saltaire 마을이 세워졌고, 그 뒤 제1차 세계대전 발발 전야에 베를린에는 지멘스슈타트가 생겨났다.[20] 이들 도시는 노동자들이 술, 복권 및 다른 인기 있는, 그러나 비생산적이며 부도덕하다고 간주되는 여러 여가 활동을 막아줄 온갖 것을 다 제공해야 했다. 예를 들면 도서관 여럿에 동물원, 가든 및 공원 각각 하나 그리고 휴양지와 운동할 수 있는 공간을 마련해 준 것이다. 풀먼 같은 프로젝트는 공원과 놀이터를 만들자는 광범위한 사회운동의 일부였는데, 이 운동은 19세기 말의 몸과 스포츠에 대한 열기와 더불어 출범했다. 여러 해가 지나면서 풀먼 시 스포츠 프로그램은 갈수록 의미를 더해갔다. 독자적으로 설립된 '풀먼 체육회'는 해당 거대기업을 정점으로 다수의 대중 스포츠, 기업 선수단 및 경쟁 스포츠를 조직했다.[21]

이른바 풀먼 가부장주라는 것이 1890년대에 위기에 빠지면서 이 특수 프로젝트는 비록 실패로 돌아가고 말았지만, 독일에서 '베트립스슈포르트Betriebssport*라 불린 '산업계 여가활동 Industrial Recreation'은 이제 최전성기를 구가했다. 이곳 독일에서는 이것이 주로 직장 동호인회 형태로 나타났는데, 전형적인 독일 스포츠 클럽처럼 조직되었다.[22] 제1차 세계대전 전야 무렵 미국에서는 230개가 넘는 회사들이 점심시간 중이나 퇴근 후에도 신체활동을 하라고 격려하는 프로그램들을 갖고 있었다. 그 대다수는 광범위한 노동자 집단에 맞추어져 있었으며 볼링과 야구에 집중되었다. 지역 정치인이 종종 해당 기업의 동반자로 나섰고, 3,000개소 이상의 공공 스포츠시설이 거의 500개 도시의 공원과 이른바 플레이그라운드Playground라는 곳에 세워졌다.[23] 독

---

* '기업스포츠', '사내 스포츠'라는 뜻

일에서는 산업계 여가활동 내지는 독일식으로 말하면 사내 스포츠가 제국 시대에 처음 시작될 때에는 지지부진했다. 하지만 '이성적 신체함양'을 점차 '합리적 노동방식의 바탕'이라고 여긴 바이마르 공화국 시대에 이르러 비로소 비교적 큰 의미를 갖게 되었다. 1921년 베를린 시장 구스타프 뵈스는 기업 및 공공 부문을 통해 스포츠를 장려하는 것은 "예방적 돌봄"이라고 강조했다.[24]

　　신체단련과 사내 스포츠는 산업사회의 중심적 문제 중의 하나가 되었다. 1840년 이래 인간은 몸을 에너지 변환의 장소로, 그리고 아울러 '생명 있는 엔진'으로 이해한 열역학 시대를 살고 있었다.[25] 모든 게 이제 노동과 힘 간의 관계를 중심으로 돌아갔으며, '노동력'은 하나의 척도가 되어 인간의 성취와 기계의 성취를 서로 관계 맺는 데에 이용되었다. 노동력을 어떻게 보존하며 피로는 어떻게 예방할 수 있느냐는 핵심 질문이 그 관계로부터 생겨난 것은 거의 불가피한 일이었다. 노동을 못하는 것이 이제는 더 이상 게을러서가 아니라 점차 피로 때문이라고 생각하게 되었다. 노동하는 몸 및 힘과 능률을 연구과제로 삼은 생리학 및 노동학은 물론이고 공장주도 피로에 대응할 방법을 모색했다. 19세기 후반에는 생리학과 노동학이 주도적 학문으로 떠올랐다.[26] 1860년 이전에는 인간이라는 엔진, 즉 몸의 피로에 대한 연구가 단 하나도 존재하지 않은 반면 세기말 무렵에는 누구나 이 피로라는 말을 - '성취능력' 및 '노동성과' 같은 말처럼 - 입에 올렸다. 이 말은 무엇보다도 근육의 피로를 가리켰지만, 정신

노동

적 피로와 당시 어디서나 볼 수 있었던 탈진 질환인 신경쇠약에도 해당되었다.[27]

노동 능력을 끌어올리기 위한 중심 전략

피로에 대해 산업사회와 노동사회가 지녔던 두려움과 (2장에서 다룬 바 있는) 근대의 신체 최적화 및 피트니스 트레이닝의 발견은 따라서 서로 나란히 진행되었다. 게다가 피로에 대한 공포는 경쟁을 자연계의 불가피성이라고 보는, 다윈 및 그의 수용과 밀접하게 결부된 관념과 상응관계에 있었다. 말하자면 피로를 장악하는 법을 배운 자만이 '가장 핏한 자의 생존survivial of the fittest'을 둘러싼 경쟁에서 앞선다고 본 것이다. 그리고 이때의 피트니스란 유능하다는 뜻은 더 많이, 그리고 적합하다는 뜻은 더 적게 의미했다.[28] 얼마 지나지 않아 피로 현상은 최소화하고 생산성은 높이는 데에 - 트레이닝과 더불어 - 온갖 지식, 기술 및 도구들을 사용할 수 있었다. 그리하여 이를테면 노동자의 영양 섭취에 대한 연구가 진행되었는데, 이제 이 영양 섭취란 노동하는 몸에 에너지를 공급하는 것이라고 간주되었다.[29]

휴식을 통한 기력회복과 절제, 통제와 단련은 피로를 물리치고 신체능력 및 특히 노동 능력을 끌어올리기 위한 중심 전략이었다. 단련이 에너지의 투입 및 이용을 최적화해 줄 거라고 사람들은 생각했다. 단련된 몸은 단련되지 않은 몸보다 활동을 더 효율적으로 행하며 에너지를 더 적게 쓰면서 몸을 움직이기 때문이었다. 각 동작의 흐름과 노동의 과정을 아주 엄밀하게 추적하는 것에 대한 관심이 얼마나 널리 퍼져 있었고 얼마나 다층적이었는지는 에드워드 마이브릿지라는 사람이나 에티엔-쥘 마레라는 사람의 사진들에 잘 나타나 있다. 마레는 체련을 집중적으로 파고들었으며 1900년의 파리 올림픽에서도 촬영을 했다.[30]

마이브릿지가 1880년대에 찍은 연속 사진은 예를 들면 목수의 대패질 같은 하나의 연쇄동작을 수많은 개별 순간으로 분해한다. 마이브릿지가 이 과정에서 - 남성이 모델인 경우 - 주로 노동 과정이나 스포츠 행위를 카메라에 담았다는 사실은 스포츠와 노동이 몸을 매개로 하여 서로 얼마나 밀접하게 맞물려 있는지를 다시 한번 뚜렷하게 보여준다. 게다가 이는 스포츠와 노동이 성별 측면에서 얼마나 강고하게 특정되어 있는지도 보여준다. 비록 여러 공장에서 수많은 여성이 일하고 있었음에도 마이브릿지의 노동하는 모델은 모두가 남성이었다. 그가 보여준 여성은 무엇보다 빨래하거나 몸을 가꿀 때, 아니면 벗은 몸이 부끄러워 카메라로부터 몸을 돌릴 때의 모습이었다.[31]

그러나 총생산성을 최적화하려면 분석과 연습도 해야 할 뿐 아니라 노동자 각자가 개별 노동단계 및 가능한 한 적은 수의 동작에 정신을 집중하기도 해야 한다. 분업은 이미 18세기 후반의 애덤 스미스 및 고전 경제학 이래 생산성 향상의 수단으로 찬미 받아왔었다. 135년 뒤 이 분업은 미국의 엔지니어 프레더

릭 윈즐로 테일러의 시스템에서 완성되었다.[32] 개별동작의 흐름과 노동단계를 정밀하게 관찰하고 분석함으로써, 또 그것들을 스톱워치를 이용해 최소의 가능한 단위로 분할한 다음 컨베이어벨트에서 재구성함으로써 이제 노동력은 공장이라는 총체적 몸 속에서 최적으로 이용되어야 했다. 이 과정은 세기말 전환기에서 1970년대까지의 한 시대 전체를 규정하는 표지가 되어야 했다. 테일러주의와 - 컨베이어벨트를 미시간주 플린트에 소재한 자기 자동차 공장에 도입했으며 대량생산과 '복지 자본주의'를 완성한 헨리 포드의 이름을 딴 - 포드주의는 하나의 생산방식뿐 아니라 경제적 사회적 질서 전체를 지칭한다.[33]

　이때 중요한 것은 노동과 스포츠의 이러한 긴밀한 동반관계로, 두 가지 요소가 이 관계를 잘 보여준다. 첫째, 당대의 트레이닝 전문가 및 노동 전문가는 노동과 스포츠의 실천행위가 서로 유사함을 분명하게 강조했다. 1927년의 어느 글에는 "(노동과정 최적화를 위한 원칙과) 똑같은 원칙이 오늘날 체련형식 구성을 위해서도 존재한다"고 씌어 있었다. 곁말이지만 테일러 자신도 열정적인 운동선수였으며 자신의 시스템을 노동의 스포츠화라고 규정하기도 했다.[34] 둘째 일터에서 몸 풀라며 제공하는 휴식시간에서부터 사내 동호회의 스포츠 축제에 이르는 '체련'은 공장에서의 반복적인 일로 인한 특수한 피로현상에 맞서 싸워주어야 했다. 20세기 초 독일 스포츠계의 거물 관료 카를 딤은 기업인에게 스포츠를 추켜세웠다. 병가와 사고로 인한 비용을 줄여주며, 노동 능력의 상실에 이르는 부상을 멀리 미뤄주고, 생산을 늘려주며, "정치적 선동에 맞서는 정신적 저항력 및 영혼을 박탈해버리는 테일러식 노동 과정에 맞서는 영적 저항력"을 강화해주는 훌륭한 수단이라고 말한 것이다.[35]

새로운 계급의 등장: 사무직

그러나 포드주의 시대의 경제적, 사회적 질서를 뚜렷하게 특징짓는 점은 공장노동에 빈틈이 하나도 없다는 것과 공장에서 일하는 노동자의 몸을 맞춤식으로 투입한다는 것뿐 아니라 부기, 행정, 금융 및 경영관리 활동이 점점 늘어난다는 것이었다. (푸른색 작업복을 입은 노동자와는 달리) 하얀 셔츠를 입은 이 새로운 사무직 계급, 다시 말해 '블루칼라' 노동에 대립되는 '화이트칼라' 노동 부문이 19세기 후반에 비로소 형성되기 시작했는데, 그 방식은 독일과 미국이 서로 비슷했다. '화이트칼라' 내지는 사무직이라 불리는 이들은 애덤 스미스에서 카를 마르크스에 이르는 자본주의 이론가들이 예상하지 못한 계급이었다.[36] 이제 이 '화이트칼라' 노동이라는 개념은 한편으로 불분명하기는 하지만, 그래도 다양한 차이를 보이는 모든 가능한 사무직 유형, 즉 여성 사무인력에서부터 남성 최고경영자에 이르는 모든 사무

직을 포괄한다.[37]

다른 한편으로 이 모든 사무직을 하나로 묶어주는 것은, 그들이 주로 의자에 앉아서 일하며 따라서 더 이상 노동을 통해 제 몸을 양호한 상태로 유지하지는 못한다는 점이다. 이는 이미 1900년경에 문제점으로 논의되었는데, 특히 남성과 관련해서였다. 신경쇠약에 걸린 사무직 노동자의 약해진 몸은 근대 사회를 위협해 위기에 빠트리는 시나리오의 표상이 되는 지경에 이르렀다. 근대사회를 규정한 것이 결국 몸 움직임, 가속화 및 성취였으니 말이다. 그러나, 독일 작가이자 조정漕艇 애호가인 리하르트 노르트하우젠이 날카롭게 꼬집었다시피, 근대 노동세계의 새장처럼 좁디좁은 돈벌이 공간 속에서 책상머리 살인자desk murderer[*]들은 "신체적 저항력을 상실한 뇌 절름발이"가 될 위험성을 갖고 있었다. 곧 지크프리트 크라카우어에서부터 찰스 라이트 밀즈에 이르는 수많은 사회학자와 유명한 지성인이 사무직에 대해 관심을 보였다. 사무직은 근대의 도드라진 주체형식의 하나가 되어야 했다.[38]

피트니스 광풍에 사로잡힌 사무직

사무직 노동자의 경우 셔츠와 옷깃만 하얀 게 아니었다.

---

[*] 한나 아렌트가 아이히만을 그렇게 지칭했다고 하는데, 주로 공권력을 이용해 제3자로 하여금 살인 등의 불법을 저지르게 하고 정작 자신은 뒤에 숨는 사람을 일컫는다.

위기에 처한 사무직의 몸도 백인에다 남성이라고 보았다. 이로써 자유, 진보 및 문명이라는 이름을 내걸고 자연을 문화로 변화시키기 위해 창조되었다는 그 백인 남성의 몸에 운동 부족이라는 진단이 내려진 것이다. 캐서린 블랙포드(당시 미국에서 인성 지도 및 심리테크닉 분야의 전문가로 통했던 사람. 오늘날이라면 분명 코치라는 이름이 붙었을 것이다)는 이 논쟁에 함께 한 수많은 목소리 중의 하나였다. 그녀를 비롯한 다수의 사람이 강조한 바에 따르면, 백인 남성의 몸은 스포츠 분야에서 늘 새로운 성과를 올리기 위해서만이 아니라, 숲을 갈아엎고, 도로를 건설하며, 군대를 만들고, 대륙을 정복하며, 건축물을 세우고, 온갖 종류의 기계를 개발하며, 산업을 일으키고, 전 세계를 상대로 재화를 교역하기 위해서도 선택되었다.[39]

　　오해하지 말아야 할 것은, 그 이후로도 조직 자본주의의 노동자 스포츠는 계속 존재해야 했다는 점이다. 하지만 세기말 무렵에 시작된 피트니스 광풍에 사로잡힌 이들은 노동자가 아니라 주로 사무직이었다. 사무직의 몸이 바로 위기로 간주된 몸이어서 해독제가 필요한 상황이었기 때문이었다. 게다가 신체활동을 해야 한다는 호소의 대상은, 남녀가 사무실에서 함께 일하고 있었음에도, 주로 남성이었다. 당시 사람들 말마따나, "문명의 역사는 곧 몸 개선의 역사"라고 이해해야 한다면, 여기서의 몸이란 무엇보다 남성의 몸 (그리고 그것과 더불어 남성적 특징이 강한 문명)이었다. 남성의 몸은 생산하는 몸, 여성의 몸은 무엇보다 재생산의 몸이자 욕망의 몸이라는 딱지가 붙어 있었다. 상황이 이러하니, 사무실 업무를 처리하면서 체력은 키우지 않는 경리직, 행정직, 경영관리직을 포함하는 새로운 노동세계는 포드주의에 근거하여 컨베이어벨트 곁에서 이루어지는 반복 노동을 능가하는, 사회 전체적으로 절박한 문제였다.[40] 이제 중산층 남성이 제 몸을 단련하기 시작했다. 몸을 핏하게 만들어 유지하기 위해서였다. 특히 독일에서는 사무직 종사자가 클럽과 동호회에 가서, 아니면 적어도 자기 부서 내에서 단련하기를 즐겼다. 노동자 계급 및 노동자 스포츠와 거리를 두기 위해서였다.[41]

앉아서 일하는 사무직에 대한 걱정은 1930년대의 경제위기로 인해 잠시 약해졌다.[42] 동시에 국가사회주의 독일은 성취, 스포츠 및 몸에 대해 새로운 차원의 물신숭배적 태도를 취했다. 이런 근대적 신체성능 윤리가 국가사회주의에서 과격해진 것이다. 그것도 '민족공동체'의 이념이라는 뜻으로 말이다. 사내 스포츠는 획일화되어 엄청나게 확대되었다. 목표는 '민족의 몸'이라는 생명정치적 이념을 강화하고 상상 속의 '민족공동체' 개념을 능률적이고 생산적으로 만드는 것이었다. 나치의 대중단체 중 압도적 최대 단체인 독일 노동전선Deutsche Arbeitsfront의 과제는, "이마와 주먹으로 창조하는 모든 독일인"*의 최상위 기관이

---

* 독일의 모든 노동자라는 뜻으로, 사무직 노동자와 육체노동자를 각각 가리키는 '이마 노동자(Arbeiter der Sitrn)'와 '주먹 노동자(Arbeiter der Faust)'라는 표현은 히틀러가 1921년에 처음 썼다고 한다. '머리 쓰는 노동자(Kopfarbeiter)'와 '손 쓰는 노동자(Handarbeiter)'라는 표현도 있지만 사회적 사용맥락은 조금 다르다.

되는 것이었다. 독일 노동전선 및 그 하부조직인 "기쁨을 통한 힘 KdF=Kraft durch Freude"*은 조직 내 대중 스포츠를 활성화함으로써 "민족의 몸에 낀 과도한 기름기를 제거"해야 했으며, 이 기관의 수장 로베르트 라이의 말마따나 "피둥피둥한 뱃살을 빼서 민첩함을 되찾고" 그럼으로써 "각 개인"에게 최고의 능력을 갖추어주어야 했다. 이 능력은 "민족공동체를 위한 최대의 이익"을 의미했다.[43]

미국에서도 앉아서 일하는 사무직의 문제가 1930년대에는 일시적으로 후순위로 밀려났다. 왜냐하면 그 엄청난 경제위기는 (이미 설명했다시피) 굶주리는 다수의 몸과 집단의 허약해진 몸 하나의 위기였기 때문이다. 집단의 이 약해진 몸을 낫게하려면 무엇보다 미국을 위해 일하는 근육질의 노동자 몸이 간절히 필요했다.[44] 아울러 거의 모든 거대기업은 사내 스포츠 프로그램을 통해 노동자와 사무직의 힘을 키워줄 만큼의 경제적 여력이 없었고, 궁핍이 일상화된 탓에 식료품을 지원해주는 것이 틀림없이 더 유의미했을 것이다. 하지만 제2차 세계대전 중에 미국 경기가 다시 솟아오르면서 사내 스포츠 프로그램은 활력을 되찾았고, 그 뒤 1950년대에 이르러 마지막 르네상스를 경험했

---

* 무솔리니 치하에서 이탈리아가 만든 여가선용청(Opera Nazionale Dopolavoro)을 모방해, 여가시간을 잘 활용하도록 만든 기구. 이를 위해 히틀러는 당시 연 2주의 유급휴가를 3주로 늘렸다. 여가선용에서 오는 기쁨을 통해 노동의 힘을 얻자는 뜻으로 볼 수 있다.

노동

다. 1941년 11개의 거대기업은 '전미 제조업 레크리에이션 협회 National Industrial Recreation Association'라는 단체를 설립했는데, 목표는 미국의 사내 스포츠를 되살리는 것이었다. 그 결과 1950년 대에는 회원사가 900개를 넘었다. 또 1953년에는 노동자 스포츠 프로그램에 총 3만 개의 대기업이 약 8억 달러를 지출했다.[45]

그러나 소비의 메카 미국 그리고 몇 년의 시차는 있지만 경제기적의 나라 독일에서도 여론과 학계는 이제 노동자 스포츠 프로그램보다는 오히려 몸을 움직이지 않는 사무직에 예전보다 더 많이 주목했다. 지크프리트 크라카우어는 이미 1930년에 베를린의 거리와 근대 노동세계를 가득 메우며 살아가는 "수십만 명의 사무직"이라는 말을 했었다. 1951년 사회학자 라이트 밀즈는 미국에 대한 자신의 저서 『화이트칼라White Collar』(독어판 제목은 『Menschen im Büro』로, '사무실의 사람들'이란 뜻. 불과 4년 뒤인 1955년에 출판됨)에서, 사무직이 그사이 직장인 다수를 차지했다고 썼다. 지난 반세기 만에 미국이 사무직의 나라가 되었다는 것이다. 이들 사무직은 주로 잿빛의 부드러운 모직 양복을 입었고 필요할 때에는 헐렁한 자유복도 입었겠지만, 푸른색 작업복도, 눈에 확 띄는 피트니스 패션도 입지 않았다. 그들은 자동차를 이용하거나 교외와 도심을 오가는 열차를 타고 다녔지만 자전거로 출근하는 일은 없었고, 퇴근한 뒤에는 하이볼 한 잔을 손에 들고 즐겨 텔레비전 앞에 앉았지, 에너지 드링크 한 병 들고 트레이닝하러 가는 일은 거의 없었다(에너지 드링크는 1970

년대에 처음으로 출시되었다). 대서양 양안의 의료인들은 재빨리, 앉아서 일하는 중년 사무직이 잘 먹어서 살찌고 그로 인해 심장질환을 더 많이 앓지만 성취능력은 잃어가는 소비사회의 원형임을 발견했다.[46]

사회학자 및 여타 지성계 인사가 요란한 경고음을 울려주었다. 잿빛 양복을 입은 남성이 건강문제 하나로 끝나지 않는다는 경고였다. 그런 남성은 근대사회 그리고 무엇보다 미국 사회가 점점 더 마비되고 있음을 상징한다고 지적했다. 위대한 미국의 바탕이 되었던 바로 그 역동성과 앞으로 나아가려는 욕구가 그사이 미국 사회에서 부족해졌다고 꼬집었다. 라이트 밀즈는 『화이트칼라』로, 데이비드 리스먼은 1950년에 나온 『고독한 군중The Lonely Crowd』(독어판 제목은 『Die einsame Masse』이며 1955년에 출간됨)으로 그리고 윌리엄 화이트는 1956년 저작인 『조직 인간Organisation Man』(독어판 제목은 『Herr und Opfer der Organisation(조직의 주인이자 희생자)』이며 1958년에 출간됨)으로 국제적 연구 분야의 하나가 된 사무직 사회학이라는 학문분야를 날카롭게 파고들었다. 이 분야의 연원은 앞서 이미 언급한 지크프리트 크라카우어에게까지 거슬러 올라가는데, 그가 제기한 여러 테제는 비교적 광범위한 대중들도 점차 열렬히 토론하게 되었다. 왜냐하면 약한 심장에 행위욕구는 없는 순치된 사무직 종사자의 모습 속에는, 성취능력을 상실하면 어쩌나 하는 자본주의적 개인의 두려움이 사회적 역동성 및 힘의 상실에 대한 우려와 한 덩어리로 녹아 붙어 있기 때문이었다. 남성 전체의 심장이 아니라 무엇보다 사무직의 심장이 전 사회에 대한 위기 진단의 중심에 서 있었던 것이다.[47]

사무직 사회와 피트니스

이때 전후 수십 년 동안의 사무직 사회가 지닌 큰 문제점의 하나라고 다들 받아들인 것은 남성의 수동성이었다. 수동성이란 앞서 언급한 행위욕구 결핍을 의미했다. 일을 만드는 게 아니라 일이 일어나게 내버려두는 것, 행동하는 게 아니라 취급대상이 되는 것 - 라이트 밀즈에 따르면, 20세기의 널찍한 사무실에 앉아 일하는 사무직 종사자는 그저 관리조직 내의 일개 톱니바퀴일 뿐이었으며, 늘 정해진 대로 돌아가는 일상은 공장 없는 테일러주의였다.[48] 냉전으로 인해 사무직 사회의 순응적 복제품들이 더 위협적이라는 것이 드러났음에도, 정작 그들은 자신이 자유주의적 개인주의를 지켜주는 안식처로서 모든 개성과 자발성을 얽매는 공산 독재에 맞서는 싸우는 존재라고 여겼다. (그런데 그 공산독재에서는 노동사회와는 다른 면이 생겨나 '노동 영웅' 및 억척스런 '사회주의 여성상'을 찬탄했다.)[49] 부르주아 자본주의의 수많은 여성 사무직의 경우, 그들의 수동성은 부르주아적-서구적 성별관념에서 볼 때 전혀 문제가 되지 않았다. 왜냐하면 수동성은 여성의 천성이라고들 여겼기 때문이다. 이와 반대로 남성의 수동성은 부르주아적-자본주의적 자기이해, 생산성 및 그 나라의 전투태세를 갉아먹었다. 일자리 상실에 대한 일상적인 두려움과 더불어 사무실에서 늘 굽신거리는 태도는 더 나아가 침실에서의 무기력 형태로 표출된다고 당대의 관찰자들은 경고했다.[50]

따라서 사무직이라는 말은 곧 피트니스의 반대말이었다. 그들은 활동적이 아니라 수동적이었으며, 자율적이고 성취역량이 강한 것이 아니라 순응적이고 허약했다. 그러나 피트니스 트레이닝을 보상으로 주는 것은 1950년대에는 대다수 남성에게 낯설었으며, 잘 봐주어도 웃기는 생각일 뿐이었다. 땀에 흠뻑 젖는다는 것은 그들의 인생 구상에는 정말 맞지 않은 일이었다. 트레이닝을 고무하는 말들이 여기저기서 반짝이며 떠올랐지만 처음에는 상황 변화에 별 도움을 주지 못했다. 미국에서는 텔레비전 스타 잭 랄렌이 1953년부터 텔레비전에 나와서 체조 시범을 보였다. 대체로 여성인 자기 시청자들에게 "뭘 하면 몸 상태가 더 좋다는 것을 느끼고, 더 멋져 보이고, 더 오래 살 수 있는지"를 (그리고 텔레비전을 시청하는 여성들이 왜 자기 남편들로 하여금 몸을 움직이게 만들어야 하는지를) 보여주기 위해서였다.[51] 중년 남성들은 경쟁 스포츠에 열광했지만 그건 그저 구경꾼으로서였다. 그런 스포츠는 남성에게 자신의 행위욕구, 영웅심리 그리고 여러 출세 가능성을 투사할 수 있는 스크린이 되어주었다. 하지만 그런 것들은, 아서 밀러의 『세일즈맨의 죽음』에 나오는 주인공 영업사원 윌리 로먼과 그의 아들 비프에게 미식축구가 그랬듯이, 실생활에서는 오히려 환상일 뿐이었다.[52]

이와 동시에, 심장관상동맥이 막히는 질환으로 인해 의학 전문서적이 갈수록 광범위해지는 대중에게 다가갈 길이 열렸다.[53] 이 질환이 스트레스로 고통받는 경영진들에게 나타나는, 엘리트만의 현상이라는 논의는 잠깐 반짝했을 뿐이다. 덧붙이자면 비록 독일이 이 문제와 "경영자 질환"이라는 진단이 미국에서 유래했다고 즐겨 지적하기는 했지만, 논의 자체는 미국보다 독일에서 더 많이 이루어졌다.[54] 미국의 기본적 태도는, 빽빽한 일정과 과도한 책임이 경영자에게 스트레스를 주기는 하지만 사무직 사회의 허약한 심장에 대한 책임은 무엇보다 소비 과잉과 운동 부족에 있다는 것이었다.[55]

애당초부터 미국과 미국 남성의 무기력을 대놓고 심하게 욕하던 남성 잡지 〈에스콰이어〉는 1959년 핏한 몸을 유지하는 기법에 대한 지침서를 발간했다. 이 지침서는 피트니스에 매달려 애쓴다는 것을 1950년대 말 당시 사람들이 어떻게 이해하고 있었는지를 아주 명확히 보여준다. 책은 여러 질병에 대해 우려와 함께 자세한 설명을 하고 있는데, 특히 심장, 불면증, 뚱뚱함 그리고 (남성 건강에 관해 이야기할 때면 어차피 자주 언급하고 눈 깜짝할 사이에 테이블 위에 오르는 주제인) 중년의 성생활을 다루고 있다. 〈에스콰이어〉는 거기서 언급된 문제의 해결전략도 제공했다. 말하자면 무엇보다 다이어트를 제대로 하고 긴장을 적절히 풀어주라는 것이었다. 하지만 몸으로 애를 써야 한다고 꼬집어 준 경우는 그보다 더 적었으며, 체계적으로 신체단련을 하라는 권고는 애당초 전혀 없었다. 당시 심장전문의가 피트니스 트레이닝으로 인해 신체 손상이 생길 수 있고 "연습 염증 Exercisitis"이 도질 수 있다고 경고한 탓이었다.[56]

사내 피트니스 : 노동을 위한 몸 다듬기 Ⅱ

그러나 얼마 지나지 않아 사무실 남성을 대상으로 한 건강 및 트레이닝 자료가 보다 더 정기적으로 간행되어 신체강화를 위한 운동 강도를 더 높이라고 권고했다.[57] 그러다 1970년대 들어 자유주의 경쟁사회에서 시작된 피트니스 광풍은 남성과 그들의 몸에만 국한된 채 머물러 있지 않았다. 이제 늘씬하고 민첩하며 핏해지는 것, 그리고 그걸 유지하는 것을 다들 원칙이라고 떠들었고, 수많은 기업도 이제부터 이 원칙에 따라 움직였다. 그래야만 "신 시장"[58]에서의 갈수록 혹독해지는 경쟁에서 견뎌낼 것 같아 보였기 때문이다. 〈포브스 매거진〉은 1970년 당시, "선을 지켜라"라고 요구하면서, 표지에 배가 잔뜩 나온 경영자 한 사람이 저울에 올라가 있는 사진을 올렸다. 기사 내용은 수많은 기업이 근육은 키우지 않고 온몸을 기름기로 잔뜩 채워 넣었다는

것으로, 1970년대는 뱃살 빼기의 10년이 되리라고 보았다.[59]

　다음 이야기는 이미 종종 언급된 바 있는데, 여기서 그걸 되새기면서 피트니스의 역사와 연관 지은 다음 20세기 말에 어떻게 "헐떡거림이 (…) 정상 상태가 되는지"를 살펴보고자 한다.[60]

핏하고 유연한 기업

　1970년대가 갖는 의미는 전후 호황과 경제 기적이 끝났다는 것이다. 1973년과 1979~1980년의 석유 위기로 인해 에너지 비용이 급등했고 심지어 이는 미국에서 허리띠를 더 졸라매자는 호소로까지 이어졌다. 팻(fett. 영어로는 fat)한 시절은 이제 지나가 버렸다. 대규모 인플레이션이 발생했고, 동시에 뒷걸음질 친 경제성장은 마이너스 성장률을 기록했으며, 여기에 생산 위기와 실업률 증가가 가세했다. 이는 1930년대의 대공황 이래 거의 망각 속에 묻혀 있었던 현상이다. 1970년대의 위기 및 그 결과로 인해 근대 산업사회의 "구조가 단절"되었다고들 보았다. 아마도 구조가 변화했다는 것이 더 적절하지 않을까 싶지만, 이러나저러나 1970년대는 포드주의의 종식 그리고 그것과 더불어 온전한 한 시대의 종식을 가져왔다.[61]

　이런 상황에 대한 정치적·경제적 대응책으로 제시된 것이 시장과 경쟁의 확대 및 분배의 축소였다. 시간이 갈수록 미국의 존슨 대통령이 주창한 "위대한 사회Great Society" 내지 사회복지 국가라는 비전은 점차 사라졌고, 사람들은 이제 남아도는 살을 떨쳐내겠다는 늘씬한 국가를 높이 떠받들었다. 요가 수련을 한 몸처럼 핏하고 유연해져야 한다는 원칙은 기업에도 적용되었다. 그래야 심화된 경쟁 속에서 살아남을 수 있다는 것이었다. 이들이 새로 읊조린 주문呪文은 '린 프로덕션lean production'이었다. 이 표현 역시 자동차 산업에 그 연원을 두고 있었지만 미시간주 소재 포드 자동차의 컨베이어벨트 같지는 않았다. 이번에는 선두 주자가 일본의 도요타였다. 1970년대 초 미국에서 볼 수 있었다시피, 거기서는 직원으로 하여금 피트니스 트레이닝을 하도록 하는 것이 이미 꽤 오래전부터 일상사였다. 그 외에 일본이 택한 전략은, 부품은 필요할 때마다 공급받는 적시just in time 납품으로 하고, 창고 보관을 하지 않으며, 생산 과정과 생산 장비를 간소화하는 것이었다. '인소싱'을 '아웃소싱'으로 대체하는 것이 바로 이 혁신 자본주의라는 것의 공식이었다. 이와 같은 변화는 점차 세계화되는 경제, 투자 및 통상 구조에 한 묶음으로 엮어 들어갔다. 입지 의존적 매출 경쟁은 여러 나라 및 지역 간의 입지 선점 경쟁으로 오히려 대체되었다.[62]

이런 변화는 여러 면에서 노동세계에 타격을 주었다. 첫째, 일본의 노동윤리, 즉 (이곳 독일에서는 1980년대에 처음 대중의 주목을 받은) '과로사'에까지 이를 정도로 일Job과 회사를 동일시하는 것에 대해 사람들은 경악했다. 둘째, 도요타의 제작

방식은 생산공정에서 컨베이어벨트가 지니는 의미를 줄여버렸다. 이제 더 중요한 것은 팀을 이루어 일하는 것이었다. 팀에서는 계층이 더 수평적이고, 책임은 분산되며, 팀이라는 집단의 성공에 대한 자기 책임은 더 높아졌다. 이는 새로 떠오르는 프로젝트 중심의 노동에 적합했다. 좌파적 대안세력의 비판적 실험이던 이 프로젝트 중심 노동은 얼마 안 가 유연한 자본주의의 중심 노동 포맷으로 자리 잡게 된다. 이미 보았다시피, 계층 평등성과 책임 분산은 사람들을 자기 착취에까지 이르는 자발적 초과근무로 유도하는 데에 적합했다. 물론 여기에서 간과하지 말아야 할 점은, 유연한 자본주의에서도 계급 간 차이와 강압적 상황은 특히 저임금 영역에서는 어디에나 있었다는 사실이다.[63] 이와 동시에, 셋째로 바로 이 저임금 분야에서 노동집약 상품의 제조는 임금을 적게 주어도 되고, 노동조합의 힘이 약하며, 노동 여건이 보장되지 않은 곳으로 그 생산지를 점차 옮겨갔다. 그런 곳은 방글라데시나 루마니아 아니면 노스캐롤라이나일 수도 있다.[64] 이것이 북반구 여러 선진국에 갖는 의미는 무엇인가? (예컨대 미국의 '제조업 벨트'나 독일의 루르 지방에 자리한) 제조업체의 일자리가 점점 더 줄어들고, 수많은 남성 종사자에게 적용되는 '정상적 노동여건'이 끝났으며, (특히 저임금 부문에서) 시간제 노동이 태어났다는 것이다. 서비스 부문 종사자의 비율도 증가했는데, 그들 중 노동법 및 보험법상의 사무직 종사자 지위를 지닌 사람의 수는 갈수록 더 줄어들었다.

유연한 자본주의의 '이' 주체화 형식을 구현하는 것은 사무직 종사자가 아니라 "기업가적 자아"[*]이다. 이는, 이제 모두가 고전적 의미의 기업인이 되었다는 뜻이 아니라, 이 기업가적 자아라는 것이 전반적으로 "사회복지적 요소를 경제 우선주의로 치환할 때" 주도관념으로 솟아오른다는 뜻이다.[65] 이 '호모 오이코노미쿠스'는 우리 사회를 반영하는 대표적 인물 유형이 되었다. 성공 가능성을 최적화하여 시장에서 그 능력을 증명할 것을 세상이 개인에게 요구했기 때문이다. 더 이상 노동자나 사무직 종사자가 아니라 "노동력 기업"[66]이 노동시장의 새로운 이상형이 되었다. 독일에서 이를 정확하게 표현한 말이 - 1980년대부터 담론 상에서와 정치 차원에서 준비되어 오다가 2003년에 마침내 도입된 - 나홀로-주식회사였다. 이 나홀로-주식회사에는 자율화, 책임 및 유연화에 대한 요구가 몽땅 꾸러미로 담겨있는데, 이런 요구는 이제 기업과 개인 모두에게 제기되었다. 포드주의 시대에 외부의 통제를 받던 노동자와 사무직 종사자가 유연한 자본주의 시대가 도래하면서 기업가적 자아가 된 것이다. 이 자아의 활동 범위는 노동 영역을 훌쩍 뛰어넘어 인간의 실존 전체를 포괄한다. 우리는 "인생기업인"[67]으로서, 자신을 항상 행동역량을 갖춘 주체로 이해하고 그것을 입증하라는 요구를 받은 상태다. 아닌 게 아니라 핏한 몸이 인생기업인의 행동역량과 행

---

[*]   모든 삶에서 자기가 기업가인 듯 창의적이고, 유연하게, 책임감 강하고 위험도 의식하며 고객 중심적으로 행동하는 사람을 의미한다.

동능력을 입증해주는 최고의 신분증으로 통하면, 늦어도 여기쯤에서는 피트니스의 의미가 명료해진다. 자신감, 건강 및 성과를 최대화하기 위해서 인간은 적극적으로, 또 스스로 책임지는 가운데 자기 인생을 장악해야 하며 자신의 삶에 매달려 애써야 한다는 것이다.[68]

　이렇게 덤벼들려는 판에 꺼림칙한 점이 있다면, 그런 일에 대해 무엇보다도 경험을 통해 잘 알고 있을 법한 분에게 도움을 받아야 할 것이다. 피트니스 시대에 호황을 누리는 사람들은 코치다. 거의 2세기 전에는 학생을 잘 지도하여 엘리트 대학에 합격시키는, 일종의 가정교사 같은 사람을 코치라 불렀다. 19세기 후반으로 넘어가면서 코칭 분야는 스포츠 쪽으로 옮겨갔다. 그러다 마침내 20세기 말에는 저돌적으로 노동세계와 인생 분야로 진입했다. 이렇게 볼 때 코치란 자본주의와 몸이 긴밀하게 뒤엉켜있음을 잘 보여주는 또 하나의 퍼즐 조각이다. 피트니스 스튜디오의 트레이너 역시 그때부터는 운동 지도자 이상의 어떤 존재였다. 신체 단련만 도와주는 게 아니라 "고해성사를 받아주는 신부, 여행사의 레크리에이션 담당자, 수험 지도교사이자 판매자, 심리학자 및 우상"으로도 기능했기 때문이다. 코치가 1990년 말 무렵 독일에도 들어왔을 때 코치의 기능을 〈슈피겔〉이 그렇게 기술했던 것이다.[69]

독일의 피트니스 논쟁

피트니스와 노동에 대한 근년의 논의는 이곳 독일에서도 그 무렵까지 이미 사반세기째 계속되어 왔다. 1970년대 초에 시작된 이 논의는 처음에는 지지부진했으며, 주안점 또한 미국 및 미국에서 일어나는 일에 고착되어 있었다.[70] '사내 피트니스'의 서독식 변이형은 이와 같은 초창기에는 아직 진짜로 기업가적 자아, '신경제New Economy' 및 신자유주의 시대의 추월선 같아 보이지는 않았다. 이 변이형은 오히려 조지 오웰과 독일식 행정국가의 짬뽕이라는 인상을 주었다. 이 시기에도 자극이나 보상을 통해 셀프리더십으로 유도하는, 즉 스스로 알아서 하게 만드는 기제가 이미 없지는 않았다. 예를 들자면 '사무실에서 몸 다듬기'라는 안내 자료에 나와 있는 100가지 연습과제 중에서 예컨대 책상 모서리 붙잡고 팔굽혀펴기, 의자에서 앉았다 일어서기 또는 엉덩이 주위로 전화번호부 돌리기 따위의 운동을 다 마친 사람은 독일 스포츠 연맹DSB로부터 배지와 이수 증서를 받았던 것이다. 하지만 사무직의 피트니스를 크게 공세적으로 개선하려는 회사는 독일 스포츠 연맹만이 아니라 노조, 경영자 협회까지도 한배에 태워야 했으며, 거기에 국회의원까지 끌어들이면 금상첨화였다. 〈슈피겔〉 보도에 따르면, 그런 기업은 그렇게 한 다음에도 아직 '좌파 스포츠 불평분자'의 저항에 맞서 싸워야 했다. 그들은 '사내 피트니스'를 노동계급을 최대한 착취하려고 자본이 펼치는 음흉한 전략이라고 쏘아붙였던 것이다. 이 무렵 독

노동

일 기업은 다시 넓은 사무실에 텔레비전을 이용해 체조방송 틀어주기, 구내식당 가는 길에 의무라도 되는 듯 잠깐 피트니스 하기 그리고 휴식 시간을 제공해 일본식 대규모 집단체조 시키기 등을 혁신적인 아이디어라고 찬탄했다. 그러나 우리 독일은 과거에 대한 기억도 있고 개인보다 집단을 우위에 두는 사회주의 사회와의 체제 갈등도 있으니 좀 더 개인주의적으로 변형된 방안이 나와야 하지 않느냐는 주장도 동시에 있었다.[71]

십 년 남짓 뒤, 그러니까 1980년을 전후한 시기가 되자, 피트니스, 노동 및 성공을 주제로 한 담론의 음조와 강세가 이곳 독일에서도 바뀌기 시작했다. 하지만 이런 추이를 미국화 현상이라고 이해해서는 안 되었으며, 오히려 유연한 자본주의가 전세계로 퍼지고 있다는 맥락 속에서 보아야 했다. 유연화의 내용, 강도 및 속도는 가변적이었으며, 사회복지국가의 구조가 얼마나 강고한가에 따라서도 달랐다.[72] 독일의 피트니스 논쟁은 1980년대에는 예컨대 자전거의 르네상스를 중심에 두고 계속 되풀이되었다. 자전거가 일상의 이동수단으로 되돌아왔을 뿐 아니라 초경량 초고가라는 꼬리표를 단 채 경영진이 컨디션 회복을 위해 여가시간에 행하는 운동에도 이용되었던 것이다. 또 철인3종 같은 인기 스포츠도 이제 대화에 등장했다. 무엇보다도 비교적 돈을 잘 버는 책상머리 살인자들로서는 새로 한번 덤벼들어 볼 만한 스포츠였던 것이다. 이 무렵 미국 잡지는 여가시간에 이루어지는 여러 피트니스 트렌드의 경기景氣 등락에 대한 기사로 넘쳐났다. 이들 트렌드는 몸으로 경험하고 몸으로 보여주는 데에 초점을 두고 있었다. 핏함과 핏해 보임은 그사이 '상식'이 되어 건강과 성취능력을 상징했고, 동시에 출세에도 도움이 되었다.

이와 반대로 뚱뚱함은 경쟁이 판치는 일자리 시장에서 '죽음의 입맞춤'으로 간주되었다. 1978년 〈슈피겔〉지는 당시 초창기이던 미국의 '비만 권리 운동'을 다룬 기사에서 뚱뚱한 사람은 종종 '2등 시민'으로 간주되어 노동의 세계에서 추방될 거라고 언급했다. 몇 년 뒤에는 독일에서도 "'잘생긴 외모의' 사람이 오히려 돈이 되는 양질의 일자리를 얻는다"는 말에 그 누구도 놀라지 않게 되었다. '신식 라이프스타일-인종주의'라는 진단을 콕 집어서 잘 지적한 말이다. 이 인종주의는 오로지 건강한 사람 내지는 자기 상상 속의 건강한 사람처럼 보이는 존재만 인간으로 인정해 준다고 한다.[73] 그 밖의 모든 이들은 그 사회 주변부로 밀려난다는 것이다. '라이프스타일-인종주의' 개념과 더불어 인종주의와 지방공포증이 서로 가깝다는 주장이 제기되었는데, 그렇게 보는 이유는 인종주의나 지방공포증이 차별적 행위와 정책을 내세우기 때문이기도 하지만 둘 다 눈에 보이는 허상적 증거를 통해 작동하기 때문이기도 하다.

1990년대 들어 '사내 피트니스'의 강조점은 다시 한번 이동한다. 체험형 여행, 예컨대 회사와 함께 하는 자전거 투어나 래프팅 투어가 새로운 놀이영역으로 떠올랐다. 신체능력(체험형 여행의 경우 참가자의 피트니스가 사실 적어도 어느 정도까

노동

지는 이미 전제되어 있었다) 함양에 팀 꾸리기라는 측면이 덧붙은 것이다. 함께 땀을 흘리고 장애물을 극복하고 '여러 챌린지'를 이겨냄으로써 팀 정신을 튼튼히 할 수 있었다. 회사 차원에서 추진된 이런 체험형 여행은 이제 그런 특화된 여행을 겨냥한 호텔의 출현으로 이어졌다. 그렇게 되자 호텔에서는 트레이닝 프로그램과 더불어 체험교육 이수 기회 및 (당시 말마따나) 온전한 가치를 품은 음식Vollwertkost[*]을 제공할 필요가 있었다. 그러는 사이 피트니스는, 〈슈피겔〉에 따르면, "몸을 핏하게 만들기와는 가장 거리가 먼 것"까지 모든 것을 포괄하는 "정체불명의 말"이 되어버렸다.[74]

20세기 말 무렵 사내 스포츠에 적잖이 먼지가 쌓이자 이른바 기업 건강경영이라는 것이 그 옆으로 끼어 들어왔다. 기업 주도의 건강장려 정책이 노동자의 책임으로, 또 노동자가 예방적으로 자기 몸을 챙겨야 한다는 쪽으로 바뀌면서 기업이 개입하는 돌봄과 훈육은 뒤로 밀려나고 말았다.[75] 기업은 직원의 개인적 자질을 강화시키고 그리하여 직원 스스로 자신의 인적자본을 최적화하는 것을 돕기 위해 계속 여러 가능한 조치와 전략을 구상했는데, 스포츠 여행 떠나기는 그중 하나일 뿐이었다. 과일 쟁반도 챙겨주고, 업무과제별 모임도 꾸려주고, 건강 및 심리 상담 전문가까지 붙여주는 등, 복리 증진 및 의욕 고취, 그리고 그

---

[*]   가급적 가공을 적게 하여 원재료의 가치를 그대로 품은 식재료로 만든 음식

것과 더불어 성과 고양에 도움되는 모든 것을 제공해줘야 했다. 거주지 인근의 피트니스 스튜디오 이용권을 끊어주는 것도 그 일환일 수 있었다.

미국에서는 피트니스 스튜디오가 이미 오래전부터 탈근대의 새로운 신전神殿으로 자리를 잡고 있었다. 그 신전에서 몸은 형성대상이 되었다. 10년쯤 뒤 이 스튜디오는 독일에서 웰니스 오아시스로 변했다. 이곳에 다니는 사람들은 피트니스를 서비스쯤으로 여겼다. 기업은 의료보험 회사만이 아니라 피트니스 센터와도 협력했다. 그렇게 함으로써 기업이 희망한 것은, 피트니스를 하지 않는 최후의 1인마저도 운동할 수 있게 하는 것이었다. 질병으로 인한 결근 시간은 계속해서 줄어들었고 (병가보상비를 감당할 돈이 더 이상 없어서이기도 했다), 사내 피트니스 스튜디오를 만드는 것은 대기업에게 심지어 남는 장사이기도 했다. 그러나 대다수 회사는 훨씬 더 유연하게 반응했으며 협상을 통해 인근에 있거나 체인점 소속의 스튜디오로부터 특별조건을 얻어내기도 했다.[76]

일상이 되어버린 헐떡임

신체 움직임과 스포츠를 의도적으로 투입함으로써 노동하는 몸Arbeitskörper으로 하여금 보다 큰 성과를 올리게 하자는 의도는 결코 유연한 자본주의만이 내세울 만한 특징이 아니다. 19세기와 20세기의 조직 자본주의 내지는 '복지 자본주의', 사내 스포츠 프로그램 또는 국가사회주의 시대의 스포츠와 노동의 관계를 보면 그걸 알 수 있다. 1960년대부터 철의 장막 양쪽의 보건정책에 등록되기 시작한 위험성 유발요인 모델을 동독이 수용한 것도 그것을 가리킨다. 동독은 위험성 유발요인 모델의 보건정책적 실천을 처음에는 서독보다 심지어 더 쉽게 할 수 있었는데, 이는 어쩌면 바로 동구권 같은 사회주의 사회가 갖고 있는 상대적으로 더 강력한 중앙집권적 성격 때문이었을 것이다.[77]

19세기의 조직 자본주의와 20세기 후반과 21세기의 유연한 자본주의를 가르는 결정적 차이 하나는 여러 조치 및 전략의 주된 목표집단이 노동자에서 사무직 종사자로 바뀌었다는 점이다. 다만 오늘날에는, 실질적으로 사무직으로 고용되어 있는 피고용인의 수가 점점 더 줄어들고 있다. 하지만 이러한 조치 및 전략도 이미 서술했다시피 '인소싱'에서 '아웃소싱'하는 쪽으로 옮겨갔다.[78] 가부장적 성격의 '복지 자본주의' 프로그램은 오늘날에는 기껏해야 흔적만 있을 뿐이며, 그나마 남아 있는 것도 미국은 독일보다 더 적다. 그것보다 더 일상적인 일은, 자발적으로 자기를 챙겨야 한다며 현대의 노동력 기업인 Arbeitskraftunternehmer*을 슬쩍 밀쳐버리는 행위다. 이것조차도 미국의 보수적-자유주의자들은 국가의 개입이자 개인 자유의 제약이라고 신랄하게 퍼부어댄다.[79]

피트니스가 자기 돌봄으로 간주되는 시대에는 저항하기가 훨씬 더 어려워졌다. 몸 - 건강 및 피트니스 - 이 결국 가장 큰 자본임을 우리 모두가 알고 있기 때문이다. 또 우리는 이 몸 자본을 그에 걸맞게 보살피고 감싸주고 다듬으려 한다. 그래야 몸은 노동시장과 인생 전반에서, 자율성 및 성취능력 확보의 전제조건이자 그런 능력을 갖추고 있다는 표현으로 인정받을 수 있다. 1960년대와 1970년대. 이 요구하여 쟁취해낸 몸에 대한 이런 권리, 그 몸을 형성하고 해석할 권리는 이렇게 하나의 책임이자 심지어 의무로도 되어버렸다. 뚱뚱함은 이 책임을 다하지 못했다는 상징으로, 또 이 의무를 완수하지 못했다는 상징으로 간주된다. 그래서 체지방은 남다른 새로운 방식으로 사회 불평등 생산에 관여하는 요인으로 등재되고, 그렇게 함으로써 이미 확립된 범주인 성별, 피부색 및 계급 등과 뒤엉킨다. 이제 이들 범주는 예전보다 덜 정태적인, 다시 말해 좀 더 가변적이기는

---

* 자신의 노동력을 마치 기업인이 회사 운영하듯 다루지 않으면 안 되는 사람 또는 그런 노동력. 회사는 직원 개인을 챙기는 게 아니라 과업만 던져주고, 건강관리, 자기통제 등 나머지는 직원이 알아서 해야 한다.

노동

하지만, 그렇다고 그 효력이 반드시 덜하지는 않다. 달리 말하면, 뚱뚱한 사람이 노동시장에서 갖는 기회가 더 열악하다는 것이다. 또 뚱뚱한 데다 교육도 많이 받지 않은 "최하층 계급lower class"*(이들 기준은 서로 영향을 주고받는 경우가 많다)이라면 딱 걸린 셈이다. 이때 고려해야 할 점은, 뚱뚱함은 오늘날 더 이상 부유함의 상징이 아니라 무엇보다 빈곤의 현상이라는 사실이다.[80]

신자유주의 시대에는 선제적 자기 돌봄이 각 개인에게 맡겨진 과제다. 피트니스의 실행과 동양적 느낌이 물씬한 긴장이완 행위조차도 회복탄력성 고양에 이바지한다. 그리고 하필이면 재료과학에 연원을 둔 이 회복탄력성이라는 개념이 21세기 초에 신체 정책과 관련하여 대단한 호경기를 경험했음은 분명코 우연이 아니다. 왜냐하면 몸을 단련함으로써, 또 적절한 분량의 유인 요소 및 기력회복 요소를 발견함으로써, 자신과 '재료로서의 몸'을 더 유연하고, 더 잘 견디며, 저항력이 더 강하고, 더 탄력적으로 만들어 탈진하지 않도록 보호할 필요가 있기 때문이다.[81] 탄성의 원리는 피트니스 운동용 스판덱스 의류에도 쓰일 정도로 우리의 일상을 파고든다.[82] 스판덱스는 그 무엇도 감추어주지 않는다. 강점도 약점도, 근육과 출렁거리는 뱃살도 그대로 드러

---

* 느슨한 구분이기는 하나, 미국의 사회경제적 계층 중 최하위에 있는 계층을 말한다. upper/middle/working/lower class의 넷으로 구분하기도 하고, middle을 upper middle과 middle로, 또 lower를 underclass와 working poor로 나누어 총 여섯 단계로 구분하기도 한다.

나게 한다. 이로써 스판덱스는 (독일의 1970년대 몸 다듬기 운동이 내세운 구호가 '헐떡거리지 않고 달리기'이기는 했다지만) 헐떡거림을 정상이라고 치부해버린 유연한 자본주의 시대의 유연한 몸에 딱 맞는 재료다. 이렇게 애쓰는 까닭은 어떤 나라나 종교 또는 인종주의적 색채의 '민족공동체'에 이바지하기 위해서라기보다는 무엇보다 자신의 전진을 위해서다.

남근용 알약을 이용한 성능 증대

"성생활의 새로운 혁명"이 시작되었다. 〈슈피겔〉의 1998년 5월 18일 자 진단이었다. 그 며칠 전 미국에서 비아그라의 시판허가가 떨어졌고, 9월부터는 유럽에서도 처방전이 있으면 남성의 발기능력을 얻을 수 있다고 했다. 이 새로운 '기적의 약'은 대번에 놀랄 정도의 성과를 거두었다. 비아그라가 시장에 의약품 형태로 나오자마자 미국 의사들은 이 약 처방전을 날마다 4만 건이나 발부했으며[1] 대서양 양안에서는 암거래가 만발했다. 비아그라는 제조업체 화이자를 최단기간에 세계 2위의 제약사로 만들어주었고, 주식 예상수익률은 이 약에 대한 허가 한 해전에 이미 두 배가 되었다. 비아그라가 바로 남성의 발기부전을 없애준다고 약속했기 때문이었다.

전염병 수준으로 널리 퍼진 발기부전에 대해 전문가 및 다수 대중매체가 안타까움을 표한 것은 25년 전부터였다. 미국의 연구에 따르면, 40세 이상 남성 전체에서 50%가 의학적 개념으로 표현하자면 '발기부전'에 해당했는데, 이 개념은 1970년대부터 통용되다가 비아그라와 더불어 확고하게 자리를 잡았다. 비아그라는 음경보형물, 진공펌프, 해면체 내 주사 또는 심리치료 전문가와의 지루한 치료 상담 없이도 간단히 도움을 줄 것 같았다. 필요 시 복용하면 되는 한 알의 약은 그때까지 알려진 온갖 수단을 다합한 것보다 더 효과적이었다. 적어도 삽입에 사용될 수 있는 단단한 음경을 만드는 것이 목표라면 그랬다는 말이다. 〈타임 매거진〉은 1998년 5월에 표지에다 "Yes, VIAGRA works(네, 비아그라 잘 들어요!)"라고 제목을 달아 환호했으며, 함부르크의 비뇨기과 전문의 하르트무트 포르스트는 〈슈피겔〉에 "이 알약은 섹스 실행을 결정적으로 개선해준다"고 공언했다. 몸소 테스트해 본 결과 입증되었다며, "발기된 음경이 더 단단하고, 더 빨리 삽입되며, 더 오래 지속된다. 섹스에서 적극적이고자 하는 거의 모든 남성은 이 알약을 시험해보려 할 것"이라고 말했다.[2]

섹스의 상징 비아그라

피트니스 시대에 비아그라는 섹스의 상징이다. 함부르크의 비뇨기과 전문의는 인터뷰에서, 더 단단하고, 더 빠르고, 더 오래가는 것을 기운이 오른 한 남성 신체의 '섹스 실행'이 성공하는 데에 필요한 기준으로 끌어들였다. 이미 1998년 - 그러니까 비아그라가 의약품으로 허가되기 한 해 전 - 섹스 연구가 레오노레 티퍼(여성)는 비아그라를 비판하는 글을 썼다. 비아그라가 그저 병든 남성을 도와주는 데에 그치는 게 아니라 무엇보다 에너지, 성공, 힘 및 문제해결을 상징하리라고 지적한 것이다. 그리고 몸을 단단히 만드는 것도 당연히 상징할 것이라고도 했다.[3] 이 알약이 섹스와 사회에 어떤 함의를 갖는지는 독일에서도 의

견이 갈렸다. 〈슈피겔〉은 비아그라가 약속해 준 섹스 피트니스에 어느 모로 보나 감동받은 것으로 보였지만, 동시에 '섹스를 잘하는, 이른바 성취의 섹스'가 앞으로 애정을 몰아낼 것이라고 우려했다. 같은 기사에서 비아그라는 고통받는 환자를 위한 의학적 치료수단이라고 칭찬도 받았지만, 동시에 남성 능력에 플러스 효과를 주는 것을 목표로 하는 '페니스 도핑Penis-Doping'이라고 비판도 받았다.

그러나 비아그라에 대한 이 두 가지 해석, 즉 한편으로는 의료 수단으로, 또 다른 한편으로는 성취를 부추기는 요소라고 보는 해석은 보기보다 서로 더 가까운 관계다. 왜냐하면 건강과 성취가 피트니스 개념 속에 하나로 녹아 들어가 있기 때문이다. 결국 피트니스란 자신의 참여를 통해 이룬 건강한 상태이자 성취 중심의 사회에서 성공하고 인정받는 데에 필요한 전제조건으로 간주되기 때문이다. 이 둘은 바로 섹스를 통해서도 얻거나 잃을 수 있다. 그리고 여기서 섹스와 발기된 남근은 이미 오래전부터 더 이상 남성의 자손생산 능력만 상징하지는 않는다. 〈슈피겔〉의 주자네 바인가르텐 기자는 남근지향적 피트니스 사회가 내놓은 최신 남성치료제 비아그라에 대해, "각 개인이 무엇보다 성취를 통해 점수를 따는 시대에, 침실에서 축 늘어지고 마는 남성의 물건은 물컹물컹한 비곗살이나 말 더듬기 또는 운동을 제대로 못하는 것만큼이나 자신감에 유해하다"고 썼다.[4] 이에 따라 비아그라는 소위 라이프스타일 제제製劑*로 시장에 넘쳐나기 시작한 여러 의약품 중의 하나일 뿐이기도 했다. 이런 제제 역시 소위 신체능력 향상body enhancement을 겨냥한 수많은 제품 및 조치 중의 일부였다. "좀 더 열심히 일하기 위해, 좀 더 잠을 잘 자기 위해 그리고 좀 더 빨리 기운을 회복하기 위해 의약품을 이용하는 것"은 새천년 초기에는 일상적인 일이라고 〈뉴욕 매거진〉은 언급했다. 제약회사의 제품은 갈수록 질병에 맞서기보다는 오히려 삶을 좀 더 개선하는 쪽으로, 또 행복을 추구하는 개인을 좀 더 성공시키는 쪽으로 방향을 잡아갔다. 몸이 업그레이드 문화의 일부인 것이다.[5]

이들 약제의 다수는 몸의 최적화를 목표로 하며, - 종종 나이를 더 먹기 때문에 - 더는 달성할 수 없는 기준치를 지향한다. 나이를 먹어서 생기는 여러 변화는 흔히 안락감 침해 요소로 그리고 건강 면에서 불리한 요소로 간주되는데, 피트니스 시대의 성공인은 이런 것들을 의무적으로 물리쳐야 한다. 그래서 늘어나는 체지방과 남성의 경우 점점 사라지는 머리털 그리고 상대적으로 더 축 처진 남근은 피트니스 디스포지티프와 건강 디스포지티프의 대상이다. 동시에 이 두 가지 디스포지티프는 자기 책임하에 이루어지는 행위와 의학적 치료의 목표가 된다. 여기에 사용되는 명칭들을 보면, 일상적으로 일어나는 일과 노화

---

* 질병치료보다는 신체의 성취능력이나 일반적 안락감의 개선에 이용되는 약제

현상을 모두 의학적으로 규정하고 접근하려 함이 잘 드러난다. 제니칼Xenical 같은 약은 뚱뚱함이 아니라 '비만증'을 치료하는 약이고, 리게인Regaine*은 머리카락 빠짐이 아니라 '안드로겐으로 인해 야기되는 탈모증'을 치료하는 약이며, 비아그라는 '발기부전증'에 대응하는 약이라는 것이다. 이 비아그라가 목표로 삼는 것은 나이 든 티 나지 않는 건강한 남성성을 나타내주는 최상의 지표인 발기 및 삽입 능력이다.[6]

신자유주의 시대의 비아그라

비아그라로 인해 신자유주의 시대의 피트니스가 지닌 다양한 면모를 바라보는 눈길이 매서워지고 있다. 첫째, 이 약으로 인해 사람들의 주의력은 몸 중심 사회, 성취태세와 성취능력 그리고 그 능력을 항상 입증하라고 요구하는 사회에서 섹스가 갖는 여러 의미 쪽으로 쏠리고 있다. 비아그라는 피트니스, 몸, 섹스, 성별, 나이, 그리고 피부색 및 섹스에서의 선호요소까지도 다양하게 뒤엉켜 일어나는 여러 현상과 연결된다. 왜냐하면 1998년 출시 이후 비아그라가 남성의 섹슈얼리티와 신체성이 다시 사회 이목의 중심으로 비교적 뚜렷하게 이동하는 데에 기여했으며, 그 과정에서 꽤나 백인 중심, 이성애 중심의 태도

---

* 탈모치료제인 미녹시딜 성분을 함유한 여러 제품 중의 하나

를 취했기 때문이었다. 그건 결국 에이즈 전염병이 가져다준 충격 때문에 사람들이 특히 동성 간 섹스에 새로운 낙인을 이미 찍어버린 뒤였기 때문이다.[7] 그래서 비아그라는 '그저' 제약회사가 만든 하나의 제품을 크게 웃도는 어떤 것이다. 다수의 사회모형과 사회의 여러 권력관계에, 그리고 그 관계의 변화나 고착화에 이 약이 아주 깊숙이 끼어 들어가 있기 때문이다.

둘째, 비아그라는 대중의 눈길을 몸과 사물의 관계 및 몸과 물질의 관계 쪽으로, 그렇게 함으로써 경쟁사회에서의 일상적 도핑 쪽으로도 돌리게 한다. 신체 최적화용 약물로서의 비아그라는 성공이나 실패가 이른바 자율적 개인의 손만이 아니라 일단 개인 및 그의 몸 바깥에 존재하는 여러 요인에도 달려있음을 보여준다. 그러니 결국 이 기적의 약은 일단 개발, 생산되어야 하고, 소비자는 그걸 구입해서 삼켜야만 한다. 다시 말해 약이 바깥에서 몸 안으로 들어가야 하는 것이다. 이와 동시에 특정한 결단, 실행, 개선 등을 가능케 해 주는 여러 다양한 힘의 교직체交織體를 벗어나서는 개체와 몸이 전혀 존재할 수 없음이 분명해진다. 섹스 영역에서 이것이 유독 도드라지게 나타나지만, 그래도 섹스의 실행은 트레이닝을 통해서는 기껏해야 제한적으로만 개선될 수 있을 뿐이다.[8]

셋째, 눈길을 다시 19세기로 되돌려보면 섹스와 관련한 신체 최적화는 (그 모든 역사적 차이에도 불구하고) 우리 시대의 발명품이 전혀 아님이 드러난다. 그러므로 비아그라의 역사

169   섹스

는 1998년 훨씬 이전까지 거슬러 올라가며, 동시에 독자적이고 새로운 작용을 펼치고 있다. 이 약은 사람들의 변화된 기대와 상상을 들쑤셔서 그 이름을 20세기 말 21세기 초의 몸 중심의 성취 사회 및 경쟁사회에 등재하는 것이다.

어떤 나이든 단단해질 수 있다

비아그라의 첫 간판이 된 인물은 당시 74세의 미국 정치인 밥 돌이었다. 그는 수십 년 동안 캔자스주를 대표하는 연방 상원의원이었다. 하지만 그가 미국에서, 또 미국을 넘어서서 이름을 날린 것은 무엇보다도 1996년 공화당의 후보로 대통령 선거에 나섰기 때문이었다. 경쟁자는 당시 50세로, 아직 한참 젊어 보이는 현직 대통령 빌 클린턴이었다. 클린턴은 이미 바람쟁이로 이름을 날리고 있었다. 그러다 1998년, 젊은 아가씨를 향한 욕망으로 인해 특별히 꾸려진 조사위원회의 공식 청문회 앞에 서게 되었다. 미국에서는 당시 거의 르윈스키 염문이라는 말과 "오럴 오피스*"라는 말만 떠도는 지경이었다. 섹스와 대통령 정력이 미국 뉴스를 지배한 셈인데, 존 에프 케네디 시대에조차

---

* 백악관의 대통령 집무실 오벌 오피스를 빗댄 표현

도 없던 일이었다.

섹스라는 짐을 떠안은 이런 사회 분위기 속에서, 늙어가는 밥 돌은 비아그라에 대해 열광의 말을 쏟아냈다. 그것도 〈래리 킹 라이브〉라는, 미국에서 분명 가장 유명하고 성공을 거둔 정치 토크쇼에서 말이다. 돌은 1991년에 전립선암을 앓았고, 섹스불능Impotenz*으로 고통을 겪었기에, 임상시험 단계에서부터 이미 비아그라를 테스트한 적이 있었고 그러다 화이자의 첫 주요 광고 인물이 되었다. 이따금 곁에 배우자 엘리자베스가 함께 서 있기도 했다. 초기 비아그라 광고 캠페인의 중심은 노년에 섹스를 포기하지 않으려 하고 포기하지 않아야 하는 예순 넘은 이성애자 커플이었다. '신 노년'. 독일에서 몇 년 전부터 사람들의 입에 오르내린 이 집단이 이제 목표 집단으로 전면에 등장한 것이다. 그들이 긍정적이고 '성공적으로' 나이를 먹으면서 유복하면서도 최상의 건강 상태를 유지한 가운데 소비사회이자 여가사회가 주는 기쁨을 함께 누려야 한다는 것이었다. 섹스도 여행이나 극장 방문과 똑같이 그런 기쁨의 하나였다. 비록 비아그라의 광고 캠페인이 일차적으로는 비교적 나이가 든, 이성애 취향의 백인 남성 중산층에 맞추어지기는 했지만, 그들의 아내에게도 더 나은 섹스를 통한 더 큰 만족감을 약속해주었다. 비아그라 광고계도 여성의 섹스 만족감은 남성의 삽입에서 오는 것임을 전

---

* 발기, 사정, 수태불능으로 세분 가능함

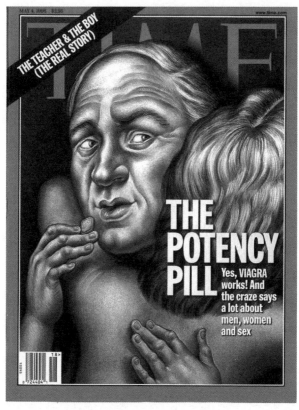

〈타임 매거진〉 1998년 5월호 표지

혀 의심하지 않았다.[9]

화이자는 비아그라가 심각한 건강상의 문제점에 대한 대응임을 항상 명확히 드러내려고 애썼다. 이런 방식으로 이 거대 제약사는 스스로 책임지는 건강 행위와 포괄적 안락의 추구를 둘러싼 담론에 안착했다. 동시에 진작부터 늘 남성정력을 자극함으로써 떼돈을 벌려 했었던 미심쩍은 돌팔이와는 거리를 두려 애썼다. 그 밖에도 화이자는 의학적 근거를 바탕으로 자사 제품에 대한 수요를 창출했다. 이는 의학연구에 대한 재정지원과 함께 의약품 마케팅의 핵심 전략이다.[10]

비아그라 개발에 중요한 참고가 된 과학적 연구는 〈매사추세츠 남성노화 연구〉였다. 이 연구의 여러 결과는 1994년에 처음으로 발표되었는데, 이에 따르면 40세부터 70세까지의 모든 남성 중 52%가 최소에서부터 완전불능까지 다양한 정도의 차이는 있지만 어쨌든 발기 장애를 겪고 있었다. 그러다 비아그라에 대한 임상연구 과정에서 '국제 발기기능 지수IIEF: International Index of Erectile Function'라는 것이 개발되었다. 이 지수는 32개 언어로 번역되었으며 전 세계의 표준이 되었다. 따라서 발기란 사람(남성)이 갖고 있거나 갖고 있지 않은 것 중에서 아무것도 아니었다. 오히려 점수표에서 읽어낼 수 있는 것은 발기 품질과 발기 신뢰도였다. 그리고 이것이 40세 이상의 남성 과반수에 의미하는 바는, 그들의 '섹스 건강'이 개선될 수 있다는 것

섹스

이었다. 이 연구는 계속해서, 심장질환, 고혈압, 당뇨병, 우울증, 흡연 및 다른 요인에 앞서 나이가 발기부전의 가장 큰 위험요인이라고 지적했다.

비아그라 목표 집단의 이동

모두가 왕성하게 활동하고 성공적으로 살아가는 노년을 입에 올리는 시대에 이는 분명 다수의 이목을 끄는 정보였다. 미국의 경우 3천만 명의 남성이 여기에 해당할 것으로 추정되었다. 이런 이유로 발기 장애는 정말 전염병 문제라 불릴 만했다. 다른 결과를 내놓은 연구도 여럿 있었지만 별로 주목받지는 못했다. 매일 밤마다 아래로 축 처지는 것을 발기부전이라 할 수 있고 따라서 치료가 필요했다면, 이건 거대 제약사의 이익과 일치했다. 이에 해당되는 남성들도 섹스불능을 유발하는 문제가 자기 심리, 성격 그리고 자기 자신 때문이 아니라는 말을 들으면 대체로 안심을 했다. 혈액순환 조절과 관련된 신체기관의 질병(이것이 비아그라의 출발점)은 분명 다루기가 더 쉬울 수 있었다.[11] 섹스불능이란 말은 수많은 남성의 귀에는 품위 박탈이라는 소리로 들려 해당 남성 전체를 위태롭게 만들며, 거기에 소극적으로 대응하리라는 기대를 갖게 한다. 이와 반대로 발기부전이라는 말은 개별 신체 부위와 관련하여 내려지는 진단으로, 대개 알약 하나를 그냥 복용하기만 하면 다시 그 능력이 회복된다.[12]

얼마 안 가서 이미 비아그라의 목표 집단에는 더 이상 전립선암 수술을 받은 시니어만이 아니라, 어차피 피트니스 열기의 한복판에 자리 잡은 바로 그 사회집단도 포함되었다. 말하자면 마흔을 넘겼거나 아직 마흔이 안 된 남성 중에서 첫 노화현상들을 감지해 저녁이면 이따금 피곤한 나머지 음경이 원하는 만큼, 또 예전만큼 단단해지지 않은 이들이 이 집단에 포함된 것이다.[13] 비아그라가 목표로 삼은 집단은 사실 공식적으로는 아마도 너무 혹독하게 노동한 비교적 고령 및 중년의 남성이었겠지만, 실제로는 너무 혹독하게 잔치를 벌인 이들도 얼마 지나지 않아 이 약을 이용했다. 곧 비아그라는, 심야의 잔치가 얼마나 길고 격렬했는지와는 무관하게, 섹스 능력을 보장해주는 파티용 신종 약물이라는 소리를 듣게 되었다. 남성의 섹스 실행은 비아그라와 함께 더 뚜렷이 이목의 중심으로 이동했으며, 수전 팔루디 기자가 강조했다시피, 비아그라는 이 실행의 성공 여부를 점차 포르노를 기준으로 평가하게 만드는 데에 기여했다.[14]

섹스불능 붐

비아그라를 위해 미리 밭을 갈아놓았던 것은 이미 1970년대 초부터 나온 '섹스불능 붐'이라는 말이었다. 1972년 10월 남

섹스

성잡지 〈에스콰이어〉는 다음과 같이 물었다. "당신도 벌써 거기에 해당되는가?" 이 질문은 설득력이 있었다. 이 잡지의 표지에 실린 남성 섹스심벌 (당시 겨우 삼십 대 중반이었던) 버트 레이놀즈조차 한때 최고를 자랑하던 자기 물건을 깜짝 놀라 내려다보는 판이니 어찌 그렇지 않았겠는가? 섹스불능 붐은 남성성에 대한 애타는 걱정 속에 파묻혀 있다가 1970년대부터 급속히 퍼져나갔다. 남성의 위기 및 남성성의 위기라는 말이 나온 것은 서방 사회의 역사에서 처음 있는 일이 아니었다. 완전히 그 반대다. 자신의 성에 대한 의심은 오히려 근대 남성이 19세기부터 늘 하던 것이었으며 그러한 남성성의 위기를 사람들은 너무나 기꺼이 사회 전반의 위기상황을 상징하는 것으로 취급했다. 그러나 1970년대부터 백인 이성애 남성을 사로잡은 이 위기감은 이전의 그것보다 더 큰 고통을 주는 것 같았다. 그들의 정치적 및 사회적 헤게모니가 결국 아프리카계 미국인의 민권운동, 여성운동 및 게이와 레즈비언의 운동으로 인해 전례 없을 만큼 근본적인 위기에 봉착한 것이다.

이런 추이를 일단 의학적 개념 하나를 동원해 위기라고 기술하는 것에는 개입해 달라는 요구가 감춰져 있다. 이런 당혹스러운 상황은 결국 안정화되어야 하며 환자는 치유되어야 한다. 이런 논리는 당연히 체력강화를 목표로 삼는다. 그러므로 피트니스 운동도 전반적으로 그런 위기 시나리오에 대한 공명이자, 사회적, 정치적 참여를 둘러싸고 벌어지는 씨름에 대한 공명이라고 이해할 수 있다. 이는 몸만들기에 열심인 남성에게 해당되는 말이지만, 여성이 행하는 피트니스와도 연관될 수 있다. 이 두 경우에서 피트니스는 사회 및 정치에 참여할 자격을 갖추었다는 표시로 해석될 수 있는데, 한쪽은 헤게모니의 쟁취를, 다른 한 쪽은 사회참여 기회를 더 많이 확보하는 것을 목표로 삼는다. [15]

섹스의 사회적 위상

섹스는 이런 위기 시나리오에서 중요한 하나의 요소다. 최근의 여성주의 및 레즈비언-게이 운동을 보면 섹스가 사회질서와 사회적 인정의 크기에 얼마나 큰 의미를 지니는지를 명확히 알 수 있다. [16] 그들의 비판은 사회정치적이자 성적性的이었으며, 남근과 삽입 중심의 무조건적 이성애 섹스를 지향했고, 레즈비언으로서의 삶을 개인적 및 정치적 대안으로 기술했다. 여성주의는 남성이 갖고 있는 정력 및 사회적 헤게모니에게는 어쩌면 나이, 과체중 및 흡연을 합친 것보다 더 중요한 하나의 위험 요인인 것 같았다. 결국 여성주의자들은 질 오르가즘이 '신화'임을 밝혀냈고, 따라서 삽입과 발기는 의미를 상실하고 말았다. 여성 쾌락의 원천으로서의 클리토리스는 호경기를 맞았는데, 이는 여성의 섹슈얼리티에 대한 알프레드 킨제이의 1953년 연구 및 1960년대 섹스과학 분야를 주도한 팀인 윌리엄 에이치 마스터스와 버지니아 존슨의 연구 덕분이었다. 여성주의 신체기관으로서 클리토리스는 이후 정치적 이력도 쌓았다. 결국 클리토리스가 정상적 섹스 관념을 바꾸어놓았고 이로써 성교 같은 지배적이자 사회적으로 구조화된 관행과 이성異性 간 혼인 같은 삶의 형태에 대해 근본적으로 그리고 그것 외에 다른 형태는 없는지에 대해 의문을 제기했기 때문이다.[17]

다수의 남성에게 이는 아주 곤혹스러운 일이었다. 그들은 여성이 남성의 정력을 개인적인 면에서나 정치적인 측면에서 약화시킨다고들 말했다. 이때 그 여성이 레즈비언이어서 남성의 섹스와는 무관했는지 아니면 이성애 지향의 해방된 그리고 섹스에 적극적인 여성으로서 자기 생각과 소망으로 남성을 힘겹게 만들었는지는 중요하지 않았다. 그러다 1978년에는 최초로 체외 인공수정을 통해 자궁에 착상한 배아가 루이스 브라운이라는 아기로 세상에 태어났다. 클리토리스와 피임약이 섹스를 인간 재생산과 분리시켰다면 인공수정은 재생산을 섹스와 분리시켰다. 이제 삽입은 최종적으로 불필요한 것이 되어버린 것 같았다. 이 세상을 계속 돌아가게 하는 연료였던 정자는 19세기에서 20세기 말로 가면서, 사회학자 파울라-이레네 빌라에 따르면, "생산, 보존, 판매, 시험, 이용, 폐기될" 수 있는 "생명원료"로 바뀌었었다.[18]

남성의 헤게모니 상실을 바로잡으려고 1970년대 말부터 모든 세력이 미국의 '남성성 회복'을 내걸고 나섰다. 이들 세력은 서로 다른 영역에서 다양하게 제 목소리를 냈다. 그들은 새로운 남성 신체성을 기념하는 행사를 대중문화 속에서 벌였고, 가정과 사회에서 아버지라는 존재가 얼마나 큰 의미를 갖는지 가열차게 선전했으며, 백인 남성의 개인 총기 소지는 그들의 힘과 책임감을 상징한다고 강력하게 몰아붙였다. 그들이 공유한 목표는 이성애적이고 일반적으로 백인인 남성을 다시 사회의 중심에 우뚝 세우는 것이었다. 이러한 남성의 힘 되살리기 문화와 정책에 비아그라가 이름을 올린 것이다. 평범한 알약 형태로 비아그라는 성적性的 사회적 충격에 맞서는 해독제를 제공했다. 이 알약은, 남성의 섹스 피트니스가 도약할 수 있도록 도움을 주고 침실 통제권을 그들에게 되돌려줌으로써, 남성 및 남성의 에고를 강화시켰다. 비아그라는 삽입 성공이 인류의 만족감과 사회 안정에 중요한 의미를 갖는다고 강조했다. 〈플레이보이 매거진〉은 별로 놀라지도 않은 채 "푸른색의 자그마한 기적", 클리토리스 전횡의 종말 그리고 페니스의 귀환에 환호했다.[19] 오늘날에도 구글 검색창에 '클리토리스에 의한 오르가즘'이라고 입력하면, 비아그라 광고가 팝업창에 나온다.

페니스 도핑

비아그라는 피트니스 디스포지티프의 한 부분이다. 이걸 다시 한번 상기해 보자. 하나의 디스포지티프는 여러 담론, 기관 및 법률, 행정 조치, 일상의 관행과 많은 다른 것들까지 아우르는 여러 일의 앙상블이다. 피트니스 디스포지티프는 1970년대 이래 과거 그 어느 때보다도 더 많이 몸을 중심으로 펼쳐졌으며 개인에게 (나이 및 성별에 따라 방식과 목표 방향을 달리하여) 피트니스를 향한 의지를 보여줄 것을 요구했다.[20] 게다가 자신에게 매달려 부지런히 애씀으로써만 피트니스 사회에서의 성취 부진을 몰아낼 수 있는 것은 아님을 알아야 한다고 비아그라는 지적한다. 필요하다면 의약품으로도 그렇게 할 수 있다. (다른 옵션 하나는 예컨대 수술을 통한 방식이 될 것이다.) 〈슈피겔〉은 '페니스-도핑'이라는 말을 썼다. 이로써 비아그라는, 트레이닝과 예방이 몸과 자아를 잘 다듬어 성능을 발휘하도록 하는 데에 충분하지 않음이 자명할 경우에 투입되는 다수의 수단과 조치를 대신한다.

수많은 알약은 우리가 일상을 더 잘 살아가려고 할 때 선택하는 수단의 하나로, 20세기 중반 이래 점점 더 빈번히 사용되고 있다. 예컨대 미국의 경우 의사의 의약품 처방 건수가 1959년부터 2009년까지 8배로 늘어났다. 그것도 하필이면 마약에 대한 전쟁*이 선포된 시기에 말이다. 1997년부터 미국은 포괄적 규제 완화 조치를 시행해, 처방의무 의약품을 직접 고객에게 괜찮은 약이라고 권유하는 것도 허용하고 있다. 당연히 화이자도 비아그라에 대해 부지런히 그렇게 했다. 환자는 남녀를 불문하고 의사에게 이제 아주 대놓고 자기네들이 갖고 싶어 하는 것을 처방해 달라고 요구했다. 피트니스 시대는 제약산업 시대이기도 하다. 제약은 세계적으로 산업 전반에서 가장 이익을 많이 내는 부문 중 하나가 되었다.[21]

성취능력 둔화는 대개 나이 먹는 것과 나란히 진행되는데, 이걸 건강상의 문제로 다루어 알약으로 치료한다는 것은 1950년 이래 서구인의 직업 활동, 사회 활동 및 섹스 같은 일상에서 확립된 원칙이었다. '섹스 건강'이라는 말은 1960년대부터 입에 오르내렸고, 이 건강은 나이와 상관없이 가능하다고들 주장했다. 이때 도움이 되는 수단을 가능한 한 빠르고도 간편하게 구입할 수 있는 것은 소비사회의 가속화 논리에 부합했다. 제품 하나를 돈으로 사들임으로써 안락, 성공 및 사회적 인정이 늘어나야 했던 것이다.[22] 이와 동일한 논리로, 일종의 일상 도핑이 관철되어 널리 퍼졌는데, 섹스의 영역(에서만이 아니라)에서도 그러했다. 비뇨기과 전문의이자 섹스 상담 전문가인 더들리 대노프는, 각종 한계의 외연을 확장하는 일이 스포츠에서 분명 가능

---

* 닉슨 대통령 재임 때인 1971년 이래 계속되고 있다.

섹스

했다면 섹스에서는 그게 왜 안 된다는 것이냐고 물었다. 이때가 1993년이었으니, 아직 비아그라가 '발기와 관련한 소비경제'의 중심으로 들어오기 전이었다.[23]

스포츠와 도핑

스포츠에서의 도핑과는 달리 일상 도핑에서는 몸에 무조건 무허가 약제가 주입되지는 않는다. 오히려 철저하게 공식적으로 허가되었고 의사가 처방한 의약품이 주입된다. '능력증강 Enhancement'과 도핑, 허가된 약과 허가되지 않은 약을 구분하는 경계선은 물론 뚜렷하지 않으며, 스포츠에서도 마찬가지다. 이 두 가지가 목표로 삼는 것은 성능을 끌어올리고, 경쟁 시스템 내에서 개인이 차지하는 위치를 개선하며, 성공을 얻고, 그럼으로써 삶의 질이라고 말하는 것을 드높이는 일이다. "자기를 개선할 자유라는 것이 존재한다면 그 경계선을 어디에 어떻게 (…) 그어야 할까?"라고 문화학자 카린 하라서는 묻는다.[24]

스포츠에서는 도핑을 규제하는 이유로 종종 공정성 규칙을 끌어들인다. 그러나 일상에서는 원칙적으로 구매능력만 있으면 누구나 성능을 끌어 올려주는 물질을 이용할 수 있다. 따라서 공정성이라는 것이 여기에서는 이야깃거리가 되지 않는다.[25] 하지만 도핑은 스포츠 원칙에 완전히 어긋난다고? 자기 능력을 최대한 발휘하라고 요구함으로써 도핑을 부추기는 것이 하필이면 경쟁의 원리를 내세우는 스포츠 아닌가. 그런 점에서 볼 때 스포츠와 피트니스는 서로 별개의 것이기는 하다. 하지만 스포츠는 경쟁과 피트니스가 이루어지는 문화사회를 아주 모범적으로 구현하고 있다.[26]

피트니스, 경쟁 및 소비문화가 역사적으로 언제 호경기를 누렸는지를 고려할 때, 스포츠에서만이 아니라 일상에서의 도핑 관행이 1960년대와 1970년대 이래 아주 강력하게 의제로 떠올랐으며 결국 일관성 있게 퇴출되지도 않고 있는 것은 결코 우연이 아닌 것 같다.[27] 여기서 성과 위주의 스포츠, 피트니스 그리고 일상적인 행위 간의 경계는 유동적이다. 왜냐하면 - 에너지 드링크부터 영양보충제를 거쳐 진통제, 알약 및 스프레이에 이르는 - 성취촉진 물질의 복용은 아마추어 스포츠와 여가활동으로서의 대중 스포츠에도 널리 펴져 있기 때문이다.[28]

섹스

19세기와 20세기의 전기벨트*, 회춘 수술 및 섹스의 심리화**에 대하여

남성성의 사회적 의미

성능향상을 목표로 몸에 칼을 대는 것은 가까운 과거에 발명된 일이 결코 아니다. 그건 스포츠나 섹스에서도 마찬가지다. 이런 사실은 예를 들면 섹스와 성능의 관계를 19세기 말까지 거슬러 올라가 보면 잘 드러난다. 당시 부르주아-빅토리아 시대의 '정액 아끼기'는 종말을 향해가고 있었다. '정액 아끼기'는 전근대의 4 체액설을 그대로 이어가면서 정액을 최고 생명력의 담지자로 선언하여 사회질서의 중심에 갖다 놓았다. 남성은 자기 정액을 아껴 잘 간수해야 했다. 경솔히 다루었다가는 남성만이 갖고 있으며 자기 증식에, 또 경쟁세계에서 제대로 대처하는 데에 필요한 에너지와 생명력이 위험에 처할 것이기 때문이었다. 말하자면 생명력이란 19세기에도 섹스와 관련하여 생각되었던 것이다. 그러나 그 생명력이란 계속 남에게 보여주고 그렇게 함으로써 경솔히 낭비할 필요도 낭비해서도 안 되었다. 오히려 그와는 반대로, 남성에게는 어느 정도의 선을 지킬 것이 요구되었다. 남성으

---

* 구리를 음극에, 아연을 양극에 연결한 다음 이 다발을 식초 등 약산성 용액에 담근 뒤 복부에 붙이는, 19세기 후반에 개발된 전기 허리띠

** 모든 걸 심리학의 범주나 용어로 설명하려는 경향

로서의 최고 성취를 보여주는 증거는 아이를 낳고 가족을 먹여 살리는 것이었다. 남성의 정력이란 곧 생식력이었다.[29]

　섹스 면에서 온건하며 잘 보살펴주는, 남성의 이상이자 사회질서의 컨트롤센터로서의 아버지는 19세기 말과 20세기에도 사라지지 않았다.[30] 그렇지만 1900년 무렵 '최초의 섹스혁명'이 일어나면서 그 외의 남성적 특징의 사회적 의미가 커졌다. 이를테면 체력, 젊음 및 섹스 카리스마 같은 것들이었다. 몸을 물신숭배의 대상처럼 여긴 버나르 맥패든 같은 이나 쾨니히스베르크 태생의 보디빌더 빌헬름 뮐러 같은 보디빌더는 강철 같은 제몸을 너무나 기꺼이 내보여주었다. 그들은 새로운 아이돌이었으며 당대 최초로 남성 핀업 모델*이 된 존재였다. 뮐러는 유진 샌도우라는 예명으로 세계적 명성을 얻었다. 오이겐Eugen**이라는 이름이 몸의 아름다움, 즉 육체미라는 것이 성취역량의 탁월함과 얼마나 많이 뒤엉켜있었는지를 알려준다. 이 육체미는 19세기 말부터 모든 존재의 기본원칙으로 통한 경쟁과 선택이라는 다윈주의 시스템과 결부되어 있었다.[31]

　유전학은 당시 전성기를 구가했다. 그럼에도 성교 능력이나 불능의 문제는 계속해서 생식 능력보다는 오히려 성교의 실행에 맞추어져 있었다. 이것이 남성의 힘과 에너지를 표현하는 것

---

*　벽걸이용 광고 포스터 따위에 요염한 포즈로 나오는 주로 여성 모델

**　그리스어로 '고귀하게 태어난 분'이라는 뜻. 영어식 발음은 '유진'이고, '오이겐'은 독어식 발음이다.

으로 통했던 탓이다. 그러나 이 성교의 실행이 무엇보다도 근대의 '과잉문명화'와 신경쇠약으로 인해 위험에 빠졌다고들 여겼다. 이 문제에 관한 한 의학계 태두인 조지 비어드는 "섹스로 인한 신경쇠약"이라는 말을 하면서, 이것이 근대 남성의 섹스 에너지 저장고를 갉아먹는다고 지적했다.[32] 이렇게 본다면 부지런한 신체단련, 냉수욕 및 제대로 된 다이어트 등이 19세기 말 무렵에 갖가지 가루약에서부터 전기벨트를 거쳐 피로 예방 백신(적어도 이런 것을 찾고 구하기는 했다)에 이르는 수많은 보조수단만큼이나 크게 유행한 것은 당연한 결과인 것 같았다.[33] 이런 것들은 남성에게 기운을 주고 청춘을 유지 시켜 주어야 했다. 섹스에서든 일에서든 피로는 어쨌든 근대 성취사회의 중심문제였었다.

청춘광기와 회춘열풍

이런 상황에서 정력제란 영원한 젊음 및 성취능력 유지라는 꿈을 이루어준다고 약속한 수많은 다양한 조치 중 하나일 뿐이었다. 거기에는 외과 수술도 들어가 있었다. 이런 수술은 19세기 말부터 호황을 누리는데, 한편으로는 마취라는 것을 할 수 있게 되었고 아울러 의학이 할 수 있는 일에 많은 변화가 있었기 때문이다. 동시에 또 다른 중요한 추진력이 된 것은, 모든 가능한 수단을 통해 제 몸을 규범화된 각종 기대치에 맞추겠다는 의지였다. 성형외과는 미용수술의 형태로, 또 제1차 세계대전 후

에는 재건수술의 형태로 중요성을 인정받았다. 그러나 우리의 맥락에서 더 중요한 것은 회춘수술이다.[34]

특히 남성의 젊음은 왕성한 섹스 활동 속에서 표현되어야 했다. 회춘의 개척자 중 한 사람은 파리의 신경과 전문의 샤를 에두아르 브라운-세카르였는데, 그의 작업은 아직 부르주아 시대의 '정액 아끼기'에 고착되어 있었다. 정액의 생명력이라는 걸 신봉하는 이 72세의 노인은 1889년에 자신을 임상시험 대상으로 삼아 개와 돌고래의 고환 으깬 것을 물, 피, 정액과 섞어 만든 신비의 영약을 제 몸에 주사했다. 그러자 곧장 체력증강이 느껴질 정도였다고 그는 말했다. 그 이후 수년 수십여 년 동안 대서양 양안에서는 대중문화에서부터 생명과학에 이르는 많은 분야에서 청춘찬미와 회춘열풍이 터져 나오기 시작했다. 젊음을 유지하려는 각종 의학적-치료적 노력은 얼마 지나지 않아 호르몬 치료에서부터 자기 생식선 자극을 거쳐 체외 생식선生殖腺 이식에까지 이를 정도로 크게 늘어났다. 이탈리아 리비에라 해변의 원숭이 농장에서는 남성정력을 강화해 줄 거라는 이 물질이[*] 사육되었다. 이 분야를 주도한 학자의 한 사람이 오스트리아 빈 출신의 의사 오이겐 슈타이나흐였다. 그는 생식조직과 생식선을 이식했으며 회춘을 목표로 정관수술도 시행했다. 그의 견해에 따르면, 정액과 생식능력은 남성의 젊음, 성취능력 및 남성성에

---

[*] 침팬지 고환을 의미한다. 세르게이 보로노프의 고환 이식술이 당시 최첨단 회춘 비결로 통해 고환 물량이 부족했던 것이다.

중요하지 않았다. 이와 반대로 그가 중요하다고 여긴 것은 그가 내분비라고 부른 것이었다. 슈타이나흐에게는 성행위 능력으로서의 '짝짓기 능력'이 '수태 능력'보다 더 중요했던 것이다.[35]

특히 슈타이나흐는 회춘이라는 개념을 만든 사람이었다. 동시에 그는, 자신의 연구가 목표로 삼는 것은 남성을 정말로 더 젊게 만드는 것이 아니라고 강조했다. 오히려 그가 원한 것은 남성을 더 활동적이고 더 생산적으로 만드는 일이었다. 이 두 가지가 맨 앞에 있었지만, 이를 오로지 섹스와 관련지어서만 생각하지는 않았다. 여성의 경우는 회춘이 갱년기 증상의 완화 그리고 필요한 경우 임신 가능성 및 출산능력의 회복을 약속해주었다. 그러다 1920년대 들어 회춘수술과 미용수술의 경계선이 뭉개져버렸는데, 이들 수술이 특히 여성에게 시행되는 경우 그러했다. 출산능력이 여성 회춘의 목표인 경우는 점점 더 줄어들었고, 오히려 성적으로 더 매력적인 몸을 갖는 것이 그 자리를 차지했다. 여성의 소비하는 몸은 행동으로 기대에 부응해야 했던 남성의 생산하는 몸의 보완재였던 것이다. 역사가 하이코 슈토프가 꼬집어 표현한 대로, 회춘 프로젝트는 "성기능도 미심쩍고 몸도 병들어 무기력한 노인네들에게 (…) 젊음, 아름다움 그리고 힘 넘치는 신체적, 성적 능력을 향한 역사적으로 전례 없는 소망의 달성"을 가능성으로 제시한다. 이런 일은 남성과 여성의 몸에 대해 각각 서로 다른 방식으로 일어났다. 그러나 연습의 목표는 기본적으로는 생식이 아니라 쾌락, 성취 및 소비였다. 이따금 젊음과 정력이라는 이상에 은근히 딴죽을 건 것에는, 슈토프의 말에 따르면, "젊음을 되찾은, 나이든 호색한을 조롱하는 캐리커쳐"도 있었다. 이는 오늘날에도 비아그라를 둘러싼 토론에서 볼 수 있다.[36]

프로이트와 섹스불능

오이겐 슈타이나흐는 1920년대와 1930년대에 모두 여덟 번에 걸쳐 노벨 의학상 후보에 올랐다. 말하자면 그와 그의 동료는 절대 아웃사이더가 아니었던 것이다. 동시에 그가 섹스 피트니스를 만들어내는 방식은 어느 모로 봐도 논란거리였다. 수술적 처치는 이후 수십 년이 지나면서 시들해져 버렸지만 시간적으로 나란히 전개된 다른 섹스과학 개념 한 가지는 그렇지 않았다. 이 개념은 몸이 아니라 오히려 마음에 목표를 두어 섹스불능을 설명하고 치료하려 했다. 이 개념의 대부는 지그문트 프로이트였다. 그는 섹스불능에 대해 신체적 요인의 의미를 완전히 배척하지는 않았지만, 마음, 그리고 마음의 섹스에 대한 관계를 중심 원인이라고 보았다. 이 과정에서 그는 마음과 섹스가 상호 영향을 주고받는 관계라고 이해했다. 이를테면 그는 마음의 문제는 섹스 때문이며, 섹스의 문제는 마음 때문이라고 본 것이다. 그가 주목한 것은 일차적으로 남성, 남성의 욕망, 남성의 정력, 그리고 남성의 공포심이었다. 프로이트의 지적에 따르면, 어린 꼬마에게도 엄마를 향한 오이디푸스적 욕망 때문에 벌 받는다는 두려움이 있다는 것이다. 이것이 거세 콤플렉스로 이어지고, 이 콤플렉스는 성인 남성에게서 아주 강력한 섹스불능으로 표출될 수 있다는 것이다.[37]

프로이트의 사상은 제1차 세계대전 이후 및 1920년대에 계속 확고한 상태를 유지했는데, 그건 유럽의 빈이든 미국의 워싱턴이든, 아니면 베를린이든 보스턴이든 마찬가지였다. 그는 특히 성비性比가 남성정력에 중요한 의미가 있다고 보았는데, 우리는 1970년대 여성주의에 대한 남성의 공포를 통해 이를 이미 잘 알고 있다. 그래서 더 자신감 넘치고, 더 활동적이며, 섹스에서 더 공격적인 여성은 많은 남성을 불안에 빠트린다는 말들이 이미 '포효하는 1920년대Die wilden Zwanziger Jahre*에 나돌았다. 따라서 남성의 정력문제의 책임은 엄마나 배우자에게 - 아니면 둘 모두에게 - 주어졌다. 프로이트의 정신분석은 20세기가 이어지는 동안 내내, 개인, 함께 살아가는 사람 및 사회 간의 관계에서 생기는 문제들을 해석하고 치료하기 위한 도구 그 자체가 되어야 했다. 제2차 세계대전 이후에는 정신과 카우치에 몸을 누이는 나라가 주로 미국이었다.[38]

1990년대에까지 이르도록 섹스불능은 심리학자가 감당해야 하는 일이었다. 알프레드 킨제이나 윌리엄 에이치 마스터스와 버지니아 존슨의 1950년대와 1960년대 연구들도 이건 거

---

* 1920년대를 그린 미국영화 제목 〈The Roaring Twenties〉의 독어 번역

의 바꾸지 못했다. 여성주의와 섹스혁명이 1970년대 섹스불능

붐과 어떤 관계가 있는지를 설명할 필요가 있었을 때 신속히 손

에 잡힌 것이 이러한 성 심리에 기댄 해석 틀이었다. 그러나 동

시에 이 시기에 신체를 중심에 두는 새로운 시대가 시작되었고,

이 시대는 섹스불능을 바라보는 관점까지도 점점 더 많이 규정

했다. 갈수록 더 많은 비뇨기과 전문의가 이제 남성의 섹스활동

을 몸의 현상으로 해석하기 시작했다. 또 전문가 집단 내에서는

섹스불능이라는 말 대신에 '발기부전'이라는 말을 더 자주 사용

했는데, 이 말은 원인이 정신에 있지 않고 오히려 신체에 있다는

느낌을 주었다.

　　　의사들은 남근이 축 늘어진 까닭을 늘 머리에서 찾을 필

요는 없다고 이미 몇 년 전부터 떠들어댔는데, 이 주장이 이제

1980년대 말 무렵에는 공공연히 널리 논의되었다. 오히려 모든

사례의 적어도 3/4은 몸이 발기 문제의 원인이라고 했다. 예컨

대 보스턴 대학교의 비뇨기과 전문의 어윈 골드스타인이 강조

했다시피, 음주, 흡연, 당뇨 같은 위험요인이나 "10단 기어가 달

린 경주용 자전거의 좁은 안장 위에서 고되게 트레이닝 하는 것"

역시 피해야 했다. 그것도 경주용 자전거 타기가 성공한 경영자

들이 선호하는 여가 활동으로 널리 퍼진 시기에 그런 진단이 내

려진 것이다. 1980년대에 의사들은, 비록 슈타이나흐 식의 회춘

을 권하지는 않았지만, 그래도 강직도 부족을 보완하는 수단으

로 진공펌프, 이식 그리고 주사까지도 사용하라고 권했다. 특히

191　　　　　　　　　　　　　　　　　섹스

마지막에 언급한 방법은 아주 효과적이기는 했지만 몸에 사용하기가 그리 편하지는 않았다. 〈타임 매거진〉이 지적한 대로, 이제 모두가 "덜 침습적인 (…) 치료제를 만들려고 애를 썼다." 그러니 실데나필이라는 성분이 발기를 더 강하게 해 준다는 것을 화이자가 우연히 발견했을 때 사람들이 크게 흥분한 것은 전혀 놀랄 일이 아니었던 것이다. 실데나필은 남근 안으로 피가 더 쉽게, 더 잘 흐르게 하고 그럼으로써 발기(이를 위해서는 성적 흥분이 있어야 한다)를 개선해준다. 이 성분을 함유한 어떤 새 심장약의 임상시험에 참가한 이들은 약 복용 후 이러한 부작용을 경험하고는 이를 알린 다음 시료 반환은 거부했었다. 가끔은 이렇게 우연이라는 것이 생명과학 연구의 도약에 도움을 주기도 했다.[39]

차이를 만드는 것들

피트니스는 건강과 성취능력을 상징한다. 몸에 매달려 꾸준히 애쓰면 이걸 얻거나 유지할 수 있다. 피트니스와 섹스에서의 성취능력을 외부의 침습, 물질 및 알약을 통해서라도 증진하려는 시도는 인간 개개인이 결코 외부의 힘으로부터 독립되어 움직이는 존재가 아님을 가리킨다. 그 반대로, 자신에 매달려 애쓰기는 수많은 다양한 요인으로부터 영향을 받는다. 비아그라를 비롯한 소소한 수단 외에 예컨대 섹스과학과 의학 그리고 제약업, 소비사회, 여성주의, 남성의 위기대응책 등을 여기서 언급할 수 있을 것 같다. 이들 요인은 공동으로 서로 뒷받침해 주기도 하고 부분적으로 대립하기도 하는 서로 다른 여러 힘과 활동을 엮어 직물을 하나 짠다. 역사적으로 굼뜨기는 하지만 그래도 변할 수 있는 직물이다. 이 요인들은 오래전부터 '섹스 건강'이라는 개념 하에서 논의되어 온 것들이다. 이 섹스 건강은 피트니스 디스포지티프 속에 긴밀하게 엮여 들어가 있으며 그럼으로써 피트니스를 중심으로 활짝 펼쳐지거나 피트니스에 의해 하나로 유지되는 저 광범위하고 형태 다양한 질서의 일부다.[40]

피트니스 시대를 다룬 이 책에서 필자가 디스포지티프, 담론 또는 비아그라 알약 등이 갖고 있는 권력을 강조하면 이는 (신)자유주의 정책의 여러 패러다임에도 비판적 의문을 제기하는 것이다. 왜냐하면 신자유주의의 여러 패러다임은 각 개별 행위자의 자율성을 출발점으로 하고 있으며 이 자율성을 사회 및 정치 질서의 기반으로 내세우기 때문이다. 사실 인간은 날마다 결단하고 행동한다. 하지만 그런 결단과 행동은 여러 다른 힘과 활동의 영향을 받는다. 이 힘과 활동이 그런 결단과 행동에 영향을 미치며 인간의 여러 행위를 제약하는 조건이 되는 것이다. 다시 말해 인간은 전혀 독자적으로 행동하지 않으며, 사회학자 브루노 라투르의 말에 따르면, 인간은 오히려 "수많은 다른 사람의

193

영향을 받아 행동에 나서는 존재"다. 이처럼 타자로 하여금 행동하게 만드는 것을 라투르는 "에이전시(주도성)"라고 일컫는데, 이는 더 이상 오로지 인간 행위자에만 결부되어 있지는 않다. 따라서 이런 종류의 행동능력에 대해 결정적인 것은, 한 행위자의 의도나 자율성이라기보다는, 오히려 하나의 다채로운 관계활동 망 속의 모종의 요소가 "다른 한 행위주체의 행동과정에 차이를 [만들어내는가] 그렇지 않은가"이다. 이 '모종의 요소'는 바로 섹스과학의 담론일 수도, 소비사회의 합리성, 테스토스테론이라는 성호르몬, 제약산업 또는 자체에 다시 과학적 실천행위, 정치 및 상업적 이익, 개인적 욕구 및 다른 많은 것을 포함하는 비아그라 같은 알약 하나일 수도 있다. (라투르가 들고 있는 여러 예시 중 하나만 언급하자면) 장 보러 갈 때 장바구니를 갖고 가는지 그렇지 않은지가 하나의 차이가 되듯, 비아그라를 먹고 섹스를 하는가 그렇지 않은가도 하나의 차이이다. 물론 비아그라가 그렇게 행동하라고 정해주는 것은 아니다. 비아그라는 섹스를 한다거나 하지 않는다는 결정과는 상관이 없으며, 성교를 실행하게 하지도 않는다. 그러나 비아그라는 할 수 있게 해 주고, 권능을 부여하며, 용기를 주고, 변화를 유발하며, 어쩌면 방해할 수도 있을 것이다. 그것도 참여자마다 서로 다른 방식으로 말이다.[41]

비아그라와 섹스에 적용되는 것을 피트니스의 다른 영역과 실천행위에 대해서도 고려해볼 수 있다. 개인, 몸 및 피트니스 실천행위에는 무수한 힘들이 작용한다. 자전거 타는 이의 몸을 자전거와 떼놓고, 또 자전거용 컴퓨터와 떼놓고 과연 생각할 수 있는가? 신발은 달리기하는 이의 것인가? 운동 연습의 목표가 피트니스 최적화 및 자아최적화라면 자전거용 컴퓨터와 신발이 하는 일이란 차이를 만들어내는 것이다. 달리기 코스와 달리기 동호인 모임은 어떤가? 레오타드 의상과 땀 방지용 머리띠는? 에너지음료, 파워바, 마그네슘 정제, 호흡기용 스프레이, 바나나는? 트레이닝 과학과 생명과학은? 통계학과 영양학은? 이들의 영향력을 고려하게 되면, 기본적으로 그 한계가 뚜렷하지 않아 열려 있는 인간의 몸을 바라보는 관점에 변화가 일어난다.

여기서 계속 비아그라를 붙들고 늘어져 보자. 이 알약은 섹스 기능을 조절해주며, 그러면서도 그 과정에서 그것 자체가 무수한 다른 요소에 종속되어 있고, 섹스와 관련한 흥분이 없으면 작동하지 않는다. 이를 통해 우리는 몸과 알약이 서로 얼마나 많이 맞물려 있는지를 알 수 있는데, 이는 마치 절단되고 남은 다리 부분과 의족의 맞물림과 비슷하다. 사실 약의 기능방식과 관련한 논쟁에서 비아그라는 의족 같은 보형물이나 목발에 비유되었다. 몸이 그런 기술적 보조수단이 없으면 제 기능을 못 하듯, 그런 보조도구 역시 신체활동이 없으면 거의 제 기능을 못 한다.[42] 테크놀로지와 사물이 몸을 '파고드는' 것이다.[43] 비아그라는 새로운 가능성을 만들어내고, 새로운 필요성을 창출하고, 옛것을 되살리고, 사회질서를 복원하고, 훌륭하고 올바른 섹스에 대한 상상을 찍어내는 데에, 또는 병든, 부전증을 앓는 수많은 새로운 남성을 만들어내는 데에 이바지한다. 그런 남성도 자기 몸과 발기를 최적화할 수 있다고 여기는 것은 오로지 비아그라가 그 가능성을 만들어주었기 때문이다. 세상은 늘 점점 더 좋아지는 법이다.[44]

비아그라는 어떻게 남성성을 만드는가

사물이 주어진 상황을 변화시키고 그렇게 함으로써 여러 행동에 영향을 미친다고 할 때,[45] 떠오르는 질문이 있다. 비아그라는 어떤 차이를 만들어내며 남성과 여성은 이 차이를 어떻게 묘사하는가라는 질문이다. 여기에는 비아그라 이용자를 대상으로 독일, 영국, 뉴질랜드, 스웨덴 그리고 미국에서 진행된 설문조사가 도움이 될 수 있다. 이들 연구는 일반적으로 양적이 아니라 질적인 분석을 목표로 한다. 설문대상자의 느낌에 따르면 비아그라는 차이를, 그것도 삶의 다양한 영역에서 하나의 차이를 만들어낸다는 것이 종합적으로 볼 때 드러나는 결과다. 이때 비아그라는 발기 장애 감지 및 그 장애의 처리방식을 이미 약을 복용하기도 전에 바꿔버린다.[46] 물론 누구에게 물어보았는가에 따라 감지 내용과 평가한 내용은 다르다. 대다수 설문대상자는 이성애자 남성이며, 여성이나 '퀴어' 남성은 비교적 드물다. 설문대 상자가 여성인 경우 일반적으로 남편의 발기에 대해서 물어보며, 여성 자신의 경험과 상상에 대해서 묻는 일은 비교적 드물다.[47]

많은 남성은 비아그라가 무엇보다 몸과 자기 자신 및 상황에 대한 통제력을 되찾는 데에 도움이 된다고 강조한다. 이렇게 함으로써 이 알약은 불안감을 제거해준다. 이 약은 제대로 기능하지 못한다는 두려움을 남성들에게서 없애주며, 반대로 제대로 기능하는 것이 당연하다는 생각과 안정감을 제공해준다. 몇몇 이용자는 비아그라를 의족 같은 보형물에 비유하면서, 사실은 이 알약이 그 이상이라고 한다. 이 약은 신체의 특수 기능 하나를 재건해줄 뿐 아니라 남성으로서 온전하다는 느낌도 만들어주기에 그렇다는 것이다. 몸에 해를 끼치는 다른 현상으로는, 설문에 응한 한 의사에 따르면, 예컨대 시력이나 청력이 약화되는 일이 있었지만, 남성성의 약화는 없었다고 한다. 여기서 두루 빛을 발하는 이 남성성이라는 관념은 아주 단순하며 발기된 남근으로 수렴된다. 다양한 비아그라 소비자들은 여러 인터뷰에서 남성이란 그렇게 단순하다고 역설하며, 남성의 자격을 남근 중심으로 판단한다며 수십 년을 비판하다가 마침내 다시 자신이 남성으로서 상승세를 타고 있다고 여긴다. 비아그라는 제어하고 기능하며 성취하는 능력을 약속해준다. 이런 능력은 근대의 남성성 관념에 중요하다.[48]

남성이 비아그라와 그것의 효능에 대해 이야기할 때, 성취는 - 거의 놀랍지 않지만 - 본질적인 지향점이다. 이 성취가 여기서 의미하는 바는, 무엇보다 발기 및 삽입 능력이다. 설문에 응한 남성의 다수는 이 두 가지를 섹스 활동의 핵심이자 자기 행위의 목표라고 여긴다. 비아그라는 그런 시각을 강화시킨다. 의사들이 강조하는 것은, 비아그라가 섹스를 성취의 질서에 단단히 결박해버리며 환자에 대한 압박감 및 의사 자신에 대한 압박감도 상당히 끌어올린다는 것이다. 왜냐하면 의사가 소망을 채워주는 에이전트로 돌변해버리기 때문이다. 환자는 그 에이전트가 순순히 그 알약을 처방함으로써 자기 삶을 개선해주고 자기의 여러 능력을 키워주기를 기대한다. 그리고 '국제 발기부전 지표'가 개발된 이래 사람들은 이 능력을 심지어 측정할 수도 있다고 여긴다. 하지만 비아그라는 이따금 남성의 불안 심리도 늘려준다. 섹스의 성취를 남성 자신이 아니라 비아그라 덕분이라고 보기 때문이다. 그러므로 비아그라를 소비한다는 것은 한편으로는 '남성적 행위doing masculinity'의 끝판왕이지만, 다른 한편으로는 자기가 해야 할 일을 자력으로 할 수 없음을 이 알약 하나로 인정하는 셈이다.[49]

비아그라가 찾아주는 젊음

이때 남성은 '성과를 낼 수 있음'을 종종 젊다는 것과 짝 짓는다. 그러면 청춘이란 비아그라가 되찾아 주는 일반적인 정상 상태로 확립된다. 몸은 비아그라를 통해서 비로소 자기가 해야 할 일이 무엇인지를 다시 알고 있고 남성은 다시 '남성 자신'이 된다. 이것이 비교적 나이가 있는 한 비아그라 이용자의 말이다. 그러니까 여기서의 자신이란 젊고 정력 넘치는 자신인 것이다. 비아그라는 회춘한다는 느낌을 주고, 사실 영원히는 아니지만 그래도 비교적 오래 젊음을 유지할 수 있겠다. 나이를 먹더라도 '성공적으로', 다시 말해 성적으로 만족스럽도록 나이를 먹어야 한다는 요구를 제대로 감당할 수 있겠다는 생각도 준다. 여기서 말하는 - 비아그라를 이용하는 경우도 포함한 - 성적 만족감이란 발기능력 및 성교능력과 같다.[50]

많은 사람이 인터뷰에서 강조하는 말에는, 비아그라 내지는 성행위 완수 능력이 자신의 애정 관계를 무척 돈독하게 해 준다는 내용도 들어있다. 그 관계는 이미 비교적 오랫동안 유지된 것이든 새로운 파트너와의 관계이든 상관없다고 한다. 이따금 비아그라를 사용하라고 부추긴 쪽이 파트너 여성인 경우도 있다고 한다. 삽입을 통해 파트너에게 쾌락을 안겨주고 그 파트너의 섹스 만족에 대한 이른바 책임이라는 것을 제대로 감당하는 것, 이것을 많은 남성은 남성으로서의 자기 이해에 중요하다고 여긴다. 남성은 발기한 남근을 상대 여성에게 보여줌으로써 자신이 그녀를 얼마나 욕망하는지 보여줄 수 있는데, 비아그라가 그걸 가능하게 해 준다는 것이다.[51]

다만 남성끼리의 섹스, 섹스의 한계 확장, 광란적 파티 또

섹스

는 포르노 분위기 같은 말은 좀처럼 나오지 않는다. 이는 물론 기존 연구들이 인터뷰 상대로 누구를 고르는가와 관련이 있기도 하다. 비아그라의 쓰임새와 관련하여 더 잘 알려진 것은, 비아그라를 예컨대 성취능력 보여주기, 만족스러운 삶과 양호한 (이성간의) 파트너 관계 영위하기 또는 성공적으로 나이 먹기 등과 같은 여러 규범을 잘 감당하는 데에 유용한 보조수단이라고 보는 견해다. 동시에 비아그라는 남자라는 것, 잘 늙는다는 것 또는 만족스러운 삶의 의미라는 관념을 처음으로 만들어내는 데에 기여한다. 전반적으로 남성들은 비아그라의 사용에 정상성正常性의 색채를 갖추어주려는 경우가 빈번하다. 그래서 남성들은 이 정력제의 복용을 종종 몸 관리나 등 운동과 같은 선상에 둔다. 여성 파트너 및 사회로부터 인정을 받으려면 기능적이고 건강한 몸이 있어야 하는데, 비아그라는 이런 몸을 획득하여 유지하는 데에 유용한 수단으로서의 모습을 틀림없이 보여준다는 것이다.[52]

여성이 바라본 비아그라

여성에게 물어보아도 비아그라가 자신과 파트너의 삶에 큰 차이를 만들어준다고 응답한다. 그러나 여성은 이 차이를 대체로 달리 평가한다. 비아그라는 남녀 사이의 관계에 끼어들어 양쪽 다 관계 당사자가 됨에도 불구하고, 남성 파트너와 의사 모두 그 점은 거의 고려하지 않는다는 것을 여성은 자주 문제점으로 지적한다. (아름다운) 여성이란, 마케팅 캠페인에서는, 무엇보다 사람들(남성)이 비아그라 덕분에 다시 가질 수 있는 존재다. 의료 상담에 여성이 등장하는 것은 무엇보다 자기 남편 곁에서 그의 발기 문제에 대해 이러쿵저러쿵 거들 필요가 있을 때뿐이라고 한다. 인터뷰에 응한 수많은 여성이 그렇게 말한다. 여성이 자기 욕구, 관심 및 생각을 지닌 주체적 행위자로서 나름의 역할을 하는 경우는 비교적 드물다. 설문에 응한 여성은 비아그라가 섹스 문화에 얼마나 많이 개입하는지, 또 이 섹스 문화 및 사회 전체를 남성 위주로 돌아가게 하는 데에 얼마나 많이 기여하는지를 힘주어 말한다.[53]

비아그라로 인해 섹스의 방식이 바뀌고 강도와 빈도가 높아지지만 여성이 이것을 승리라고 느끼는 경우는 거의 없다고 한다. 대략 여성 절반이 힘주어 이렇게 말한다. 그 반대로, 비아그라는 섹스를 다시 발기와 성교 중심으로 몰아가는 데에 기여하고, 그럼으로써 섹스를 더 단조롭게 만드는 데에 기여한다는 것이다. 또 남성의 욕구 상승은 여성에게 압력으로 나타난다고 한다. 원하는 것보다 더 자주, 또 더 길게 섹스하자는 압력이다. 이런 압력을 가능케 하는 것에는 의약품, 섹스과학, 대중문화 및 〈플레이보이〉에서부터 〈뉴요커〉에 이르는 잡지 따위도 있다. 이들 잡지에는 아내가 원하는 것보다 더 많고 색다른 섹스를 원하는 여러 연령대의 남성에 대한 기사가 넘쳐났다. 이는 결국 발기능력과 도드라진 성욕이 '섹스 건강'의 상징으로, 그럼으로써 기본적으로 추구할 만한 것으로 널리 통하고 있기 때문이다. 이런 것에서 벗어나려는 여성(과 남성)은 바람직하고 정상적이라고 간주되는 곳을 벗어난 영역에 자리를 잡는 것과 같다. 그들은 만족스럽고 건강한 남성성이라고, 또 좋은 인생이라고 불리는 것을 파트너에게 허락하지 않는 것이다.[54]

　　이런 상황에서 많은 여성은, 나이 들어가는 파트너의 줄어드는 욕구와 정력을 자신과 잘 타협시켜왔다고 말한다. 발기능력 및 삽입능력의 소실은 종종 섹스의 다양성 확대와 나란히 나타나는데, 많은 여성이 이런 다양성을 높이 평가한다. 말하자면 한쪽의 위기가 다른 한쪽의 승리로 나타나는 것이다. 이런 상황에서 여성은 나이로 인한 여러 변화를 종종 '자연스러운 것'이라고도 표현한다. 이는 청년기 수준의 최대한 단단한 발기를 자연스러운 것의 표현이라고 보는 수많은 남성의 생각과는 정반대다.[55]

　　몇몇 여성은 비아그라가 섹스의 질서와 사회의 질서를 너무 남성 쪽에 맞춘다고 대놓고 불평한다. 그들은 비아그라가 자신의 개인적 관계에도 개입하지만, 성취능력 중심으로 돌아가며 성별로 구조화되어 있는 고도로 정치적인 분야에도 개입한다고 비판한다.[56] 비아그라는 '남성적 행위'를 장려하는데, 이는 '여성적 행위'와는 조화를 이루지 못하는 경우도 빈번하다. 새천년으로 넘어가는 전환기 이래 '여성 성기능부전 FSD: Female Sexual Dysfunction'이라고 이름 붙은 어떤 현상에 사람들은 비교적 많이 주목했고, 화이자를 비롯한 여러 제약기업이 여성용 '핑크 비아그라'에 투자하기도 했다. 하지만 이는 앞의 여성들이 한 말에 모순되는 것이 아니라 오히려 그 말이 옳음을 강조한다. 비아그라가 여성 성기능부전이라는 진단을 찾아내도록 동기를 제공했던 것이다. 그리고 이렇게 진단이 나오면 모든 가능한 형태의 성욕저하를 의학적으로 어떻게 치료할 수 있는지 그 방법을 찾게 된다. 미국 여성 40%가 이런 성기능부전을 겪고 있다고 한다. 그러나 도대체 '성기능 건강'이 어떤 모습일 수 있는지는 분명치 않다. 남성처럼 성기 강직도로 판정할 수도 없으니 말이다. 2015년에 이에 해당하는 약이 미국에서 허가를 획득했지만 그렇다고 이 문제를 해명해주지는 못했다. 〈뉴스위크〉는 어떤 처치법이 있는지를 모색하는 기사에서, 여성의 욕구는 고도로 복잡해서 거기에 해당하는 약의 개발도 (지금까지는) 실질적으로 성공하지 못했다고 언급했다.[57]

피트니스 시대의 섹스

섹스는 여러 사회질서와 그 질서의 권력 관계 속에서 펼쳐진다. 늦어도 미셸 푸코와 '퀴어 연구Queer Study' 이래, 여성주의와 LGBTQ(레즈비언, 게이, 양성애자, 트랜스젠더, 퀴어)의 투쟁 이래 우리는 이를 알고 있다.[58] 섹스는 누가 어떻게 사회에

203

참여할 수 있으며 누가 어느 정도의 인정을 경험하는지를 본질적으로 제어한다. 오랫동안 이에 대한 결정적 기준은 재생산, 다시 말해 후손 생산 가능성이었으며, 오늘날에도 이 기준은 아직 중요하다. 그러나 피트니스 시대에는 섹스의 실행이 전면에 등장해 있다. 섹스의 성공적 실행이 꼭 자신에 매달려 지속적으로 애쓴 결과일 필요는 없으며 오히려 온갖 종류의 보조수단의 덕을 볼 수도 있다. 이것을 보여주는 것이 비아그라다. 성취능력을 고양시키는 물질은 인생의 모든 가능한 영역에서 이제 일상화되어버렸다. 마침내 할 수 있고 해내는 것이 건강 그리고 나이 들어서도 그 건강을 유지하는 능력의 상징으로 자리를 잡아버린 탓이다.

비아그라는 성적性的 사회적인 여러 권력 관계가 성별로 인해 얼마나 도드라지는지를 일단 비교적 많이 밝혀준다. 더 나아가 섹스에서의 선호와 '인종'은, 비록 범주로서의 '인종'을 이 책 앞부분에서 비교적 덜 주목하여 다루기는 했지만, 섹스의 사회사에 대단히 중요하다. 늦어도 노예제도가 종식되면서부터 흑인 남성은 정력이 넘치고 흑인 여성은 아무렇게나 마음대로 다루어도 된다는 고정관념은 백인 주도의 아메리카에서 집착과 악몽이 되었다. 남성다움도 아프리카계 미국인의 민권운동의 환상이 되었다. 민권은 남성의 권리로 자리를 잡았는데, 흑인 여성 페미니스트가 1970년대부터 인종주의를 비판할 때만이 아니라 흑인 및 백인 남성의 성차별을 비판할 때에도 이것을 근거로 삼았다. 스위치만 누르면 발딱 서는 것에 부여되는 문화적, 사회적 및 정치적 의미를 오늘날까지 규정하고 있는 것이 이런 맥락들이다. 그리고 물론 '인종'이라는 말은 검은 피부의 흑인만이 아니라 모든 피부색의 인간에게 적용되는 가변적 특성을 나타내는 말이다. 이는 미국에만 해당되는 게 아니다. 왜냐하면 유럽의 (탈)식민주의도 비슷한 역사를 갖고 있기 때문이다.[59]

화이자는 백인 남성 및 이성애 커플을 마케팅 캠페인의 중심에 둠으로써 다양한 함정을 일단 피해 가려 했다. 화이자에게는 흰 피부색이 틀림없는 기본값이자 모든 인간을 어떻게든 포괄하는 일반적인 범주로 보였고, 따라서 가장 무탈할 것 같았다. 그러나 여러 해가 지나면서 화이자는 광고에서 더 이질적인 목표집단에 다가가기 시작했으며, 백인 아닌 남성도 동영상 및 지면 광고에 등장했다. 그러나 피부색이 다른 두 사람으로 이루어진 커플은 절대 볼 수 없었다. 흑인 남성과 백인 여성의 관계는 특히 미국 시장으로서는 역사적으로 너무 복잡하고 정치적으로도 여전히 부담스럽다. 이런 한계를 뛰어넘는 일은 차라리 남성 비아그라 소비자의 상상에 맡겼다. 21세기가 서서히 흘러가면서, 비아그라 광고 영상 속에서 남성에게 직접 다가가서 말을 걸며 발기 문제에 책임지면 이익이 된다고 설득해야 하는 ― 모두 '규범에 부합하는 아름다움'을 지닌 ― 여성의 인종 스펙트럼은 크다. 이들 여성은 흔히 열대 휴양지 분위기를 배경으로 돌아다닌다. 미국 남성에게 늘 비아그라를 주머니에 넣고 다니라며

섹스

영국식 엑센트로 요구할 때면, 모델이 금발의 백인이라도 이국적-뇌쇄적 분위기를 내뿜어야 한다. 하지만 2018년에도 게이 남성이 등장하는 비아그라 광고는 아직 없다.[60]

전투

피트니스 영웅 I

한 사람을 영웅으로 만드는 데 8주면 충분하다고 한다. 함부르크 피트니스 스튜디오 〈어번 히어로즈Urban Heroes〉가 내건 약속이다. 심지어 '제로에서 영웅으로' 끌어올려 줄 수 있단다. 개인 트레이너와 '트랜스포머 챌린지'라는 집중 프로그램의 도움을 받으면 그럴 수 있다는 것이다. 어쨌든 '도전'과 '변화'는 도시의 남녀 피트니스 영웅을 벼려내는 데에 중요한 말이다. 무지막지하게 단련된, '터프tough'하면서도 동시에 삶에 대한 욕망으로 철철 넘쳐나는 코치들은 우리를 '푸시push'하며, 도전을 받아들이라, 삶에 변화를 주라, 최선을 다하라, 의지를 보이라, 안락지대에서 빠져나오라, 모든 것(정말 모든 것!)을 쏟아부으라, 끝까지 물고 늘어지라, 그래서 한계까지 가 본 다음 그것을 넘어서라고 다그친다. 이 팀의 인터넷 사이트에서는 '#createyourself'라는 해시태그가 깜박인다. 'RUN YOUR HEART OUT', 'KICK ASS'와 'BEleave in YOUrself' 같은 문구가 적힌 민소매 티셔츠에 트라이벌 문신*을 한 도시의 영웅들이라고 자기를 소개하는 팀이다.[1]

'네, 땀이 날 겁니다!', 〈어번 히이로즈〉의 웹사이트에

---

* 문신 유형의 하나로, 특정 부족이 사용했거나 그들을 상징한 문양

내걸린 문구다. 그리고 이 말은 경고이면서 동시에 약속이다. 땀을 쏟게 만드는 힘든 트레이닝은 갖다 바칠 필요가 있는 희생이기 때문이다. 그래야 뿌듯한 보상을 얻는다. 다시 말해 '에너지'와 '짜릿함'을 경험하는 것, '자기 신체성에 대한 감각'을 얻는 것, '탱탱한 근육'과 '신체 전반의 팽팽함'을 느끼는 것, '힘세고, 빳빳하고, 섹시함' 같은 보상이다. 한 마디로 줄이면, 삶을 감지하는 것이다. 이 웹사이트상의 블로그 '#HeroNation'에서는[2] 온갖 피트니스 영웅이 자기 고통, 기쁨 그리고 목표를 이야기한다. 그건 분명 우리 것이기도 해야 한다. 거기서 중요시하는 것은 그저 스포츠를 하고 칼로리와 지방을 태우는 것 이상의 무엇이다. 성공이라는 원칙이 중요하며, 일을 열심히 해서 인생의 모든 상황, 이를테면 직업이나 외모 또는 섹스에서 남의 인정을 얻어내는 것이 중요한 것이다.

'#sweatsexy'만이 아니라 '#fitforlife'나 '#neverstop' 같은 해시태그도 있다. 피트니스 세계를 종횡무진하도록 이끌어주는 해시태그다. 말하자면 엄청난 뭔가를 하겠다는 맹세다. 고통을 감수하겠다, 희생을 바치겠다는 맹세다. 그리하여 가능성의 한계까지 끝까지 파헤쳐 삶을 그저 이겨내는 수준을 넘어서서 다른 일에서도 점수를 따겠다는 것이다. 스포츠 프로그램 전문 진행자 요하네스 케르너는 한 블로그에서, 〈어번 히어로즈〉에서의 트레이닝과 자신의 마라톤 참가는 인간이 할 수 있는 영역의 저편이라고까지 언급한다. 그리스 신화에 나오는 영웅도 결국 반인반신이었다. "저는 [마라톤으로] 스스로를 도발해 제가 어느 정도까지 할 수 있는지를 알아보려고 했습니다. 그건, 정말이지 보통의 인간으로서는 불가능한 성취이기도 합니다. (…) 이곳 〈어번 히어로즈〉에서도 저는 그걸 보여줄 수 있습니다. 여기서 도전에 나설 수 있으며 제 한계를 시험해볼 수 있다는 말입니다. 이곳의 음악 리듬과 트레이너와 함께하면, 사실 이룰 수 없으리라 믿었던 것을 성취해냅니다." 혹독한 트레이닝 정권에 "자발적으로 복종함으로써" 맛볼 수 있는 좋은 느낌이라고 케르너가 말한다면, 이건 거의 탈근대의 주체철학처럼 들린다.[3]

피트니스에 내재된 영웅주의

피트니스 영웅이 되는 것이 그리 저렴하지는 않다. 그 과정에서 누릴 수 있는 온갖 편안함을 하나도 놓치기 싫기에 샤워용 젤에서부터 몸 관리 및 스타일링 제품을 거쳐 헤어드라이어와 뽀송뽀송한 수건에 이르기까지 무엇 하나 빠져서는 안 되기 때문이다. 개인의 1회 트레이닝 티켓 한 장에 25유로에서부터 월 12회 워크아웃에 168유로까지의 비용이 든다. 그러나 트레이닝 전체 프로그램을 이수하려면 주당 5회의 워크아웃을 받아야 한다. 그래야 몸 전체를 신체부위별로 멋지게 만들어낼 수 있다. 그건 월 12회 트레이닝 티켓으로는 거의 불가능하며 따라서 주머니 더 깊숙이 손을 집어넣어야 한다. 그래서 이 웹사이트는 특

히 수강료 납부와 관련하여, 자신을 영웅으로 만들려면 책임의
식이 있어야 한다며, "인생은 한 번뿐! 지금 당신의 건강에 투자
하라!"라고 호소한다.[4]

피트니스를 내걸고 뭔가를 하는 곳에는 영웅 은유와 영
웅적 인물이 자주 등장한다. 다수의 피트니스 스튜디오에서 그
런 말을 볼 수 있는데, 함부르크에는 앞서 말한 〈어번 히어로
즈〉가 있고, 시카고를 둘러싸고 있는 교외 주택가에는 〈피트
니스 히어로Fitness Hero〉가 있으며, 텍사스 지역에는 〈히어로
즈 피트니스Heroes Fitness〉가 있다. 부유한 서구인들이 휴가지
분위기 속에서 다시 제대로 된 몸을 갖추려고 피트니스를 하는
곳인, 일종의 피트니스 부트캠프*라 할 스페인의 〈헬덴슈페레
Heldensphäre〉**에서, 함부르크 교외 블랑케네제의 〈헬덴라우프
Heldenlauf〉***에서 또는 '끔찍하게 추운' 날에도 서로 이를 악물
고 슈바르츠발트를 가로지르는 장거리 자전거 동호회인 슈투트
가르트의 〈벨로헬덴Velohelden〉****에서도 마찬가지로 그런 이
름을 볼 수 있다. 〈벨로헬덴〉 회원은 자신이 영웅으로 연출되
는 상황이면 기꺼이 윙크를 보낸다.[5]

피트니스에는 영웅적인 어떤 것이 내재된 것 같다. 관련
라이프스타일 잡지, 예컨대 〈핏 포 펀Fit for Fun〉이나 〈멘즈 헬

---

* 일종의 집단 트레이닝 프로그램
** '영웅지대'라는 뜻
*** '영웅 달리기'라는 뜻
**** '속도의 영웅'이라는 뜻

211

스 Men's Health 〉를 들여다봐도 그런 점이 잘 드러난다. 하지만 영웅은 그런 카리스마를 왜 북적거리는 트레이닝 스튜디오에서 설쳐대거나 달리기와 자전거 타기를 통해 자기 능력을 테스트하는 피트니스 애호가에게 내뿜을까? 정작 우리는 소위 '탈영웅 사회'에 살고 있는데 말이다. 대서양 양안에서는 수십 년 넘도록 영웅은 이제 한물갔다고들 말해왔다. 그건 우리 사회가 영웅, 그러니까 행동의 주도권을 쥐고 희생을 바침으로써 한계를 뛰어넘고 불가능을 가능으로 만들며 본받을 만한 모범이 되려는, 싸울 준비가 된 사람을 더 이상 필요로 하지 않는다는 뜻이다. [6]

하지만 우리 현대사회에서 영웅주의의 종말이라고 말할 때의 영웅이란 피트니스 영웅이 아니라 일차적으로 전쟁영웅을 말한다. (이런 영웅 유형들이 서로 겹치기도 하는데 사람들은 이런 경우를 대개 무시해버린다.) 전쟁영웅은 영웅 일반의 모체다. 이미 그리스 신화에서도 그랬지만 20세기가 되도록 전쟁은 가장 좋은 실습으로, 또 전쟁터는 영웅을 만들기에 가장 좋은 곳으로 통했다. 전쟁 자체가 그랬듯이 영웅 내지 영웅적 행위라는 것도 말하자면 대체로 남성에게 부여된 하나의 특권이었다. 전쟁에서 영웅이 활약한다는 시나리오가 비록 오늘날까지 완전히 쓸모없어지진 않았지만 20세기와 21세기에는 거기에 큰 금이 가고 말았다. 예컨대 제1차 세계대전에서는 군인 수백만 명이 참호전을 벌이다 죽거나 다쳤고, 국가사회주의 치하에서는 영웅적 행위가 인종-민족-종족을 말살하는 무도한 지경까지 이르렀으며, 민주주의의 해방자라는 미국 지아이GI는 베트남에서 여성과 어린이를 살육하는 존재로 변신했기 때문이다. 주목 대상이 영웅에서 희생자로 옮겨간 것이다.[7] 일반적으로는 기술技術에 기반한 전쟁, 그리고 특별하게는 원격조종되는 드론 전쟁 역시 영웅적 행위가 드러날 여지를 크게 줄여놓았다.

그 밖에 서구사회를 주도한 남성 전쟁영웅은 1968년 이후의 정치운동으로 인해, 또 이 정치운동이 사회 및 가부장제에 대해 근본적인 비판을 전개함으로써 이미, 권투로 비유하자면 10까지 카운트가 끝난 상태였다. 물론 북미와 유럽은 강조점에서 서로 차이를 보이기는 했다. 남성 전쟁영웅의 소임이 정말 끝났다고 할 수 있는지는 아직 좀 미심쩍다. 특히 미국의 준 군사 문화, 대테러전의 희생자 및 동참자 떠받들기 그리고 민족주의가 다시 번성하는 시대가 되면서 용감한 영웅들이 르네상스를 맞이한 것을 보면 그러하다.[8]

탈영웅 사회 속의 피트니스 영웅

그러므로 오늘날에도 아직 전쟁영웅이 존재하는지 그렇지 않은지는 일단 뒤로 미뤄두자. 피트니스 시대를 이해하려 할 때 더 중요한 것은, 탈영웅 사회라고 뭉뚱그려서 말할 때 그 말이 드러내 주는 것만큼이나 많은 것이 감추어져 있다는 점이다. 피트니스에 관한 한 영웅이라는 꿈은 유행 중임이 분명하기 때문이다. 피트니스가 가진 영웅적, 군사적 면모를 이해하려 할 때 중요한 것은, 전쟁영웅과 다양한 면모를 지닌 우리의 일상영웅 간의 관계를 곰곰이 생각하는 일이다. 왜냐하면 시민사회에서 벌어지는 인명구조 행위뿐만이 아니라, 제 몸을 강철처럼 만들고 자신을 성취능력 있는 존재로 만들며 그럼으로써 일상의 여러 전투에 나설 태세를 갖추는 것도 일상의 영웅을 규정하는 요소이기 때문이다.

그러므로 영웅적 행위의 다양한 변화된 모습과 그런 모습이 서로 중첩되어 나타나는 것을 탐지해 낼 필요가 있다. 왜냐하면 무엇을 언제 영웅적이라고 인정해 주는지, 남다른 성과라고 또는 특별한 도전거리에 대한 모범적 답변이라고 인정해주는지는 시공간에 따라 가변적이며, 무기력하다고 간주되는 것, 비영웅주의적 또는 정확히 반영웅주의적이라고 간주되는 것도 마찬가지로 그러하기 때문이다. 그런 이유로 나는 이어지는 글에서 영웅적 요소를 탐침으로 사용해 현대의 문화와 사회를 정찰하고 그렇게 함으로써 피트니스 시대를 더 잘 이해하려 한다. 오늘날의 남녀 피트니스 영웅은 어떤 호전적 영웅성의 자취를 갖고 있는가, 다시 말해 그 자취가 얼마나 '군사적인 것에 근거'해 있는가라는 질문도 이 과정에서 제기된다.[9]

'피트니스 영웅'이란 얼핏 보면 단순하게 만들어진 것 같다. 하지만 그런 영웅을 이해하기란 오히려 쉽지 않다. 영웅의 지위를 군인으로서 획득하는 것이 아니라 스포츠를 행하는 사람으로서 확보하기 때문이다. 그들은 고전적인 남녀 스포츠 영웅들, 예를 들면 무하마드 알리, 슈테피 그라프 또는 크리스티아누 호나우두 같은 사람도 아니다. 피트니스 영웅은 최고의 기량을 발휘하라고 요구하는 스포츠가 아니라 일상의 피트니스 트레이닝을 하기 때문이다.[10] 마찬가지로 그들을 두고, 보다 많은 정의를 위해 싸우거나 여객기를 허드슨 강에 비상 착륙시키거나 아니면 발코니에서 떨어질 뻔한 아이를 구해내는 전형적인 일상 영웅(말리 출신의 난민 마무두 가사마는 그런 행동 덕에 2018년에 프랑스 시민권을 획득함)이라 일컬을 수도 없다. 그럼에도 불구하고 (진정한 의미의) 피트니스 애호가들은 영웅적이라고 일컬을 만한 우리 현대사회의 여러 가치와 실천행위, 목표와 기대를 구현하고 있다. 예를 들면 도전을 받아들이고, 행동에 나서서 희생하겠다는 각오를 보이며, 남들이 가능하지 않다고 여긴 일을 행하려 하는 것이다.[11] 이런 현상에 역사적으로 다가가려면 영웅적 행위와 이에 대한 사회적 인정이 근세사에서 어떻게 공존하게 되었으며 그때 군인의 영역과 피트니스의 영역이 어떻게 겹치는지를 보다 더 정밀하게 살펴볼 필요가 있다.

전투

시민군대와 국민 영웅

1776년 7월 4일의 혁명 및 독립선언으로 북미 지역의 여러 영국 식민지에 사는 사람들은 영국왕 조지 3세의 신민에서 벗어나 미국 시민이 되겠다는 요구를 표명했다. 모국 영국으로부터 떨어져 나가는 것을 그들은 청소년이 성인으로 바뀌는 것이라고 표현했다. 시민이 된다는 것은 백인 남성에다 어느 정도의 재산도 갖고 있는 사람의 특권이었다는 점에서, 그런 비유는 당대의 사고 및 행동모형에 잘 들어맞았다. 하지만 공화국 시민이라는 것이 정확히 무슨 뜻인지는, 남성 백인이라는 점 그리고 재산권 및 억압적 지배에 맞서는 저항권을 갖는다는 것을 빼면, 일단 상당히 불명확했다.

그러나 시민에게는 권리뿐 아니라 의무도 있으며, 권리, 의무 및 그 의무의 이행으로부터 갖가지 특권이 도출됨은 분명했다. 여기서의 특권이란 구체적으로는 정치에 참여할 수 있는 것, 사회 형성에 공식적으로 동참해도 되는 것, 그리고 그 사회의 생산적 구성원으로 인정받는 것을 말한다. 여기에 이 특권을 통해 보장되는 모든 혜택이 덧붙는다. 공화국 시민이라는 것은 따라서 출신의 문제도 결코 아니요, 출생지의 문제도 아니라, 오히려 최우선적으로 시민의 실생활 문제의 하나였다. 시민의 자격이 무엇이며, 누가 과연 시민일 수 있고 어느 정도까지 시민일

수 있는지는 다양한 여러 행위 속에서 늘 반복적으로 학습되어 행해졌고 지금도 이어지고 있다.[12]

이런 여러 행위 중 하나가 싸우는 것, 구체적으로는 자기 자유를 위해, 또 공화국 내지 국가를 위해 싸우는 것이었다. 시민으로 구성된 근대의 방위군*은 대서양 혁명** 시대에 만들어졌다. 물론 시민군대***의 자취를 거슬러 올라가면 결국 고대 유럽에까지 이를 수 있지만, 이 근대 시민군은 혁명기 미국의 '시티즌citizen' 및 혁명기 프랑스의 '시토아앵citoyen'의 탄생과 가장 밀접하게 연결되어 있다. "제복 입은 시민은 민주주의와 시민의식의 기둥"이라고 역사가 우테 프레페르트는 말한다. 민병대의 전투력을 두고 예컨대 아메리카 내 여러 신생국의 노련한 군대는 별별 의심을 다 했으며, 미국 독립전쟁 시 아메리카 민병대는 엄격히 조직되어 훈련받은 영국군에 맞서 싸우면서 수많은 약점을 드러냈음에도 불구하고, 시민군대는 미국 독립전쟁이나 나폴레옹 전쟁에서 사기 드높고 성공적임이 입증되었다.[13]

영웅적 행위의 민주화

시민군대가 만들어지면서 영웅적 행위의 민주화라 부를

---

* 고대 그리스·로마의 군대는 자유인으로 구성되어 전시에만 동원되었으나, 프랑스 혁명으로 시작된 근대 국민개병제의 군대는 모든 시민의 의무였으며, 평시에도 유지되었다.
** 19세기를 전후한 시기에 대서양 양쪽 대륙에서 일어난 여러 혁명
*** 시민으로 구성된, 개병제 하의 군대

전투

만한 현상도 나타났다. 18세기 말까지만 해도 군대 내에서의 영웅적 행위는 귀족만 할 수 있는 특권이었다. 하지만 미국 독립전쟁(1775-1783년)에서 조지 워싱턴 장군 같은 탁월한 인물만 영웅이 되어 새로운 공화국을 세운 것은 아니었다. 평범한 군인도 자유와 독립을 위해 세운 공훈을 점점 더 많이 인정받은 것이다. 독립전쟁에서 시작된 이와 같은 일은 그 이후의 여러 전쟁 - 1812년의 영국과의 전쟁, 1846년부터 1848년까지의 멕시코와의 전쟁, 그리고 1861년부터 1865년까지의 남북전쟁 - 에서도 이어져야 했다. 미국의 남북전쟁은 결국 '영예훈장Medal of Honor'[*]의 도입도 가져왔다. 말하자면 미국에서는 한참 시간이 지난 다음에야 보통 군인의 영웅적 군사 행위를 인정해주는 국가 훈장이 만들어진 것이다. 그렇게 될 때까지 평범한 사람들은 영웅 훈장에 배어 있는 귀족계급의 향취를 오랫동안 너무나 쓰라리게 감내해야만 했었다.[14]

프로이센에서는 이런 일로 인한 어려움이 덜했음이 분명했다. 나폴레옹이 프랑스와 벌인 1813년 해방전쟁으로 도입된 것은 보편적 국방의무만이 아니었다. 철십자훈장을 '무공훈장'으로 도입했으며, '영웅적 행위를 하다가 조국을 위해 죽었'거나 특별한 '전투적 용맹'으로 탁월함을 보인 군인이라면 계급에 상관없이 그를 위해 기념조형물을 만들어주었다. 애국심으로 나라

---

[*] 최고의 무공훈장으로, 군인에게만 수여한다.

지키기에 나서는 남성성이 이 시대의 발명품이 절대 아님은 분명하다. 그러나 그런 남성성은 대서양 권역의 여러 민주주의 혁명 및 독일에서 일어난 다수의 행방전쟁을 통해 자유, 평등 및 국민이라는 관념과 짝지어짐으로써 새로운 하나의 차원과 의미를 얻었다. 시민 각자가 동시에 전사戰士일 수 있었고, 시민 각자가 전사로서 영웅이 될 수도 있었던 것이다.[15]

그렇게 신민臣民의 무리는 시민군대가 되었다. 자신과 자신이 가진 것을 지키려고 싸우고 그것을 지키기 위해 죽을 각오가 된 군대였다. 애국적 군 복무는 사회참여와 시민으로 인정받을 자격을 약속해주었다. 그것은 남성의 영역이었다. 다시 말해, 남성만 나라를 지킬 수 있는 존재로 인정받아야 했고 인정받아도 되었으며, 나라를 지킬 수 있는 존재로 인정받은 사람만이 진정한 남성으로, 또 시민이 될 능력과 가치를 지닌 존재로 간주되었다. "그 어떤 남성이라도 군대를 가지 않으면 남성 대접을 받을 수 없다." 이는 체조의 아버지 프리드리히 루트비히 얀이 이미 1813년에 강조한 말이다.[16] 군대는 '남성성의 학교'이자 국민으로서의 '덕성'을 함양하는 학교로 여겨졌다.[17] 미국에서는 여기에 더하여 남성성, 군 복무 및 시민으로서의 자격 간의 관계가 피부색과도 얽혀 있었다. 따라서 영웅이라고 인정받는 것은 남성만의 특권일 뿐 아니라, 거기에 더하여 백인의 특권이기도 했다. 노예제도에 맞선 전쟁에서조차도 검은 미국인은 일단 연합군 병사로 끼어들어서는 안 되었다. 그 전쟁이 백인 남성의 일이

전투

어야 했기 때문이다. 아프리카계 미국인의 군 복무가 허용된 것은 1863년부터였다. 남북전쟁이 장기간 지속되면서 다수의 사망자가 발생했고 노예해방(1863년)이 선언된 덕분이었다. 그들은 이러한 군 복무 허용을 자신이 다시 남성이 되고 시민이 되는 길로 나아가는 데에 필요한 결정적인 큰 걸음이라고 느꼈다.[18]

　　하지만 동시에 이것은, 만인에 대한 만인의 투쟁이라는 다원주의적 투쟁의 시대에 사람들이 갖고 있던 출정 준비태세, 명예관 및 남성관이 인종적 내지 민족적 우월성이라는 환상과 결부되어 있다고 보는 태도에는 아무런 변화를 주지 못했다. 특히 1900년경의 스페인-미국-필리핀 간에 벌어진 식민전쟁과 테디 루즈벨트나 에른스트 윙거 식의 영웅비전이 부각된 두 번의 세계대전이 이를 잘 보여준다.[19] 미국의 정치인 및 군인이자 자칭 개척자에 스포츠 선수이기도 한 시어도어 '테디' 루즈벨트와 독일의 일선 군인이었던 에른스트 윙거는 군인 영웅관이 몸과 국가에 대한 숭배와 공존함을 상징하는 본보기다. 이런 공존은 19세기를 죽 거치면서 확립되었다. 말하자면, 한편으로는 몸에 매달려 애쓰는 것만이 군사적 능력을 보장해줄 수 있었으며, 다른 한편으로 몸에 매달려 애쓰기 위해선 싸워야 하고 힘이 있어야 한다는 군대의 기조로부터 크게 영향을 받은 것으로, 이런 기조는 오늘날까지 그 울림을 이어가고 있다.

군대의 훈육 방식

군사적 힘과 몸에 매달려 애쓰기의 상호관계는 고대로까지 거슬러 올라갈 수 있다. 18세기가 되면서 이런 역사에 중요한 변화가 나타났다. 몸이 뭔가를 빨리 배울 수 있다는 것, 그리고 그 몸을 쓸모 있게 만드는 일에 사람들이 새로이 점차 주목하게 된 것이 이때부터였던 것이다. 군인은 그런 신속학습 가능성을 지닌 몸의 한 원형이었다. 그럼에도 불구하고 18세기의 군인 훈육을 피트니스 트레이닝이라고 말할 수는 없다. 왜냐하면 피트니스의 관건은 자율적 제어 속에서 체력이나 신체여건을 개선하는 것이기 때문이다.

군인으로 훈육할 때 최우선적으로 중요한 것은 '습관처럼 자동화될 때까지' 그리고 최후의 사소한 것까지 써먹을 수 있도록 만드는 일이었다. 대오를 갖추어 행진하거나 무기 다루는 일처럼 몸 움직임의 기술을 최적화해야 했다는 말이다. 그래야만 제각각인 수많은 몸을 마찰 없이 잘 작동하는 하나의 잘 조율된 집단으로 만들 수 있었다. 군인의 몸은 - 노동자와 더불어 - 점차 꼴을 갖추어가는 군대식 '훈육'에 유리한 대상이었다. 다시 말해, 군인의 몸이란, 푸코가 말했다시피, "신체활동에 대한 면밀한 통제 및 신체활동력에 대한 지속적 장악을 가능케 하고 그 활동력을 기민하고 유용하게 만들어주는" 훈육 방식의 적용대상이

전투

었던 것이다. 그러므로 훈육권력*은 몸의 (군사적 또는 경제적) 유용성을 높이 끌어올리기 위해 그 몸을 강화시키며, 동시에 몸을 순종적으로 만듦으로써 약화시키기도 한다. 현대의 피트니스 영웅과의 결정적인 차이점이라면 이런 식의 강제 훈육이 무척 비자발적이거나 기껏해야 자발성이 눈에 띄게 미미하다는 사실이다.[20]

　18세기의 프로이센 군대는 엄격한 훈육과 실력으로 유명하다. 군대를 구성하는 각 단위부대끼리의 협력에서부터 병사 각각이 행하는 아주 사소한 일에 이르기까지 모든 동작과 절차가 이전 그 누구도 보지 못했을 정도로 하나하나 틀에 맞추어져 있었다. 독립전쟁에서 승리하기 위해 미국 민병대가 갖추어야 할 것 중 초기에 아직 부족했던 점이 바로 이런 매끄러움이었다. 프로이센의 프리드리히 빌헬름 폰 슈토이벤 남작은 1777/78년 겨울 펜실베이니아 벨리 포지 캠프에서 자신이 작성한 지침서의 제목 그대로 '규율과 훈육을 위한 제 규칙'을 미국군에게 최초로 가르쳤다. 폰 슈토이벤의 관여가 실제로 전쟁의 흐름에 얼마나 많은 영향을 미쳤는지는 여기서 부차적이다. 그러나 그의 지침은 수십 년 동안 사용되었으며 근대 시민군대의 훈육, 지도 및 양성의 역사에서 이정표로 통한다.[21]

---

* 푸코의 규정으로, 규범에 근거한 통제 및 감시를 통해 개인의 행동을 제약하거나 거기에 영향을 주는 권력을 말한다.

체조를 통한 신체 단련

물론 '엑서사이즈exercise'가 몸에 얼마나 좋은지를 당시의 주도적 인물인 벤저민 프랭클린이나 토머스 제퍼슨이 이미 설파했다고는 하지만, 그렇다고 군인으로서 쓸모 있는 존재가 되려고 미국 혁명파가 체계적으로 신체의 성취능력을 단련했다는 말은 아마 거의 할 수 없을 것이며, 그 단련조차도 전혀 자발적이지 않았다. 1802년 신생 미국에 설립된 사관학교 웨스트포인트에서 엘리트를 양성할 때조차도 신체단련은 처음에는 서자 취급을 받았다.

이와 반대로 프로이센에서는 이미 해방전쟁 기간 중에 처음부터 군사적 색채를 띤 체조가 보급되기 시작했다. 최초의 체조연습장이 1811년 베를린 하젠하이데 지역에서 문을 열었는데, 그곳에서는 신체 및 국방력 단련이 국가 및 영웅적 행위에 대한 상상과 뒤엉켜 구분되지 않았다. 1840년대, 그러니까 소위 체조 금지령*이 해제된 이후, 그리고 1860년부터는 더더욱, 체조는 프로이센 및 여타 독어권 나라의 청소년 교육에서, 그리고 프로이센 왕실 군대에서 점차 중요한 자리를 차지했다. 신체단련 프로그램에는 행진 및 극도로 다양한 신체 연습이 계획되

---

* 독일 체조는 체조의 아버지 프리트리히 루트비히 얀에 의해 1807년 도입되어 일종의 국민운동으로 확산되었다. 또 이 운동은 신체단련과 더불어 국민국가 및 자유주의를 추구하는 대학생 서클들과 긴밀한 관계를 맺고 있었다. 그러다 1819년 작가 아우구스트 폰 코체부가 대학생 서클 회원이자 체조선수 카를 루트비히 잔트에게 살해당하자 제국은 체조운동을 국가의 적이라 여겨 1820년에 전면금지를 선포했고, 1842년에야 이를 공식적으로 해제했다. 이후 체조는 다시 선풍을 일으켰고 혁명과 자유주의 세력의 주요 도구가 되었다.

전투

어 있었고 도구를 사용하기도 하고 도구 없는 연습도 있었다. 그리고 체조하는 이들은 분별력, 침착함 및 꿋꿋함을 한 몸에 갖출 것을 스스로에게 요구했다. 체조하는 몸은 단련을 통해 극기 능력을 갖추었음과 국가의 안녕을 위해 개인적으로 뭔가를 해낼 능력이 있음을 상징했다. 체조는 "민족의 방위역량 함양에 가장 우수한 가르침"으로 간주되었고, 하나의 국민운동이었으며, 점차 인종적인 의미를 지닌 민족 관념과 결부되었다.[22]

이들 체조선수는 이미 1820년대에 최초로 미국으로 건너갔다. 거기서 이 독일식 체조는 미국의 각 대학으로부터 주목받았으며, 독어 체조 안내서의 영어 번역판도 이미 존재했다. 하지만 체조가 미국에서 비교적 뚜렷한 존재감을 갖게 된 것은 1848/49년의 독일 혁명이 실패로 끝난 후 많은 체조선수가 그곳으로 이민 간 뒤부터였다. '내전Civil War', 즉 남북전쟁이 끝나자 이 체조는 이제 이전移轉, 수용 및 변형이 공존하는 가운데 미국의 사회, 학교, 대학 및 군대 속으로 점점 더 깊이 파고들어가, 다수의 유럽국가가 실시한 여러 체력단련 형식 및 이와 비슷한 형식과 어깨를 나란히 하였다. 이 무렵부터 미국에서 체조에 열광하는 사람은 체조에서 기꺼이 프로이센의 군사력을 떠올렸다. 미국 평론가들은 1870/71년의 독일-프랑스 간 전쟁에서 특히 프로이센 군대의 더 우수한 신체단련 상태가 결정타가 되었음이 틀림없다고 강조했다.[*] 19세기 말 - 그러니까 스포츠와 피트니스가 처음으로 거대한 물결을 이루어 휩쓸던 때 - 에는 군 인력 양성 프로그램도 신체단련을 확고하게 포함시키기 시작했으며 곧이어 학교 교육과정도 그 뒤를 따랐다. [23]

군대와 피트니스

1900년경에는 "군대의 성취능력이 군대 모든 구성원의 신체 피트니스에 직접적으로 의지해 있음"을 그 누구도 더는 의심하지 않았다. [24] '전체 군사조직은 그 조직을 구성하는 개인의 신체특성에 기반함'은 체력단련을 위해 줄지어 늘어선 미군을 보면 알 수 있었다. 다른 곳에서는, 제 몸을 최적화하려는 자세가 결여된 '민족들'은 지구상에서 사라져버릴지 모른다는 사회진화론 식의 말들이 오갔다. 이후 사회진화론이라는 기조는 성취능력, 관철능력 및 방어능력을 다룰 때면 계속 함께 튀어나왔다. [25]

그러다 미국이 제1차 세계대전에 대비하여 육군과 해군을 확대하면서 징집 문제 및 전투 투입이 가능하도록 군인을 양성하는 문제를 논의할 때, 군인의 신체적 성취능력도 의제에 올라 있었다. 건강, 힘, 지구력 및 이들과 결부된 군인으로서의 자신감이 생존에 중요하다는 것이었다. 이런 것들이 국가 및 국민

---

[*] 보불전쟁은 프랑스와 북독일 연방 간의 전쟁이고, 북독일 연방의 주축이 프로이센 왕국이었다.

의 품질과 잠재력을 상징하며, 이는 연습을 통해 숙달되어야 한다고 레너드 우드는 말했다. 그는 군대의 피트니스를 목청 높여 대변한 사람이었다. 우드의 이력을 보면 당시의 피트니스 열광이 한 나라, 한 '민족' 또는 한 '인종'이 더 우월하고 더 압도적이라는 헛소리를 지껄여대는 군사적, 사회진화론적 및 식민주의적 맥락에 얼마나 고착되어 있었는지를 잘 알 수 있다. 우드는 '아메리카 원주민'에 대한 정복전쟁에서 자신이 군인으로서 싹수가 있음을 처음 알게 되었고, 그 대가로 훈장도 받았다. 이어진 필리핀과 쿠바에서의 식민전쟁에서 그는 육군소장, 필리핀 모로 지방 총독 및 그리고 마침내는 미국 '육군참모총장'으로까지 진급했다. 우드는 그 외에도 내과의이자 대단한 스포츠팬이기도 했다. 그의 옛 전우이자 대통령을 지낸 시어도어 루즈벨트도 우드와 비슷하게, 군인 각자는 신체 및 도덕 피트니스에서 최고의 조건을 충족시켜야 하며 "부적격자는 철저히 퇴출"되어야 한다고 강조했다.[26]

　　미국이 1917년 4월 제1차 세계대전에 뛰어들어 복무 가능한 연령대의 모든 남성에게 무기를 들라고 외치자, "운동을 통한 신체단련의 가장 중요한 기능은 남성을 더 우수한 전사로 만드는 것"이라는 말들이 나돌았다. 하지만 그 무렵은 이미 수년째 신체 및 피트니스에 대한 열광을 맛본 상황이었음에도, 군 막사나 징병검사 광경을 보면 상황은 환상을 깨기에 충분할 정도로 실망스러웠다.

첫째, 많은 젊은 남성의 눈에는 징병 기준이 너무 아득해 보였다. 군이 그들을 전쟁을 치를 수 있을 만큼 충분히 핏하지 못한 존재로 간주한 것이다. 사회진화론이 판치는 시대에 이런 판정이 나온 것은 극도로 황당한 일이 아닐 수 없었다. 미국 여론은 물론 정계까지도 무엇보다 열악한 노동조건 및 빈약한 영양 섭취를 신체적 결핍의 원인으로 논의했다. 1917년 〈미국 식품관리청 U.S. Food Administration 〉이 설립되어 여기에 도움을 주고 계몽도 하고 국민을 가르쳐야 했다.

둘째, 징병검사를 통과해 (미국과 멕시코 국경 지역에 위치한) 훈련소에서 교육까지 마친 군인들은 자기 피트니스에 전념하기보다는 리오그란데 강 건너편 시우다드 후아레스의 홍등가, 선술집, 댄스 플로어와 사창가를 돌아다니는 걸 더 좋아했다. 이런 한탄은 프로이센과 독일제국에서도 이미 있었던 일이었다. 미국의 관계당국인 〈훈련소 활동 위원회 Commission on Training Camp Activities 〉가 대응에 나섰다. 징집된 군인의 신체단련을 강화했고, 섹스 관련 계몽 교육을 시행했으며, 훈련소 내에서 도덕적으로 장려할 만한 오락 프로그램을 제공해 주었다.[27]

피트니스를 통한 승리

"한 나라의 민족이 신체적, 정신적 및 도덕적으로 충분히 핏하지 않으면 그 어떤 나라도 미래에 살아남지 못한다"라는 20세기 초의 생명정치적 주문呪文은 1930년대의 경제위기와 더불어 새로운 방식으로 시험대에 올랐다. 빈곤, 피로, 신체 약화 및 절망이 사방으로 번져나가는 판에 미국 남성의 피트니스를 성취능력과 자율성의 상징이라고 떠들어대기는 쉽지 않아 보였다. 따라서 뉴딜 정책의 초점은 몸, 특히 백인 남성 미국인의 몸을 나라를 위해 강하게 단련시키고 그들의 잠재적 역량과 노동 성과를 함양해 영웅적이라고 칭찬하는 쪽에 맞추어져 있었다. 특히 전반적으로 뉴딜의 가장 성공적인 기관으로서 당대에 가장 크게 인정받은 〈시민 보호단CCC: Civilian Conservation Corps〉은 신체 피트니스, 준군사적 구조를 갖춘 여러 조직 및 영웅적 요소가 서로 얼마나 잘 결부되어 있었는지를 보여준다. 이 CCC 소속 젊은이들은 노동근면성, 정력 및 에로틱을 내뿜었다.[28]

　　제2차 세계대전을 위한 미국의 참전독려 캠페인에서는 이제 도드라지게 근육질인 '엉클 샘Uncle Sam'이 그것과 비슷한 방식으로 뽐을 냈다. 그가 할 일은 조용히 자고 있는 잠재력을 깨워내 파시즘과 독재에 맞선 전쟁에서 영웅적 행위를 하게 하는 것이었다. 그러나 징병검사 결과에서는 이번에도 그것과는 다른 말이 튀어나왔다. "너무 많은 젊은이가 나라에 봉사를 못할 지경입니다. 신체적으로 최상의 형태가 아니기 때문입니다"라고 군 지휘부는 한탄했다. 미국인 중 35.8%, 숫자로는 650만 명이 심한 신체적 정신적 허약이나 성병 감염으로 인해 부적합 판정을 받아 군 복무에서 배제되었다. 무엇보다 장기간 지속된 불

경기와 골수까지 빨려버린 몸이 그 원인으로 지목되었지만, 기계화가 점점 더 진행되고 노동세계에서도 몸을 갈수록 배제하면서 피트니스 결핍이 초래된 탓도 있었다. 이에 〈전미 신체 피트니스 위원회National Commiteee on Physical Fitness〉라는 국가기구가 신설되었고, 이 위원회는 1920년과 1924년 올림픽 조정 종목에서 금메달을 딴 존 켈리를 위원장으로 앉혀 군 및 의료계 대표자와의 협력하에 이에 대응해야 했다. 이들이 내건 구호는 "피트니스를 통한 승리"였다.[29]

나치 선전 포스터

이 구호의 가장 극명한 꼴이 파시즘 시대에 있었던, 단련된 신체를 군사화하고 영웅시한 일이었다. 전투라는 전투는 다 이기고 '민족공동체'로서의 국가를 위해 희생을 바칠 각오가 된 그런 단단하고 의지 충만한 남성의 유능한 몸이라는 비전은 파시즘과 국가사회주의에서 그 가장 날카로운 형태를 경험했다.[30] 많은 이가 신체 단련이 전투능력의 바탕을 만들어준다고 여겼다. 이런 철두철미 군사화된 성취 시나리오의 핵심은 '아리아인'의 우수한 몸이었다. 그 몸의 완전무결성은 무엇보다 군사력에서 드러나야 했고, 스포츠, 생산성 및 재생산 품질에서도 드러나야 했다. 여기서 특히 마지막 요구사항, 즉 재생산 품질은 여성의 몸에 대해서도 제기되는 요구였다. 이런 인종주의 논리에 입각하여, '민족의 몸'의 완전무결성은 성취, 순수성 및 영웅주의라는 환상에 포함될 수 없는 모든 것의 배제 내지 멸절을 요구했다.[31]

탈영웅 시대로의 변혁을 이끄는 동인動因?

국가사회주의 및 그것의 깊디깊은, 우월인간이라는 인종주의적 이념은 호전적-영웅주의적 신체정책의 정점이었다. 이 정책은 한쪽은 최적화하고 다른 쪽은 전적으로 배제한다는 비전에 푹 젖어 있었다. 그러나 그것을 향해 가는 도중에 이 군사적-

영웅주의적 이상은 제1차 세계대전으로 인해 이미 깊은 분열을 겪었다.

제1차 세계대전이 발발하자 독일 사람들은 다들 '독일의 옛 영웅정신'을 드러낼 기회가 왔다고 환호했다. 하지만 결국 군인의 영웅적 행동과 피트니스가 전쟁에 결정적인 요소가 될 수는 없었다.[32] 집중포화가 끝도 없이 이어지고 수류탄 파편이 튀는 상황에서 며칠 몇 주 동안 참호의 진창 속에서 견뎌야 했고 그다음에는 - 만에 하나 살아남기라도 했다면 - '전쟁장애인Kriegskrüppel*', 안면顔面 손상자 아니면 '전쟁떨림증 환자 Kriegszitterer**로 삶을 이어간 군인들을 어떻게 영웅이라고 존경할 수 있었겠는가? 독일만 해도 영구 장애와 병든 몸으로 전쟁터에서 돌아온 군인이 270만 명이나 되었다. 그 수많은 상이군인은 대서양 양쪽 모두에서 사람들의 짜증거리가 되었고, 의료진과 군 고위층은 셸 쇼크***라는 수수께끼**** 때문에 고민에 빠졌다.

공업화된 전쟁은 개인이 전쟁에서 영웅이 될 가능성을 명

---

* 19세기에 신체장애/기형을 일반적으로 Krüppel이라 불렀기에 전쟁으로 인해 불구가 된 사람을 Kriegskrüppel이라 일컬었다. 제1차 세계대전 이후 이 단어가 점차 폄하적 의미로 사용되었고, 이를 대신하기 위해 '전상자(戰傷者)'라는 뜻의 Kriegsbeschädigte라는 단어가 쓰였으며, 이후 다시 비슷한 뜻의 Kriegsversehrte라는 단어가 도입되었다.
** 독일제국이 붙인 병명(病名)으로, 현대식으로 표현하면 '전쟁 노이로제 환자'라 할 수 있다.
*** 외상 후 스트레스 장애의 한 유형으로, 제1차 세계대전 당시 영국 심리학자 찰스 사무엘 마이어스가 만든 용어. 전쟁 중에 많은 병사를 고통으로 몰아넣었다.
**** 외상 후 스트레스 장애라는 정신질환이 아직 확립되지 않은 당시로써는, 외상은 없으면서 고통스러워하는 병사들의 상태를 수수께끼라고 여겼을 것이다.

전투

백히 없애버렸다. 전쟁이 끝난 뒤, 몸과 마음의 부상으로 성취능력과 정력이 제한된 수많은 사람은 일상을 제대로 감당하지 못했다. 의족 따위의 보형물을 갖추면 노동을 할 수 있다고 흔히들 떠들어대기는 했지만 당사자 다수는 보형물이 가능성과 할 수 있음의 표시라기보다는 오히려 기능적으로 부진하고 기계적으로 변형된 몸을 드러내는 장치임을 경험했다. 성취 중심의 사회에서 그들은 뭔가 결핍된 존재로 보이지 않을 도리가 없었다. 전쟁과 보형물제작 기술을 통해 몸의 한계를 기계적으로 극복하는 일은 포드주의를 상징하는 컨베이어벨트 곁에서 기계처럼 노동하던 시대에 경험한 몸의 복종과 집단화를 몇 곱절 배가시켰다. 발터 벤야민은 "작디작고 약하기 짝이 없는 인간신체가 파괴의 물결과 폭발이 함께 작용하는 하나의 역장力場에" 내동댕이쳐져 있다고 지적했다. 그런 곳에서 인간이 어떻게 자신을 영웅으로 만든다는 말인가?[33]

하지만 전쟁의 결과로 온 나라가 쑥대밭이 되었고 베르사유 조약 이후 제국군대가 해체되었음에도 그것이 독일의 정치와 사회가 양차 대전 사이의 평화기에 다시 고도로 군사화되는 것을 막지는 못했다. 전쟁영웅이 정말 위기에 처해 있을 때 사람들이 보여준 대응이란 "전쟁으로 안면 손상을 입은 이들"이 제1차 세계대전의 여러 전쟁터에서, 그리고 고향에 돌아가서도 보여주었다는 그 "강철 의지"를 칭송하는 것이었다.[34] 이 의지와 결부된 것이 철갑을 두른 몸이라는 비전이었고, 그 정점에 결국 사람들이 다시금 영웅적이라고 상상하는 투쟁이, 국가사회주의 독일의 인종주의적 '민족공동체'를 위한 투쟁이 자리하고 있었던 것이다.

영웅주의의 반감기

하지만 국가사회주의는 영웅적인 것의 역사에서 정점이기도 했지만, 동시에 거기에 걸려 무너지고 말았다. 모든 군인과 노동자가 '아리아인 민족공동체'의 이름으로 영웅이라고 칭송받았고, 남편, 아들 또는 형제의 전사를 알리는 편지가 표준규격 편지였으며[*], 이 모든 것이 영웅적 승리의 일부가 아니라 완벽한 패배의 일부였다면, 영웅이라는 개념은 자가당착에 빠지기 때문이었다. 게다가 민족과 조국을 위한 군사적 영웅주의는 5천만 명이나 되는 전사자와 쇼아Schoah[**]에 대해서도 공동으로 책임이 있었다. 그러나 이 견해가 실제로 다수를 확보할 수 있었던 것은 신생 독일연방(서독)에서 1968년의 사회적 변혁 및 이를 통한 국가사회주의의 청산이 이루어지면서부터였다. 1960년대의 사회 혁명을 통해 군사적 영웅주의는 이후 수십 년 동안 유해한 것으로 여겨져 다들 회피하였다. 이에 더하여 독일 군인의 전투현장 투입은 제2차 세계대전 이후 수십 년 동안 금기시되었

---

[*] 표준규격이란 대량 발송되었다는 뜻. 다시 말해 그만큼 많은 사람이 죽어 나갔다는 의미다.

[**] 나치의 유대인 대학살을 가리키는 현대 히브리어 단어

전투

다. 독일 군인은 독일연방군이 최초로 외국인 코소보에 파견된 1999년까지 절대 전쟁영웅이 될 수 없었던 것이다.[35]

미국에서는 군사적 영웅주의의 반감기가 독일보다 더 길었으며, 영웅과의 마지막 작별이 별로 꾸준히 이루어지지도 않았고 독일처럼 그리 명료하지도 않았다. 그 한 가지 이유는 제2차 세계대전에서 미군이 선한 일을 위해 싸워 이겼다는 것, 그들이 자유, 민주주의 그리고 '미국식 생활방식'을 위해 희생했다는 것이었다.[36] 독재에 맞선 미국의 영웅적인 투쟁에 대한 열광 속에는 회의적 목소리도 섞여 들어갔다. 미군 병사가 폭력을 경험하고 트라우마를 겪는 것을 안타까워하는 목소리, 영웅으로 떠받드는 것에 의문을 제기하는 목소리였다. 그러나 군대와 영웅적 행위에 대해 아주 깊이 신경질적인 눈길을 보낸 것은 20년이나 지난 뒤에 일어난 베트남 전쟁 때였다. 첫째, 베트남은 미국이 전쟁에서 질 수도 있음을 보여주었다. 둘째, 전쟁이 오래 지속되면서 미군이 동남아에서 자유와 민주주의를 위해 희생한다고 믿는 사람은 거의 없었다. 오히려 그들 미군은 장기화된 식민전쟁에 연루되어 있었으며, 이 선한 일의 옹호자를 비판하는 이들의 눈에는 그들은 살인자였다. 셋째, 그들은 국민을 속인 정치지도자의 제국주의 권력 추구를 대리했다. 따라서 베트남 비판과 군사적 영웅신화 비판은 미국에서도 사회, 정치 및 가부장제에 대한 근본적 비판의 일부였다.[37]

그리하여 영웅주의는 1968년 이후 일단 대서양 양안에서는 지나간 일로 치부되는 것 같았다. 하지만 동시에 그런 군인답고 영웅다운 것에 바탕을 둔 자질이 민간의 삶에서 상실된다고 걱정하는 사람들도 적어도 미국에는 있었다. 1970년대 초, 미국 사회가 영웅을 잃어버렸다고 한탄하는 다양한 목소리가 있었는데, 이는 자기에게 중요한 것을 위해서라면 아무런 조건 없이 싸우는 남성을 가리킨 말이었다. 이때 중요한 것은 싸움의 특별한 목표가 아니라 오히려 싸움 그 자체를 할 태세, 위험을 무릅쓰고 희생을 감수할 태세였다. 사회운동을 통해 보다 정의로운 세상을 위해 헌신한 활동가가 바로 이런 일을 했다. 하지만 그들은 다수 아메리카인을 위한 영웅적 이상으로서는 적합하지 않았다.[38]

새로운 종류의 연약함

그 대신 그곳 미국에서는 이미 거의 20년 전부터 한탄의 목소리가 흘러나왔다. 교외의 표준화된 주택에서 아늑하게 살면서 마음껏 소비할 수 있었고 대기업의 대량생산 덕에 모두가 평등할 수 있었던 풍족한 50년대를 만드느라 백인 남성들이 자기 힘과 역동성을 다 바쳤다는 한탄이었다. 베스티 래스는 남편 톰을 "그냥 쉽게 예스라고 말하는 사람"이 되어버렸다고 비난했다. 톰은 1955년작 소설과 할리우드 영화『회색 양복을 입은 사나이』(원제: The Man in the Gray Flannel Suit / 독어로는 Der Mann im grauen Flanel)의 주인공이자 그저 순응할 뿐 뭔가를 해

보겠다는 의욕 없이 교외의 저렴한 집에서 살아가는 미국 남성의 원형 같은 사람이었다. "보잘것없는 사무직 종사자는 자기를 희생한 영웅이다. 그는 힘 약한 피조물로, 스스로 행동하지 않고 항상 외부 행동의 대상으로 남는다." 사회학자이자 지성 찰스 라이트 밀즈는 이미 1951년에 이렇게 선언했었다. 하지만 한때 공수부대원이었던 톰 래스에게서 모든 영웅자질을 빼앗아간 것은 표준화된 가정생활과 표준화된 노동세계를 오가며 사는 중에 들이닥친 탈남성성만이 아니었다. 톰은 그 외에도 참혹한 전쟁경험으로 인한 트라우마를 겪고 있었던 것이다. 그는 제2차 세계대전을 다 잊어버렸으면 좋겠다고 간절히 바랐겠지만, 이와 반대로 아내 벳시는 남편이 군인의 영웅적 자질을 시민으로서의 삶을 위해서 더 많이 사용할 것을 요구했다. 그러고 있을 게 아니라 바깥으로 나가서 다시 뭔가를 위해 싸우라고 했다. 뭔가를 이루어낼 준비태세를 갖추고, 행동 주도권을 장악하며, 한계를 뛰어넘어 적극적으로 행복을 추구하라고 요구했던 것이다.[39]

도처의 사람들이 이런 새로운 종류의 연약함을 두려워했고, 이런 연약함이 얼마 안 가 순응형에다 덜 활동적이며 심장질환이 있는 남성의 비만화에서도 신체적으로 표현되는 것 같았다. 예컨대 소설가이자 평론가인 노먼 메일러는 1950년대에, 미국의 백인 남성은 남다른 성취를 통해 부각되는 것이 아니라 "대세에 순응하다 서서히 죽어갈" 위기에 처해 있다고 썼다. 역사가이자 정치 컨설턴트 아서 엠 슐레진저도 비슷하게 강조하기를,

사람은 역사를 만들기보다는 역사의 흐름에 떠밀려간다고 했다. 유일하게 존 에프 케네디만이, 비록 잠깐이기는 했지만, 남성답게 영웅적인 자질들이 미국의 정치와 사회로 되돌아오리라는 희망을 들쑤셔 일으켰다.

　　노먼 메일러는 케네디를 심지어 슈퍼 영웅이라고 보았다. 연약화에 대항해 싸웠고, 남성의 강인함과 '완전한 피트니스'를 위한 투쟁을 받아들였다는 것이다. 그것은 냉전 시기에 직접적으로 군사적인 의미도 지닌 하나의 투쟁이었다. 메일러는 케네디에 대해, 슈퍼마켓에 나타나 넘쳐나는 젊음, 역동성 및 실천력을 그저 아무렇지도 않게 보여주는 슈퍼맨이라고 소리 높여 외쳤다. 오늘날 우리는 이것이 사실이 아니라 가상임을 잘 알고 있지만, 그렇다고 그것으로 인해 JFK(존 에프 케네디)의 위광이 꺾이지는 않았다. 하지만 당시 미국이라는 나라의 나태함과 보험 의존적이고 사회보장법 의존적인 정신자세를 빼앗아버리겠다고 약속한, 운동 선수처럼 늘씬하고 젊은 이 영웅의 활약은 막간극으로 머물고 말았다.[40] 베트남 전쟁이 진행되면서 미국인은 새로운 세계로의 출발이라는 희망 대신 오히려 미국 남성의 영웅적 자질에 대한 신뢰와 점차 부패해 가는 정계 지도부에 대한 신뢰를 완전히 잃어버리고 말았다. 이런 양상은 1972년의 워터게이트 스캔들에서 최악의 수준에 이르렀다.

피트니스 영웅 II

그러나 영웅의 가치하락이 그리 오래 지속되지는 않았다. 늦어도 1968년 이후부터 우리가 탈영웅의 사회에서 살고 있었다는 진단은 기껏해야 제한적으로만 옳다. 왜냐하면 이미 1980년대 초에 처음에는 미국에서 영웅 르네상스가 낯익은 형태로 그리고 동시에 변화된 형태로 시작되었고, 21세기에 이르도록 계속 - 이곳 독일에서도 - 그 속도를 올려왔기 때문이다. 남성이며 점차 여성일 수도 있는 이 새로운 영웅 유형은 개성과 자율성을 대표하고 싸울 각오가 되어 있으며 성취능력 있고 섹시한 모습을 보여주어야 한다. 이 유형은 유연한 자본주의와 피트니스 사회의 여러 가치를 구현하는데, 이런 가치들은 해가 갈수록 날카로움을 더해갔다. 하지만 우리는 1980년대 초에서 시작해보자.

영웅주의의 부활

로널드 레이건이 1981년 1월 20일 미국 대통령에 취임했을 때 그의 가장 큰 목표 중 하나는 미국을 다시 자신감 넘치는 길로, 또 자기 힘을 신뢰하는 길로 인도하는 것이었다. 베트남전 패배 이후의 굴욕감도, 1970년대라는 경제, 에너지 및 사회적 위기의 시기에 맛본 '미국식 생활방식'과의 작별도 이제 뒤집어엎어야 했던 것이다. 영웅의 부활은 이를 달성하기 위한 전략의 하나였다. 그런 뜻에서 레이건은 수백만 군중 앞에서 취임 연설을 행하는 자리에서 이미, 이제 미국에 영웅은 없다는 당시의 보편적 진단에 이의를 제기했다. 모든 시민이 일상의 도전과제를 받아들여 근면과 품위를 갖추고서 인생을 돌파하고 그 끝 모를 심연을 이겨낸 것이 곧 영웅적 행위라는 것을 누구든 조금만 더 정밀하게 들여다보면 알 수 있기 때문이라는 것이다.[41] 영웅주의의 그런 부활을 판정하는 가장 중요한 기준은 자기 인생을 장악하겠다, 그 과정에서 우뚝 서서 버틸 수 있음을 보이겠다, 타인에게 의지하지 않으며 특히 국가에는 전혀 의지하지 않겠다는 각오와 능력이었다. 자신을 믿는 자만이 상황의 흐름에 규정되지 않고 오히려 그 상황을 규정할 수 있기 때문이라는 것이다.[42]

보통 사람을 영웅으로 만들 수 있었던 곳은 일상이라는 전쟁터였다. 결국 새로 탄생한 레이건 정부는 일상에서의 자기 책임을 간절히 요청했으며, 자기만족 대신 투쟁 의지를, '뉴딜'과 '위대한 사회Great Society*' 시대 때부터 여태 남아 있던, 국가가 사회보장을 책임져야 한다는 식의 의존적 정신자세가 아니라 행동에 나서서 희생할 각오를 요구했다. 영웅의 다른 형태로의 재탄생이 사회복지적 요소의 종료와 함께였던 것이다. "좋은 정부란 타인으로 말미암지 않고 자기 자신으로 말미암는 정부"

---

* 존슨 대통령이 행한 국내 정책으로, 가난과 인종 차별을 없애는 것을 목표로 한다.

라는 정치 구호가 나돌았다. 스스로 충분히 노력해 이 세상을 잘 살아가는 사람은 누구든 영웅이라는 것이 신자유주의 시대의 정치 메시지다. 이런 새로운 종류의 영웅주의의 수렴점은 국가가 아니라 오히려 나das Ich와 자신의 성공이었다. 자신과 자기 삶에 대한 책임을 떠맡겠다는 각 개인의 의지와 능력은 집단의 복지를 달성하기 위한 기본조건으로 간주되었다.[43]

개인주의와 생기를 되찾은 영웅주의를 특징으로 하는 이와 같은 레이건식 미국 복원, 미국 재생을 지탱해준 요소 중에는 바로 새롭게 시작된 몸에 대한 열광도 있었다. 이런 열광은 결코 미국에만 있었던 특별한 현상이 아니었으며, 박자와 강도에서 약간의 차이는 있지만 개인주의, 자기 책임 및 유연성 강조와 보조를 맞춘 가운데 자본주의 사회 전반을 사로잡았다. 이때 몸에의 열광은 서로 다른 방식으로 표현되었다. 그 변이형의 하나가 근육질 몸이었다. 이 근육질 몸은 부분적으로 피트니스 몸과 중첩되기도 하지만 다르기도 하다. 근육질 몸의 극단적 형태는 야심 찬 보디빌더의 몸이다. 그러나 보디빌더는 피트니스 스포츠 선수가 아니다. 자신은 오히려 경쟁 스포츠 선수이며 무엇보다 예술가라고 여기는 것이다.

미국의 초기 보디빌딩과 관련된 내용을 다룬 다큐멘터리 컬트영화 〈펌핑 아이언Pumping Iron〉*(1977)에서 '미스터 유니

---

* 쇳덩어리 펌프질하기, 즉 역기 등을 들어올리는 운동을 말한다.

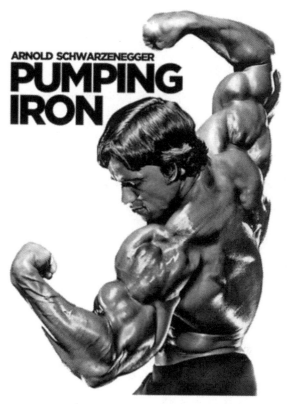

〈펌핑 아이언(Pumping Iron)〉 포스터

전투

버스'와 '미스터 올림피아'를 여러 차례 차지한 아놀드 슈바르체네거는 자기 훈련을 조각가의 작업에 비유했다. 그러나 조각가와는 달리 제 몸만들기를 위해 그가 해야 하는 일은, 자기가 원하는 미적 효과를 얻기 위해 쇳덩어리를 머리 위로 들어 올리면서 땀을 바가지로 쏟는 것이라고 했다. 최적의 결과를 얻는다는 목표로 꾸준하고 부지런히 운동하고 자신에게 매달려 힘들여 애쓸 필요가 있다는 점에서 피트니스의 관점이 적잖이 연상되기도 한다. 그러나 동시에 자기 최적화의 구체적 목표, 성공방식 - 산처럼 솟아오른 근육 만들기 - 은 피트니스의 원칙에 기껏해야 제한적으로만 부합할 뿐이다.

이제 신체의 아름다움이라는 문제를 피트니스와 나누어 생각할 수는 없다(뚱뚱함과 반대되는 늘씬함의 의미가 뭔지만 생각해도, 또 인스타그램에서 볼 수 있는 수많은 '피트니스 영웅'의 사진만 봐도 그건 알 수 있다). 하지만 피트니스 세계에서 말하는 신체미학은 항상 특별한 기능성도 지녀야 한다거나 적어도 그런 것이 있다는 느낌을 풍겨야 한다. 그러나 야심 찬 보디빌더의 몸은 공허하며, 기능적으로 온전치 못하고, 외르크 셸러가 자신의 글에서 지적했다시피, "일상에서 사용하기에 좋지 않"다. 그런 몸은 노동에는 정말 쓸모없고, 혹독한 단련과 도핑을 하다 보면 정력 문제가 흔히 동반현상으로 나타나며, 보디빌더의 몸에는 맞는 제복이라고는 하나도 없다.[44]

레이건 대통령은 무거운 쇳덩어리를 들어 올려 강철처럼

단련된 몸이 발산하는 양가적兩價的 신호가 어떤 의미를 지니는지 알고 있었거나, 아니면 적어도 그것에 대한 어떤 느낌은 갖고 있었다. 왜냐하면 레이건으로서는 한편으로 눈에 보이는 근육질 몸은 자기 목표를 위해 책임지고 싸울 수 있는 힘과 능력이라는 새로운 정책을 - 모든 사회 층위 및 국내외적으로 - 가장 잘 드러내 주는 상징이기도 했지만, 동시에 레이건은 기능적 피트니스, 균형 잡힌 트레이닝 프로그램 그리고 거기에 더해 양질의 영양 섭취도 설파했기 때문이다. 그는 장작 패기나 말타기(서부영화 주인공이 반갑다고 인사할 것이다) 같은 힘든 일에도 강이나 호수 등 야외에서의 수영과 피트니스 스튜디오에서의 역기 훈련에서와 똑같이 열광했다. 그렇기 때문에 레이건은 자신의 트레이닝 프로그램을 '펌핑 파이어우드Pumping Firewood'라고 불렀다.[45]

영웅의 '단단한 몸hard body'

그러나 근육이 붙어 있고 힘세다는 느낌을 주는 몸이 새로 위광을 내뿜는다는 것은 1980년대부터 일어난 피트니스 스튜디오 붐을 보면 잘 알 수 있는데, 여기에 밑줄을 그어주는 것이 존 람보나 록키 발보아 같은 영화 속 인물에 대한 대중문화계의 숭배다. 레이건은 자신이 람보 팬임을 기꺼이 드러냈다. 그러면서 자신의 영화계 이력에 대한 기억을 일깨우는 것도 물론 잊지 않았다. 람보와 록키는 (아마도 아놀드 슈바르체네거가 연기한 '터미네이터'와 더불어) 1980년대를 대표하는 블록버스터의 아이콘이라 할 수 있다. 그들은 수많은 B급 영화에 나오는 여러 인물을 대신하는 존재로도 간주될 것임이 틀림없다. 이 두 주인 공 역을 맡은 사람은 실베스터 스탤론으로, 그는 새로운 군인영 웅 유형(자신을 저버린 체제에 대항하는 외톨이 존 람보)과 스 포츠 영웅이자 일상의 영웅(이탈리아계 미국인 권투선수이자 글자 그대로 위로 올라가기 위해 죽도록 싸우는, 필라델피아의 노동자 계급 출신의 사회적 약자 록키 발보아)을 한 몸에 동시에 갖고 있었다. 록키나 람보는 강철 같고 근육질이면서도 아주 기 능적인 몸을 이용해, 그리고 여기에 의지, 각오 및 올바른 태도 를 더함으로써 대단한 일을 해내어 영웅이 될 수 있음을 보여주 었다. 이를 기려 20세기 말과 21세기 초 경제위기 및 탈산업화 로 인해 심하게 주머니를 털려버린 필라델피아라는 도시에서 사 람들은 '필라델피아 미술관'으로 올라가는, 록키 영화 덕분에 전 설이 된 계단의 발치에 기념상을 세워 록키에게 헌정했다.

레이건-아메리카 시대의 이런 영웅의 몸은 본질적으로 남성, 백인에 이성애자다. 따라서 그 몸은 약자에 대한 사회적 인정 및 다양성을 위해 싸우는 여러 사회운동, 그 운동의 요구사 항 및 성과에 대한 반발의 일부이기도 하다. 그러나 동시에 이런 사회운동은 온갖 보수적 반대 세력에도 불구하고 수많은 한계를 꾸준히 돌파했다. 그리하여 다양한 사회집단이 근육질 몸이라는 이상을 획득할 수 있었다. 그래서 예컨대 '게이 커뮤니티' 안에도 몸과 근육을 숭배하기도 하고 마찬가지로 여성 피트니스 영웅도 존재하는 것이다. 제인 폰다는 1980년대의 몸과 피트니스에 대한 열광을 적어도 실베스터 스탤론만큼이나 매우 열심히 선도한 사람이었다.[46]

그러므로 영웅의 '단단한 몸hard body'이 어쩌면 과거 그 어느 때보다 더 단단하게 다시 태어난 것은 책임감 있는 개인과 싸움을 받아들이겠다는 개인의 각오를 사회질서의 중심으로 이동시키는 역사적 추이의 일부다. 록키와 람보 두 인물이 지닌 핵심 특징은 비록 당장의 승리 가능성은 없어 보이지만 그래도 싸우겠다는 각오이다. 그러나 할리우드 바깥과 새로운 철갑신체 너머에서도 수많은 남녀 미국인은 싸울 각오를 하라는 요구를 무척이나 곧이곧대로 받아들였다. 그 이후 수십 년 동안 새로운 차원의 준 군사문화가 생겨난 것이다. 사람들은 다시 무장을 했으며 - 아마도 전보다 더 - 무기 숭배에 빠져들었다. 1970년대에 비해 미국 가정이 보유한 무기 숫자는 세 배 증가했으며 오늘날까지 3억 정을 크게 웃도는 수준까지 올라갔다. 〈전미 총기협회National Rifel Association〉는 스포츠 사격 협회였다가 지금은 회원 400만 명을 거느린, 미국에서 가장 영향력이 센 로비 집단의 하나로 성장했다. 남성 영웅의 이상으로서의 자발적 애국전사, 시민 자경단, 사격 연습, 전쟁 게임, 무기와 관련된 휘황찬란한 잡지, 다수의 유튜브 채널 등을 포함하는 도드라진 준 군사문화 속에 이 모든 것이 다 박혀들어가 있다.[47]

전투

영웅에 대한 환상

이런 전개 양상 하에서 우리는 미국에서 군대라는 것이 갖는 큰 의미에 대해서도 생각하지 않으면 안 된다. 군대의 의미는 9·11테러 이후 더 커졌다. 제2차 세계대전이 끝난 이래 미국이 전쟁을 하지 않은 해는 1976년 10월부터 1979년 11월까지의 3년뿐이었다. 미 국방부는 연방 예산의 엄청난 부분을 삼키고 있으며, 70만 명의 민간 직원과 140만 명의 군인(2015년)을 확보해, 미국 내 최대의 고용주이기도 하다. 뿐만 아니라 아웃소싱 시대인 까닭에 수많은 민간 기업이 미국의 군사 개입 덕에 많은 돈을 벌고 있으며 또 다른 수많은 사람을, 예컨대 물류와 사회간접자본 부문에 고용하고 있다. 그 외에 미국 사회에서 군대가 갖는 의미는, 이른바 사회 내 소수파가 시민으로서의 동등한 권리와 사회적 인정을 획득하기 위해 싸울 때 늘 반복적으로 - 역사적으로 백인 남성의 핵심 특권의 하나인 - 군 복무를 이용했다는 데에도 있다. 이런 사실은 '아프리카계 미국인African American' 게이 및 레즈비언에게도 해당된다. 이들에 대한 군 입대가 1994년부터는 암묵적으로, 그리고 2011년부터는 아무런 제약 없이 허용되고 있다. 이는 여성에게도 마찬가지여서 2016년부터는 모든 지상군과 전투부대에도 여성이 배치되고 있다.[48]

군과 사회의 교차점에, 준 군사문화와 영웅의 '단단한 몸'의 교차점에 있는 것이 '특수부대Special Forces'다. 특수부대에 대한 찬탄은 무엇보다 그들이 종종 적법과 불법의 중간지대에서 온갖 대단한 군용 기계장비도 없이 적진 깊숙이 들어가 작전하는 데에서 온다. 그런 까닭에 작전의 성공이나 실패, 특수부대원의 생사 문제는 무엇보다 그들 자신과 능력에 달려있다. 이러한 능력은 신체적 성질의 것이기도 한데, 고문 같은, 정말 비인간적이라 할 만큼 혹독한, 끝날 줄 모르는 훈련과정 속에서 얻어진다. '특수부대'와 그들의 훈련 및 신체적 특성에 대해 매체와 대중문화까지 나서서 그렇게 열광하기에 그들의 영웅신화는 더 강력해진다. 고도의 집중적 피트니스나 경쟁방식의 훈련 프로그램, 예컨대 '크로스핏CrossFit', '워리어 워크아웃Warrioer Workout' 또는 '터프 머더Tough Mudder'까지도 최근 열광적 환호의 대상이 되고 있는데, 이런 프로그램을 돌아가게 하는 것은 무엇보다 군 엘리트 모임 및 그들이 자신과 연결시켜 불러일으키는, 성취와 영웅에 대한 환상이다.[49]

하지만 20세기 후반 및 21세기 초의 '단단한 몸'이란 엘리트 군인이나 보디빌더의 근육질 신체만이 아니었다. 성취와 건강에 적합하게 다듬어진 피트니스 신체도 강철 같이 단련되어 있고 혹독하게 훈련받아 의지력 및 싸움을 받아들일 능력의 상징으로 굳건히 자리 잡고 있다. 피트니스 선수는 자기통제적 성취태세 및 신자유주의적 자아의 이상형이다. 이들 역시 1980년대부터 점차 영웅적인 존재로 자리를 잡아갔다. 물론 처음에는 별로 도드라지지 않았다. 하지만 피트니스보다는 오히려 그들 자신과 결부되며 그들 자신이 진정으로 구현하는 여러 가치와

전투

자질을 통해서 점차 그런 존재로 확립된 것이다.[50] 이로써 우리는 다시 스포츠 프로그램 전문 진행자 요하네스 케르너 곁에 있지 않나 싶다. 그는 〈어번 히어로즈〉라는 피트니스 스튜디오에서 받은 고도로 집중적인 트레이닝을 자신의 마라톤 완주와 마찬가지로 (그사이 피니셔, 즉 완주자가 매년 수십만이나 되기는 하지만) 영웅적이라고 일컫는다. 케르너로서는, 마라톤도 〈어번 히어로즈〉에서의 트레이닝도 훈련의 고통을 감내하고 희생을 바칠 준비, 자신을 뛰어넘는 성장을 하고 남다른 것을 이루어 내겠다는 준비가 되어 있음을 뚜렷이 보여주는 요소다. 피트니스 시대가 작동하는 것은 특히 누구나 영웅이 될 수 있다고 약속해주기 때문이다.

달리기와 영웅주의

이제 다시 한번 달리기 운동과, 이 운동이 점차 영웅적인 모습을 갖게 된 자기 이해의 역사를 보다 더 정밀하게 들여다보자. 우선 달리기에서 당시 명시적으로 영웅주의라고 말하는 경우는 매우 드물었다. 1970년대만 해도 달리기는 아직 대안 운동, 즉 영웅적인 것을 군사적이고 가부장적이라고 비판하는 여러 상황으로부터 적잖이 영향을 받고 있었던 것이다. 그러나 동시에 얼마 안 가 달리기를 영웅적인 요소의 범주들과 중첩되는 범주에 포함 시키는 담론 모형이 형성되었다.

그리하여 첫째, (대체)종교적 실천행위로서의 달리기라는 말이 곧장 튀어나왔는데, 이는 - 영웅적 요소와 마찬가지로 - 선택받은 존재라는 상상을 통해서 작동했다. 달리기를 시작한다는 것은 철두철미하게 변화된 생활방식을 영위하겠노라 고백함을 의미하는데, 개종 경험을 아주 제대로 하는 것이 그런 삶의 출발점이었다. 말하자면 관성과 느긋함을 버리고 근면과 절제를 실천하며, 맥주와 햄버거를 떠나 에너지 드링크와 뮤즐리를 먹고 마시는 것이었다. 달리기 관련 잡지들은 이에 해당하는 독자 편지로 넘쳐났다. 대개 남성인 그 편지의 발신인은 새로운 생활방식에 온전히 헌신했다고 맹세했다. 더 나아가 개종을 통해 '선택받은 자'의 일원이 되었으며, 단련된 몸은 남다른 어떤 것을 성취했음을 보여주는 가장 좋은 상징이라는 말이 마치 최고의 청교도 예정설이라도 되는 듯 입에 오르내렸다. 〈러너스 월드〉 1978년 호에서는 "새로운 종교로서의 달리기를 신앙함은 자기 자신, 자신의 힘, 자기를 개선하고 훈련 시키며 자신의 삶을 장악하는 능력에 대한 신앙이다"라는 구절을 읽을 수 있었다.[51] 이제 삶은 이미 '거대한 마라톤'이 되었으며 달리기는 인생 학교라고 기술되었다. 이건 이미 로널드 레이건식의 영웅적인 것의 느낌을 몹시 풍긴다.

둘째, 나Ich 중심의 시대에 점차 관심의 초점에 들어온 것이 바로 (타인과의 싸움이 아니라) 자기 자신 및 자신의 성취 능력과의 싸움이었다. 여기에 해당되는 이들은 특히 "물렁하고, 과

체중에, 나이 들어가는", 하지만 충분히 튼튼하기만 하면 그런 일이 일어나지 않아도 되는 40~50대 중년 남성이었다. 나이 먹는다고 반드시 몸에 기름기가 덕지덕지 달라붙지는 않음을, 신체성능이 꼭 퇴조하는 것은 아님을, 또 지금까지 자연스러운 것으로 여겨진 나이와 신체의 한계가 이런 식으로 존재하지는 않음을 피트니스 선수들이 보여주었다고 누차 말들을 해 왔다.[52] 보통의 사람 누구든 영웅의 몸으로 만드는 데에 기여한 것이 이러한 자기이해였다. 물론 처음에 그렇게 대놓고 영웅이라 불리는 경우는 드물었다. 그러나 이따금 취미로 달리기를 하는 제이웬트에 대한 기사 같은 것이 나타났다. 그는 뉴욕 마라톤을 완주하는 데에 네 시간 넘게 걸린 사람이었다. 그는 스포츠 스타도 아니었고, 그를 응원하는 최대의 팬클럽은 자기 가족이었다. 그럼에도 불구하고 특히 마라톤 코스에서 스피커를 통해 록키의 사운드트랙 비트가 쿵쾅쿵쾅 울리면, 마라톤에서는 프랭크 쇼터 같은 올림픽 우승자*만이 아니라 완주한 모든 사람이 다 영웅이 될 수 있음을 그가 의욕적으로 보여준다는 것이다.[53]

주제와 논조는 그사이 정해져 있었다. 마라톤을 하는 사람은 뭔가 남다른 것을 이루어내며, 이 영웅적 행위를 증명해주는 대중의 박수를 받는 것은 당연지사이다. 시간이 지나면서 마라톤이 정말 도전거리로 충분한가, 그래서 대중이 구경만 하는

---

* 1972년 뮌헨 올림픽 마라톤 우승

게 아니라 함께 출발선을 떠나 목표지점까지 달릴 만한가 하는 의문이 생겨났다. 뉴욕에서는 마라톤 참가자가 1979년에 처음으로 1만 명을 넘었고, 1986년에는 2만 명, 1994년에는 3만 명, 2009년에는 4만 명이 넘었으며, 2013년에는 5만 명을 돌파했다. 초기에는 여성 참가자를 한 손으로 꼽을 수 있었지만 그 비율은 해마다 늘어났다. 영웅주의는 더 이상 오로지 남성만의 특권이 아니었던 것이다. 2000년에는 독일 외무장관 요슈카 피셔가 '빅 애플'[*]에서 출발선을 나섰다. 그의 세 번째 마라톤이었다. 피셔는 당시 50세로, 그 무렵에 아마 가장 유명한 독일인 마라톤 참가자였을 것이다. 그는 달리기를 통해 살을 30킬로그램 넘게 뺐으며, 자기 저서에서는 언론의 입에 군침이 돌도록, 달리기가 "자기 자신으로 가는 기나긴 길"을 일러줄 수 있었으며, 얼마나 많은 이들이 출발선으로 가는지는 중요하지 않다고 적었다.[54]

새로운 영웅세계

하지만 몇몇 사람은 마라톤으로는 더 이상 성에 차지 않았다. 20세기가 끝날 무렵에는 특히 '철인'의 3종이라는 트라이애슬론과 울트라마라톤이 인기를 끌었다. 그쪽 사람들은 한편으로 '더 많이, 더 멀리, 더 혹독하게'라는 구호를 외쳤다. 동시에

---

[*] 뉴욕의 별칭

전투

다른 한편으로는 거리도 속도도 중요하지 않다고들 했다. 오히려 결정적인 것은, 스스로 목표를 정하고 뭔가를 위해 자신을 불태우는 것이라고 말했다. 그러다 트레이닝하면서 실제로 이 목표를 이룰 수 있겠다는 감을 잡는 사람은 새로운 자신감을 펼친다는 것이다. 그런 사람은 '자기 존재를 불필요하게 제약하는 것들'을 떨쳐낼 수 있다며 어떤 달리기 선수는 이 시대에 세계적으로 가장 성공한 달리기 서적 중의 하나에서 계몽주의적-칸트적 방식으로 인간의 자유를 향해 펼쳐진 길로서의 달리기에 대해 열변을 토했다. 그사이, 피트니스에 매달려 애쓰면 삶을 잘 극복하고 자신의 한계를 확대하며 그것을 심지어 극복하는 데에 필요한 여러 가지 기법을 배우게 됨을 거의 의심하지 않게 되었다. 이 새로운 영웅세계에 여성도 마라톤 주자로서 또는 철인 3종 경기 참가자로서 비록 점점 더 빈번히 등장하기는 했다. 하지만 동시에 사람들은 아직도 여성의 운동을 생리 문제나 체중 줄이기 또는 아름다운 몸매 가꾸기의 문제로 쉽게 단순화해버렸다.[55]

그러다가 피트니스 시대에 일어난 영웅적 요소의 르네상스는 21세기 들어 아주 제대로 전진하기 시작했다. 예컨대 세계 최대의 달리기 잡지이자 1993년부터는 독일에서도 판매되고 있는 〈러너스 월드〉는 2004년부터 대놓고 영웅적 요소를 물고 늘어졌다. 매년 행하는 〈히어로즈 오브 러닝〉 시상은 달리기를 하는 모든 사람을 일상의 영웅이라고 인정해줄 뿐 아니라 남다른 성취 및 그 성취의 고무하는 힘을 특별히 칭송하는 행사이기도 하다. 첫 몇 해에는 영웅상이 예를 들면 텍사스 출신 케이 모리스에게 돌아갔다. 그녀는 〈마라톤 키즈Marathon Kids〉라는 프로젝트에서 뚱뚱한 아이들과 함께 달린다. 어떤 장애물이라도, 설령 처음에는 그리 높고 심지어 극복할 수 없는 것처럼 보일지라도, 뛰어넘을 수 있음을 아이들에게 보여주기 위해서다. 당시 아칸소주의 지사 마이크 허커비도 상을 받았다. 그는 달리기로 체중을 50킬로그램 줄였을 뿐 아니라 피트니스 프로젝트 〈헬시 아칸소Healthy Arcansas〉도 만들었다. 하지만 특별한 것에 대한 이 모든 칭송에도 불구하고 달리기 영웅 시상의 중심 메시지는 그대로 남아 있다. 바로 달리기를 하는 모든 이는, 무엇을 이루든 왜 달리든 상관없이, 스스로 적극적으로 나서서 피트니스를 행하며 자기 자신에 매달려 애쓴다는 이유로 인정받을 만하다는 것이다. 그래서 〈러너스 월드〉는 달리기 영웅에 대한 기사 첫머리에서 다음과 같이 말하고 있다.

"참가 자격에 제한이 없는 5킬로 이상의 달리기나 마라톤을 보러 그 코스가 있는 곳이나 숲속으로 가 보라. 그러면 그들을 만날 수 있다. 신참자들이 처음으로 결승선을 통과한다. 스포츠에 대한 베테랑의 헌신은 계절이 지나고 해가 바뀌어도 결코 잦아들 줄 모른다. 그들은 남다른 인물이면서 동시에 한계

전투

에 도전하고 사람들의 예상을 뛰어넘는 '언더독[*]'이다. 그들 선남선녀 달리기꾼은 날마다 우리에게 기운을 불어넣어 준다. 그들 모두는 되풀이에 되풀이를 거듭하여 증명해준다. 아주 간단한 행위 - 발걸음을 앞으로 옮기는 동작 - 로 우리와, 우리의 스포츠 그리고 우리의 세상이 만들어진다는 것을."[56]

더 나아가 눈에 띄는 것은, 영웅적 피트니스의 영향 하에 있는 신체 성취태세가, 얼마 전에도 그랬다시피, - 이곳 독일에서도 - 다시 비교적 뚜렷하게 군사적 색채를 띄고 있다는 점이다. 〈멘즈 헬스Men's Health 〉 같은 잡지는 슈퍼영웅-워크아웃을 성대하게 개최하고 있으며, 고도로 집중적 형태의 트레이닝과 경쟁방식의 프로그램, 예컨대 '크로스핏CrossFit'이나 '워리어 워크아웃Warrior Workout'[**] 그리고 야외 경기인 '터프 머더Tough Mudder'[***]도 호경기를 누리고 있다. 이 장애물 진창 달리기의 출발선에 수천 명이 나선다. 이런 종류의 진창 달리기 경기는 '스파르탄 비스트Spartan beast'나 '워리어 대시Warrior Dash' 같은 이름을 갖고 있다. 이 경기에서 참가자는 길 흔적을 따라 수십 킬로미터의 진창길을 달릴 뿐 아니라 인공 암벽을 기어오르고, 철조망 아래를 포복해서 통과하거나, 얼음물 웅덩이 속으로 떨어

---

[*] 사회의 취약계층이나 상대적 약자
[**] 옛날 전사들이 신체단련하듯, 도구 사용을 최소화한 피트니스
[***] '진창길을 잘 달리는 거친 말'이라는 뜻으로, 15-20킬로미터의 야외 장애물 코스를 통과하는 지구력 훈련을 말한다.

진다. 이 경기의 매력은 실제 삶의 장애를 상징하는 여러 장애물을 극복하고 지역을 정복하는 데에도 있지만, 가장 우수한 개인 투사라도 팀이 없이는 아무런 성공을 거둘 수 없다는 점에도 그 매력이 있음이 분명하다. 이들은, "너의 두려움과 마주하라, 너의 한계로 가 보라, 그리고 그것이 불가능하다고 믿는다 하더라도, 너는 그것을 넘어설 수 있음을 알라. 실패는 선택지가 될 수 없다"라고 구호를 외친다. 이것보다 더 영웅적일 수는 없다. 이런 달리기는 이벤트 문화의 일부이기도 하다. 이를 통해 사람들은 거대한 모의시설 안에서 목숨을 건 싸움을 함으로써 영웅적 경험을 맛볼 수 있다. 군사적 면모를 전면에 내세우는 것이 예전과 달리 홍보전략으로 유용해 보인다.[57]

우리 호모 사피엔스의 미래

피트니스는 21세기에 영웅이 되는 데에 필요한 모든 면면을 정말 완벽하게 채워준다. 유연한 자본주의 시대는 우리에게 날마다, 그리고 삶의 거의 모든 상황에서 요구한다. 일상과의 전투를 개시하라, 한계에 도전하라, 기회를 만들어 활용하라, 남들의 기대치를 능가하되 거기에 미달해서는 안 된다고 말이다. 그렇게 우리가 쟁취해야 할 승리가 외부의 적 하나를 이겨내는 것일 수는 없다. 그 승리란 한 나라나 심지어 한 '민족공동체'의 이념을 위한 것도 아니다. 최우선적으로 그 승리는 우리 자신에 대한 승리요, 우리 자신을 위한 승리이며 의지에 대한 끝모를 테스트로서의 삶에 대한 승리다. 그리고 이 승리는 더 힘들게 쟁취할수록, 또 이를 위해 더 많은 땀을 흘릴수록 그만큼 더 영웅적이다.[58]

마찬가지로 우리가 늘 경험하는 것이지만, 종합적으로 보면 자유주의 사회 전체의 안녕과 아픔은 개인의 참여에, 그리고 자신의 피트니스를 위한 싸움을 받아들이고 그 과정에서 물러서지 않으려는 개인의 태세에 달려있다는 말이다.[59] 1980년대 중반에, 인류사에서 달리기는 어떤 의미를 갖는가를 탐구한 어느 탐사보도 방송은, 심지어 진화의 역사를 살펴봐도 핏한 인간이 더 나은 종으로 보인다며 "우리[피트니스 스포츠인]는 종으로서의 우리 인류의 미래를 보장해 주지만 골프 카트, 에스컬레이터 및 텔레비전 수상기는 그렇게 하는 데 방해가 된다"고 이야기를 풀기도 했다. 이런 기기들은 타성을 부추기며 그렇게 함으로써 점점 더 많은 사람의 몸이 빵빵해지도록 만들 거라는 이유였다.[60]

뚱뚱함에 전염성이 있다고 분류하는 것은, 지방이 한 집단의 몸에 얼마나 파괴적 위험으로 감지되는지를 강조하는 행위다. 뚱뚱한 몸은 나태하고 병든 몸의 원형으로 간주될 뿐 아니라 피트니스 시대에 비영웅의 원형으로도 통한다. 뚱뚱한 자는 (대개) 체중이 줄어야만 영웅이 될 수 있다. 그렇지 않으면 뚱뚱한 몸은 탄력성이나 주도성이 결핍되어 있다는 지표로 나타나며, 그럼으로써 사회적 요구를 충족시키지 못하는 것으로 여겨진다. [61] 뚱뚱한 몸은 우리가 물리쳐야 할 적을, 몸에 달라붙은 기름기에 맞서는 이들의 영웅적 행위가 더 많은 빛을 발산하게 하는 데에 필요한 적을 상징한다. 그리고 그 기름기라는 녀석은 아주 조그마한 약점만 보여도 대번에 역습을 가하는 까다로운 적이다. [62]

9·11테러 이후 사회가 급속히 군사화되는 가운데 무엇보다 미국은 이 기름기에 맞선 싸움에 대해 국가안보와 관련한 군대식 수사修辭를 써가며 토론하기도 했다. 예컨대 대테러 전쟁과 동시에 대 지방 전쟁도 선언한 것이다. 사담 후세인이 생각해낼 수 있는 모든 것과 적어도 똑같이 큰 위험성을 지닌 생물무기가 체지방이라는 것을 우리는 그 선언에서 읽을 수 있었다. 하지만 이 경우에는 적이 바깥에서가 아니라 자기네 사회 한복판에서 오기 때문에 훨씬 더 위험하다는 것이다. 펜타곤의 자문기관 〈강한 미국 위원회Council for a strong America〉는 2018년, 이 전쟁에서 최선의 전략은 스스로 훈련하기, 행동에 나설 각오 및 건강한 생활 방식이라고 강조했다. 젊은 사람들 사이에서 비만이 급속히 확산됨으로 인해 군의 기능이 심각한 위협을 받고 있고 국민 건강과 더불어 국가안보도 위험에 처해 있다는 것을 우리는 이 위원회의 보고서에서 읽을 수 있다. 수많은 미국인이 한 마디로 너무 뚱뚱해서 전쟁터에 나가 전투를 치를 수 없다는 것이다. [63]

전투

이미 살펴보았다시피, 여기서 피트니스와 피트니스 영웅주의는 역사적으로 볼 때 군사적인 것에 너무 깊이 그 바탕을 두고 있다. 이런 군사적 기반의 여운은 오늘날에도 아직 가시지 않고 있다. 예컨대 전투, 강인함, 견뎌내기 같은 말들에서 그런 여운이 느껴지는 것이다. 또 시간이 지나면서 사람들은 20세기 후반보다 더 요란하게 이런 말들을 다시 내뱉고 있다. 이를 잘 보여주는 것이 '워리어 워크아웃'과 '터프 머더'다. 한때 경륜 선수였던 올리비에 아랄람봉의 책에서도 이런 것을 잘 볼 수 있는데, 그는 주먹만 한 돌로 포장된 파리-루베 간 도로를 이빨로 전의戰意를 드러내는 '군인들의 군대'라 일컫는다. 이 포석鋪石 위를 달리고 나면 경륜 선수의 몸은 흠뻑 젖었고, 더러우며, 추위에 떠는 것이 완연했다. 이런 몸을 보고 그가 떠올리는 것은 '석탄 구덩이, 폭력 또는 전쟁'이다. 자전거 타기는 일종의 전투로, 거기서 끝까지 견뎌내는 이는 모두가 영웅이 된다. 이 수사적 표현은 마라톤, 달리기, 경륜 등 참가 자격에 제한이 없는 모든 경기의 개최자들이 즐겨 사용하는 문구다. 이들 경기에 참가한 수천 명에게 중요한 것은 승리가 아니라 오로지 결승점에 도착하는 것이다.[64]

영웅은 곧 피트니스 사회의 원형적 주체형식이며, 피트니스 영웅은 신자유주의의 원형적 주체형식이다. 결국 관철력 및 성취능력에 대한 기대, 여지의 확대 및 한계극복에의 의지, 특별한 것에 대한 일관된 추구 그리고 날마다 기준의 초과달성을 요구 하는 것이 피트니스 사회의 본질적 상표인 것이다. 이것이 바로 영웅이 갖추어야 할 면모다. 성공과 영예를 얻으려고 날마다 벌이는 씨름을 표현할 때 스포츠에, 피트니스에, 그리고 전투에 비유하는 것은 이상적이기만 한 게 아니다. 피트니스는 삶의 실제로서도 자기 자신과 영원히 싸우겠다는 각오를 상징한다. 이렇게 싸우지 않으면 도처에 널린 경쟁에서 성공적으로 살아남지 못한다. 미디어학자 노르베르트 볼츠는 "남을 능가하는 성취, 다시 말해 타인과 잘 어울리면서 남다름을 보이는 것"이 우리 현대 사회에서 영웅이 되는 "왕도王道"라고 말한다. 거기서 피트니스 애호가가 진정한 영웅이 추구할 법한 비교적 차원 높은 선을 추구한다면 이것이 자신의, 사회원리로서의 성공이다. 그렇게 될 때 개개인 성공의 총합은 집단의 안녕으로 이어진다고 우리는 배우고 있다. 따라서 비영웅의 확산은 전염성이 있다고, 이로써 개인의 몸을 거쳐 국민과 사회 전체를 겨냥하는 건강 위해적 요소가 된다고 서술되는 것이다. 이것이 21세기의 생명정치다.[65]

생산적이고,
정력적이고,
전투태세 완비라고?

패트니스와 피트니스의 대립

　　이른바 '플러스 사이즈 모델'이 표지모델로 등장한 것은 테스 홀리데이를 내세운 〈코스모폴리탄〉이라는 잡지 2018년 10월호가 처음이었다. 홀리데이는 이 분야의 스타로, 이미 〈피플 매거진〉과 H&M 광고에도 진출했었다. 하지만 〈코스모폴리탄〉은 또 다른 리그였다. 이 표지는 '엄청난 논란'을 불러일으켰다. 소셜 미디어에는 뚱뚱한 몸을 증오한다는 비평이 일상적으로 올라왔고, 그것을 넘어서서 논쟁의 음조가 귀청을 찢을 정도였다. 패션계와 각종 매체가 뚱뚱함을 발견하여 그것을 점차 정상적인 것으로, 또 심지어 추구할 만한 가치가 있는 것으로 제시하고 있다는 것이 열 받은 목소리가 내세우는 비판이었다. 그래서 홀리데이 같은 여성이 하나의 본받을 대상이 되어버리며, 따라서 그 여파는 사회와 건강에 치명적이라는 것이다.

　　이와 반대로 이 표지 사진을 칭찬하는 평가도 여럿 있었다. 뚱뚱함을 보통의 일로 보게 하는 것과, 또 그렇게 함으로써 진작 나타나야 했을 발전에도 기여한다는 것이 그 이유였다. 전혀 불편해하지 않으며 당당하게 제 몸을 보여주는 뚱뚱한 여성을 이 사진이 아주 간명하게 보여주기 때문에 그렇다는 것이다. 그건 그렇고, 홀리데이 자신은 자신의 등장을 두고 뚱뚱함을 선전할 의도는 없다고 말했다. 오히려 자신에 대해, 또 자신의 몸에 대해 만족감을 갖고 있음을 전해주려 했다는 것이다. 이 모델은 '신체긍정body positivity'-운동의 상징이다. 이 운동이 추구하는 것이 바로 이런 문제다. 다시 말해 제 몸에 대한 관계를 느슨하게 하고 그리하여 보다 더 큰 안락감을 만들어내며 마침내는 건강을 개선하는 일이다.

테스 홀리데이가 잡지 〈코스모폴리탄〉의 표지에 등장한 것은 2018년 가을로, 뚱뚱함 및 그 뚱뚱함과 피트니스의 관계를 바라보는 사회적 및 보건학적 관점이 점차 변하고 있을 때였다. 뚱뚱함, 낮은 교육수준 및 가난 사이에 정확히 서로 어떤 연관성이 있는지,[1] 또 체지방, 건강 및 질병 사이에 과연 인과관계가 있는지를 두고 그사이 심지어 의학 분야 전문 학술지까지도 결론은 열어둔 채 갑론을박했다. 몇몇 의학 논문은 앞에서 말한 대로 뚱뚱함의 정상화를 경계해야 한다고 지적했다. 하지만 기대수명에 결정적인 것은 체지방이 아니라 심혈관계의 조건과 상태라고 주장하는 다른 논문도 있었다. 뿐만 아니라 이들 논문은 자기 몸에 대한 관계를 느슨하게 하면, 끝없이 시도해도 결국 아무런 성과도 가져다주지 않는 다이어트와는 정반대로, 건강이 개선된다는 증거가 있다고 강조했다.[2] 달리 표현하자면, '패트니스fatness'는 피트니스와 하나가 될 수 없다는 강고한 낙인이 2010년대에는 (적어도 조금은) 물러지기 시작한 것이다. 그러나 동시에 - 무엇보다 심혈관계의 - 피트니스와 건강의 연관 관계

〈코스모폴리탄〉 2018년 10월호 표지에 등장한 테스 홀리데이

는 훨씬 더 강력하게 부각된다. 비록 '패트니스'와 피트니스를 더이상 필연적인 대립 관계로 보지는 않지만, 표준은 여전히 성취 태세와 성취능력을 갖춘 개인이며, 피트니스는 추구할 만한 이상적 상태로 간주된다.

피트니스와 '늘씬한 사회계약'에 대한 투쟁

의료계의 전문적 논쟁에 대해 비학술 매체가 반응을 보였다. 예를 들면 〈차이트Zeit〉, 〈쥐트도이체 차이퉁 SZ=Süddeutsche Zeitung〉 그리고 〈뉴욕 타임스〉가 그랬다.[3] 그사이 '신체긍정' 개념은 도처에서 볼 수 있는데, 뚱뚱한 사람에 대한 차별에 맞서서 운동하는 이들에게는 짜증 나는 일이기도 하다. 예컨대 마크다 알브레히트나 제스 베이커 같은 여성 저술가와 블로거는 라이프스타일 잡지와 패션업계가 '신체긍정'을 스스로 발견한 것에 대해 기본적으로는 거북해하지 않는다. 하지만 그들은 대중문화계가 열광하면 비판의 동력이 상실되며 심지어 정반대로 뒤집어지는 경우도 이따금 있다고 비판한다. 왜냐하면 몸과 자신에 대한 상시적인 관여, 즉 대중매체 현상으로서의 '신체긍정'을 반영하고 장려하는 이런 상시적 관여가 피트니스 시대에는 몸에 초점을 두는 우리 세계와 가장 잘 부합하기 때문이다.[4]

알브레히트와 베이커는 성장세에 있는 비만수용肥滿受容

생산적이고, 정력적이고, 전투태세 완비라고?

활동가Fat Activists 그룹의 일원으로, 이들은 지난 여러 해 동안 소셜 미디어와 자기 블로그 및 저서에서 (그리고 지금까지 이곳 독일에서보다 미국에서 더 많이) 점점 더 소리를 높여 자기 목소리에 귀 기울이게 했다. 이들은 뚱뚱한 사람에 대한 차별에 맞서서, 또 뚱뚱한 사람이 뭘 하든 말든, 뭘 갖고 있든 말든, 모든 것을 그들의 체형을 보고 해석하는 사회에 맞서서 싸우고 있다. 몇몇 사람들은 자신을 '어떤 신체 사이즈든 건강하기HAES=Health At Every Size'를 구호로 내거는 운동의 일부라고 여긴다. 독어에서는 이 구호가 '룬트 운트 게준트rund und gesund'* 라는 다소 산뜻한 꼬리표를 달고 등장한다. HAES는 비만은 필연적으로 질병을 만들어낸다는 생각에 반발하며, 뚱뚱한 몸이 지닌 모든 양상이 그 몸의 뚱뚱함과 관련된 것은 아니라고 파악하려 한다. 또 건강은 각 개개인이 스스로 책임질 일이라는 이해가 1970년대부터 급속히 퍼졌는데, 이것 역시 타파되어야 한다는 것이다. 몇몇 '비만수용 활동가'는, 모든 삶을 건강과 피트니스라는 가치에 맞추어 영위해야 할 것이라는 요구에 대해 기본적으로 의문을 제기한다.[5]

이 투쟁이 갖는 정치적 차원을 미국의 작가 버기 토바Virgie Tovar는 자신의 저서 『핫 앤드 해비Hot & Heavy』에서 이렇게 강조했다. "내 살Fat은 정치적이다. 내가 살을 보여주면 사람들이 아주 제대로 짜증을 내니까." 특히 여성의 경우 사실 한 번도

---

* '둥글둥글하고 건강하게'라는 뜻

본 적 없는 가능성과 자유의 시대 속에서 살고 있는데도 "우리 정부, 우리 사회 그리고 우리 텔레비전 수상기는 나의 뚱뚱할 자유에 태클을 건다." 토바는 다른 곳에서, 살과 몸이 '유의미한 사회참여'를 통제했다고 분석한다.[6]

　　자유주의 사회가 약속한 자유와 평등을 실천해야 하는 상황이 오면 이들 사회는 몸을 통해 그 상황을 처리하며, 이때 피트니스는 몸의 형태 및 물질성과 함께 중심적 의미를 갖는다. 몸이 이렇게 철두철미하게 정치적인 차원을 갖고 있음을 '비만수용 활동가'는 이미 1960년대 후반부터 강조했다. 그들은 자신을, 피부색, 성별, 섹스와 관련한 선호나 바로 이 신체 형태와 신체의 물질성과 무관하게 모두가 사회적으로 인정받아야 하며 동등하게 사회에 참여할 수 있어야 한다고 강력히 요구하는 다양한 사회적 정치적 운동의 일부라 이해했다. '비만수용 활동가'는 〈엔-더블에이-에프-에이NAAFA〉라는 이름의 단체를 만들었는데, '전미 비만수용 향상 협회National Association to Advance Fat Acceptance'를 의미한다. 이 이름과 약어는 아프리카계 미국인 인권운동 단체 중 가장 중요하고 가장 유명한 〈엔-더블에이-시-피NAACP〉, 즉 '전미 유색인 지위향상 협회National Association for the Advancement of Colored People'를 따른 것이다. 이 이름은 애당초부터 단호하게 '비만수용 활동가들'의 정치적인 의제를 표현한다. 이는 '팻 언더그라운드Fat Underground'라는 이름의 다른 급진 단체에도 해당된다. '팻 언더그라운드'는 1973년 11월 〈비만해방 선언Fat Liberation Manifesto〉을 발표했다. 거기서 그들은 차별받는 모든 다른 집단과의 연대를 선언했으며, 인정, 완전한 정치사회적 참여, 다이어트 압박의 종식 그리고 비만은 그 자체로 불건강하며 뚱뚱한 사람은 핏하지 않고 게으른 2등 시민이라는 믿음의 종식을 요구했다. '블랙 파워Black-Power' 운동이 내세우는 "블랙은 아름답다Black is beautiful"는 구호와 비슷하게, 이 투쟁이 내 건 구호의 하나는 "팻Fat은 아름나울 수 있다"였다. '비만해방선언'은 억압에 맞서서 투쟁하자는, 세계사상의 가장 유명한 호소를 상기시킴으로써 다음과 같이 끝맺었다. "만국의 뚱뚱한 자들이여, 단결하라! 그대들은 잃을 게 없다…"[7]

그러므로 '비만수용 활동Fat Activism'은 사회비판 및 정치투쟁의 한 형태다. 이때 '비만수용 활동'은 사회의 '강제 피트니스'와 '늘씬한 사회계약'에 반대한다. 강제 피트니스라고 해서 누군가가 직접적 폭력으로 위협하는 가운데 우리 몸을 늘씬하고 유연하며 성취역량을 갖추도록 하기 위해 트레이닝을 받으라고 우리를 채찍질함을 의미하지는 않는다. 그것이 의미하는 바는, 특정 신체 표상이 최고도의 표준으로 통용되어 몸으로 인해 차별이 만들어지고 배제가 행해진다는 것이다.

철학자 애비 윌커슨이 '늘씬한 사회계약'에 대해 가하는 비판 역시 같은 방향을 향하고 있다. 이 계약사회는 모든 인간의 결사체임을 자임하고 있기는 하지만, 그 과정에서 동시에 몇몇 사람을 한계상황으로 밀쳐내기도 한다. 사회계약은 권리와 참여를 보장해줄 뿐만 아니라 한 사회의 온전한 구성원으로 인정받아 전 범위에 걸쳐 그 사회에 참여하려는 이들에게 여러 가지 바라는 바도 드러내기 때문이다. 그래서 늘씬하지 않고, 그렇기 때문에 충분히 핏하게 보이지 않는 사람에게는 이런 기대를 달성할 수 없다거나 달성하려 하지 않는다는 낙인을 기꺼이 찍어버린다. 그 들에게는 시민과 주체로서의 무제한적 인정이 유보된다. 철학자 주디스 버틀러의 표현을 빌리면, 그들은 "사회적 삶이 영위될 수 없는 곳임에도 불구하고 주체의 지위를 향유하지 못하는 사람들 이 빽빽하게 모여 사는 지대로 [추방되는] 것"이다. [8]

자유주의 사회의 '실패한 시민'

이미 18세기부터 자유주의 사회는 몸을 통해 참여와 인정 을 상당한 정도로 통제했다. 피부색, 성별 및 성 관련 행태, 그러 니까 신체를 고려한 범주들은 애당초부터 결정적으로 중요한 요 소였다. 19세기 후반에 자유주의와 다윈주의가 서로 긴밀하게 맞물려 들어가자 자유주의적 셀프리더십과 경쟁이라는 원리는 필수 요소가 되었다. 피트니스의 적극적 추구는 사회조직과 개 인 존재의 중심으로 이동해갔다. 이후 몸의 형태와 물질성은 자 기 자신을 제어하고 자기 인생을 꾸려가며 성취를 이뤄내고 보 편적 경쟁 속에서 생존하는 능력으로 간주되었다. 비만이 성공 과 부를 상징하는 경우는 점점 더 줄어들었고 점점 더 많이 나태

생산적이고, 정력적이고, 전투태세 완비라고?

함과 의지박약, 잘못된 결정, 나쁜 생활방식 그리고 참여정신 결핍의 상징이 되어 갔다. 비만은 사회정치적 활동과 참여의 실현에 거의 쓸모가 없었다. 그리고 무엇보다 비만에는 여성성이 함의되어 있었다.

근대사회는 물렁한 비만에 단단한 근육을 대립시켰다. 이제 근육은 주도성, 의지력, 효율성 및 움직임을 상징했다. 이로써 근육은 자유주의 사회의 시민이 갖고 있으리라 기대되었고 오랫동안 남성적이라고 여겨진 특성을 상징했다. 따라서 신체단련은 이미 초기 여성운동 때부터 정치적 동등권을 요구하는 행위였던 것이다. 1970년대까지 그리고 여성주의에 힘입은 여러 사회변화가 있기까지는 피트니스와 근육질 몸이 그렇게 명료하게 남성적이었다면, 지금의 피트니스 시대에는 더 이상 그렇지는 않아 보인다. 동시에 근육질 몸은 과거 그 어느 때보다도 더 많이 약속을 상징한다. 사물을 장악해 형성할 수 있다, 성취역량과 투쟁력이 강하며 끈질기고 성공적이며 활력적이다, 목표를 달성할 수 있다는 등의 약속이다. 물론 이때 알맞은 만큼이라는 것도 중요하다. 근육 과다는 반 생산적이다. 그래서 보디빌더의 몸은 무의미함과 지나침을 의미한다. 그런 몸은 기능부전이며 일상을 살아가는 데에 쓸모가 없다. 초창기 피트니스 물결이 일었던 1900년경에 이미 보디빌더는 '과형성된 괴물'이라는 말이 나돌았다.[9]

사회학자이자 문화학자인 제니퍼 리와 캣 포제는 뚱뚱

한 사람은 "실패한 시민"이라는 낙인과 함께 살아간다고 비판한다.[10] 리와 포제가 말하는 '시민citizens'이란 출생지나 혈통에서 도출되지 않는 소속성의 한 형태를 의미한다. 오히려 그들은 시민으로서 참여하리라는 기대와 시민으로서의 과업을 완수하는 일을 도대체 누가 떠맡느냐는 질문을 제기한다. 여기서 중요한 것은 법을 준수하거나 적절한 세금을 납부하는 것 또는 몇 년에 한 번씩 투표장에 가는 것이 아니다. '시민'으로 온전히 인정받고, 자유롭고 평등한 자들의 사회의, 아무런 제약도 받지 않는 구성원이 되려면 더 많은 요구조건을 충족해야 한다. 복지, 성장및 사회 유지에 적극적으로 책임을 떠맡아야 한다는 말이다.[11] 몸은 이런 요구조건에 부응할 수 있는 능력 또는 무능력의 표현수단으로 간주된다. 무엇보다 '장애 연구Dis/ability Studies'는 지난몇 해 동안 온전한 시민, 온전한 인간으로서의 자격이 이상적 몸이라는 관념으로부터 도출됨을 보여주었다.[12] 그 외의 모든 다른 몸은 개선되거나 가공되거나 치료받을 필요가 있는 것으로 간주된다. 그래야 인간이 유능한 '시민'으로 만들어진다는 것이다. 여기서 중요한 것은 몸과, 몸의 입증된 가능성 및 능력이 고정불변인 경우는 매우 드물며 오히려 매우 역동적으로 보인다는 점이다. 따라서 자신에게 매달려 애쓰라, 삶을 바꾸라, 실존을 개선하라, 그리고 이를 목표로 몸과 자신에 대한 관계를 미래지향적으로 가꾸라는 호소는 그만큼 더 크게 들린다. 뚱뚱한 이를 '실패한 시민'이라고 낙인찍는 것은 항상 무능함에 대한 도덕

271   생산적이고, 정력적이고, 전투태세 완비라고?

적 비난과 결부되어 있으며, 마찬가지로 더 노력하고 자신에 매달려 더 애쓰라는 요구와도 결부되어 있다.

피트니스의 시대: 한계를 향한 의지와 경쟁

'비만수용 활동가'의 투쟁, 강제 피트니스, 늘씬한 사회 및 '실패한 시민'에 대한 논쟁은, 피트니스가 스포츠를 성공적으로 해내는 능력 이상의 어떤 것임을 강조한다. 달리 표현하자면, 시민으로서 인정받을 수 있고 받아야 하는 분야에 신체단련과 영양섭취만 있는 게 아니라는 말이다. 심지어 운동을 하고 있다는 것과 책임감을 느끼며 먹는 것은 목표를 위한 수단이라고까지 말할 수도 있을 것 같다. 공동체 및 공동체의 존립과 번영에 핵심적인 다른 영역에도 성과를 낼 준비가 되어 있음과 시민으로서의 능력이 있음을 보여주는 신호는 존재한다.[13] 페터 슬로터다이크에 따르면, 훈련된 몸이란 "자기 생명 형태에 매달려 연습하고 애쓸 줄" 알며 그런 능력이 있다는 증명서로 쓰인다.[14] 그런 훈련된 몸은 몸 자체와 몸의 잠재력을 위해 애쓰며 그런 상태를 밀고 나갈 기본적 준비가 되어 있음을 보여주는데, 스포츠에서의 성공이 중요한 곳에서만 그런 것이 아니다. 사회적 인정을 경험할 수 있으려면 생산적이고 정력적이어야 하거나 적어도 그렇게 보여야 한다. 싸울 각오가 되어 있고, 의지가 있으며, 정말 모든 걸 다 줄 수 있어야 한다. 언제나. 그렇게 하는 자만이 비로소 자유로운 경쟁사회, 자기 책임과 참여를 중요시하는 경쟁사회, 복지와 성장을 추구하는 경쟁사회의 선한 구성원으로 인정받는다.[15]

　　예컨대 첫째, 피트니스와 노동의 관계를 보면 이미 자본주의 시대 초창기 이래 신체 능력은 노동성취의 유지 및 상승에 중요한 도구로 간주되었음을 우리는 알 수 있다. 노동인구의 생산성 하락에 대한 걱정은 우리 시대의 고안물이 결코 아니다. 하지만 노동하는 이들 자신이 자기 노동력, 성취능력 및 건강에 대해 미래를 고려한 최고 수준의 관계를 유지해야 한다고 기대하는 체제는 유연한 자본주의가 처음이었다. 유연한 자본주의에서의 핏하고 유연한 몸이라는 구호가 목표로 삼는 이는 자신과 자신의 몸 그리고 자신의 성취능력을 시장에 매물로 내놓는 모든 노동력 기업인Arbeitskraftunternehmer[*]이다. 피트니스 시대, 예방과 책임 지우기의 시대가 되어서야 비로소 퉁퉁한 몸은 최고의 직업을 두고 벌이는 경쟁에서 실질적인 단점이 되었다. 왜냐하면, 이 논리에 따르면, 뚱뚱한 사람은 피트니스와 노동력을 유지하고 증대하는 데 대한 책임을 질 줄 모르기 때문이다. 이와 반대로 몸 및 몸의 잠재력에 대해 염려한다는 것은 직업 활동에서 성과를 낼 각오가 되어 있음을 그 어느 때보다도 더 많이 보여주는 증명서로 간주된다.

---

[*]　159쪽 참조.

노동과 더불어, 둘째로, 섹스는 시민으로 살아가고 인정받는 본질적 분야의 하나다. 늦게잡아도 게이 운동과 레즈비언 운동, 미셸 푸코의 저작들, 그리고 마지막으로 '퀴어학Queer Studies'이 나온 이래로 우리는 이것을 알고 있다. 섹스에 대해 '올바른' 관계를 설정하는 일은, 시민사회의 온전한 구성원으로 대접받으려는 이들에게는 이미 19세기에 매우 중요했다. 거기서 요구한 것은, 절제를 하고 생식능력을 갖는 것이었다. 하지만 1900년경 (피트니스의 파도가 처음으로 일어난 때가 최초의 섹스혁명의 시기이기도 한 것은 결코 우연이 아니었다) 남성의 몸이 제대로 작동함을 보여주는 가장 훌륭한 증명서는 성행위 수행 능력이었다. 이때 생식능력이 있는지 없는지는 뒤로 밀려났다. 피트니스가 능력을 올려준다는 논리는 섹스에도 적용되었다. 포텐셜을 제한하는 것들을 그냥 내버려 둘 수는 없었던 것이다. 20세기 초의 회춘수술에서부터 21세기로 넘어가는 문턱에서 개발된 비아그라에 이르기까지 섹스 피트니스의 역사를 살펴보면 몸이 수많은 다양한 작용과 보조수단 속에 끼어 들어가 있음을 알 수 있다. 이런 것들은 몸의 성취 가능성과 실행능력에 조건을 걸어 제한하기도 하고 북돋기도 한다. 피트니스 시대는 제약산업의 시대이기도 하다. 이 산업이 만들어낸 제품은 섹스에서만이 아니라 더 오래 일하기, 더 혹독하게 훈련하기 또는 더 빨리 살 빼기가 관건이 되는 곳에서도 더러 성취능력 개선을 넉넉히 약속해주면서 우리에게 다가온다.

셋째, 핏한 몸은 싸울 각오를 상징하고 희생을 바치겠다는 의지, '존재를 위한' 투쟁에서 필요하다면 극단까지 가겠다는 의지를 상징한다. 온전한 시민으로 인정받는다는 것은 역사적으로 방어력을 갖추고 있어서 전쟁에 나설 태세가 되어 있고 그럴 능력이 있다는 뜻이다. 더 나아가 남성을 영웅으로 만들어 준 것은 항상 싸움과 전쟁에서 몸이 이룬 남다른 성취였다. 영웅적인 것은 전통적으로 군사적 남성적 특징을 갖고 있었으며, 19세기가 흘러가면서부터는 단련된 핏한 몸이라는 관념과 아주 긴밀히 결부되어 있었다. 영웅적인 것의 반향은 양차 세계대전 이후 거의 잦아들었다가 최근 다시 비교적 요란하게 울려 퍼지기 시작한다. 그러나 그 반향의 근원이자 연결 지점은 이제 일상에서의 싸움이다. 21세기에는 영웅적인 것이, 도전거리로 지목해 이겨낼 필요가 있다 싶은 경우라면 (그리고 영웅적인 것이 점차 성별과 무관하게 나타나면), 피트니스 세계에도 어디에나 있다. 〈워리어 워크아웃〉과 〈영웅 달리기〉에서 알 수 있듯, 군사적인 것에 바탕을 둔 피트니스 실천행위가 점점 더 많아지고 있다. 이러한 새로운 남녀 피트니스 영웅의 수렴 지점은 더 이상 국가나 '민족'이 아니라 자신의 성공이다. 단련된 몸은 남다른 성취를 이룰 수 있는 능력을 상징하며, 여기에는 우리 일상에서 날마다 벌어지는 싸움에서의 성취능력도 포함된다.

피트니스 시대는 예컨대 스튜디오에서 '워크아웃'을 완수하거나 마라톤을 하면 우리 모두가 영웅이 될 수 있다는 약속을

생산적이고, 정력적이고, 전투태세 완비라고?

통해 작동한다. 여기서 중요한 것은 (말하자면 구체적으로 측정할 수 있을 아주 특정한 어떤 성공이 아니라) 원칙으로서의 성공이며, 자신을 활성화하여 자신의 가능성을 바닥이 다 드러나도록 길어씀으로써 자신의 잠재력을 키우는 것이다. 피트니스의 요체는 자신과 자신의 한계에 매달려 애쓰는 것이다. 우리는 어디서든 의욕이 넘쳐야 하고, 성취를 낼 태세가 되어 있어야 하며, 생산적이고, 정력적이며, 싸울 자세가 되어 있고, 예외적인 것을 행할 능력이 있으며, 도처에 널려 있는 경쟁에서 살아남기 위해 언제든 우리 자신을 개선하려는 의지가 있어야 한다.

그럼에도 불구하고, 피트니스의 그 대단한 무게감을 강조한다고 해서 우리 모두가 항상 어쩔 수 없이 그것에 사로잡힐 거라는 뜻은 아니다. 피트니스 정권政權의 엄혹함에 맞서서 거기서 벗어나거나 적어도 벗어나려는 시도를 하는 이는 틀림없이 존재한다. 심지어 거기에 전혀 영향받지 않는 사람도 아마 있을 것이다. 예컨대 햄버거와 생크림 케이크를 의식적 저항행위로써가 아니라 그게 그저 즐겁고 기뻐서 먹는 것이 어쩌면 그런 일일 수도 있겠다. 그냥 게으르게 소파에 누워 뒹구는 사람들도 있다. 마음이 그쪽으로 동하면 곧장 그렇게 하는 것이다. 동시에 모든 스포츠 활동이 피트니스 정권에 대한 복종 행위일 필요도 없다. 이따금 그저 몸 움직이기와 제 몸에 대한 재미와 기쁨으로, 또 도전에 대한 재미와 기쁨으로 스포츠 활동을 할 수도 있다. 그리고 그때 우리는 당연히 알고 있다. 우리가 가진 것이나 행하는 일에서 오는 기쁨 역시 사회적인 것을 벗어나 있거나 여러 문화적 조건의 저편에 있지 않음을.

생산적이고, 정력적이고, 전투태세 완비라고?

감사의 말

이 책은 여러 해에 걸쳐, 그리고 다양한 연구 프로젝트와 연계된 가운데 생겨났다. 2012년부터 2015년까지는 프리츠-튀센-재단이 'Das essende Subjekt(먹는 주체)'를 다루는 우리 프로젝트에 재정지원을 해 주었다. 재단 측에 은혜를 입었다. 2015년부터 2019년까지 진행된 연구 프로젝트 'Ernährung, Gesundheit und soziale Ordnung in der Moderne: Deutschland und die USA(근대의 영양섭취, 건강 및 사회질서: 독일과 미국)'를 '학문과 사회에 대한 핵심 주제'라는 후원지침에 의거하여 넉넉한 마음으로 후원해 준 폴크스바겐 재단 측에 대해서도 마찬가지 심정이다. 2018년 여름 학기에 이 핵심 주제 프로젝트의 일부로서 필자에게 연구교수직이 주어지지 않았더라면 이 책은 완성될 수 없었을 것이다.

원고에 매달려 일하는 동안 나는 수많은 동료와 친구에게서 중요한 피드백을 받았다. 에르푸르트 대학의 북미 역사 콜로키엄 및 버지니아 샬롯츠빌에서부터 뉴질랜드 더니딘에 이르는 여러 대학 강연장은 영감을 주기에 부족함이 없었다. 뉴질랜드의 '오타고 대학'은 2017년 봄 '윌리엄-에반스-펠로우십'을 통해 내게 객원교수로서 그 대학 체육, 스포츠 및 체련과학 스쿨School of Physical Education, Sport and Exercise Sciences에 체재할 수 있게 해 주었다. 덕분에 그곳에서 이 프로젝트를 집중적으로 토론하여 앞으로 밀어붙일 수 있었다. 커다란 지원, 놀라울 정도의 다정한 응대, 워크숍에서의 조언 그리고 헤아릴 수 없는 커피에 대해 더 그 부스Doug Booth 교수께 감사하지 않을 수 없다. 그 외에도 슈테파니 뷔트너, 카타리나 달, 파울라 달, 트리스탄 돈트, 노르베르트 핀치, 라우라-엘레나 켁, 태준 김, 올라프 폰 뎀 크네제벡, 니나 마커트, 이레네 마르추카르트, 마렌 뫼링, 슈테판 오퍼만, 탄야 로프닉, 올라프 슈티글리츠, 하이코 슈토프, 파울라-이레네 빌라 그리고 지몬 벤트에게도 고마움을 전한다. 이들은 이 글의 일부 내지는 여러 버전을 읽고 토론해 준 분들이다. 파울라 달, 니나 마커트 그리고 이레네 마르추카르트는 심지어 원고 전체에 걸쳐 크나큰 수고를 아끼지 않았고, 마리아 마테스와 비비언 윌멋은 자료조사 및 최종 편집 시 내 곁에서 도움을 주었으니, 그대들의 도움이 없었다면 이 일은 이루어지지 않았으리라!

　'마지막으로 중요하게 언급해야 할' 것이 있다. 알렉스, 앤디, 빌리, 디어크, 플로, 해리, 외르크, 마티아스, 패디, 렘트, 제바스티안, 질케 그리고 그 외의 많은 남녀 청소년에게도 특별한 감사를 전한다. 함부르크와 그 주변 그리고 유럽 전역에서 수천 킬로미터를 나와 함께 달린 알토나 자전거 클럽의 친구들이다.

역자 후기

    "설마 이런 연구결과가 있을까 하고 찾아보니 그런 연구 결과가 수두룩 **빽빽하더라**", 언젠가 연구과제에 응모한 친구에게서 들은 말이었다. 독일은 그런 나라다. 이 책의 제목을 보고 든 첫 느낌이 바로 이것이었다. 참 별걸 다 연구하는구나, 피트니스의 역사라니... 역사학의 문외한인 나는, 현대사 전공은 이런 것도 연구하나 싶었다.

    하지만 번역을 하면서 저자의 광범위한 연구와 세세한 인용 자료에 혀를 내두르지 않을 수 없었다. 역사학자의 저술에 역사학계 밖의 거물, 예컨대 찰스 다윈, 아담 스미스, 화이트헤드, 헨리 필딩 등의 자료(와 그 독역)가 수없이 인용되었을 뿐 아니라 학술서에 인용하기에는 '좀 가벼워 보이는' 자료도 의외로 많았다. 하지만 전인미답의 현 시대사의 한 단면을 속속들이 들여다보는 데에는 불가피해 보였다. 아니, 미시微時적 사건들을 통해 거시사를 구성하려면 이런 방법론은 필수인지도 모르겠다. 원서를 보면 본문 230쪽에 주석이 36쪽이고 참고문헌이 거의 60쪽이다! 이는 이 책이 저자가 발로 뛰어 쓴 저술임을 웅변한다.

    저자는 피트니스라는 단어의 역사에서 출발한다. 우리가 "적자생존"이라고 알고 있는 말의 오리지널, 즉 the survival of the fittest(다윈)에 나오는 핏fit까지만 해도(19세기 중반) 기존 체제에 적합함/거기에 순응함이라는 정태적 뜻이었는데, 현대에 와서 신자유주의와 맞물리면서, 스스로 몸을 핏하게 만들어 세상을 헤치고 나간다는 역동적인 의미로 바뀌었다는 것이다. 그리고 이런 핏한 몸을 세 분야에서 살펴본다. 노동, 섹스, 전쟁이다. 몸이 핏해야 노동도, 섹스도, 전쟁도 잘할 수 있었고, 그 현대적 변용도 능숙하게 감당한다는 것이다.

인간사에 역사 아닌 것은 없다. 역사학자는 저마다 '무엇의 역사'를 연구한다. 저자는 이 책에서 피트니스의 역사를 파고들었고, 이 시대는 (적어도 미국과 독일은) 그의 예리한 눈에 신자유주의적 피트니스 시대로 비쳤다. '헬스장'은 남녀노소 가릴 것 없이 북적거리고, 산이란 산엔 산행보다는 등산복과 장비 따위에 더 신경을 쓰는 등산객이 넘쳐나는 우리나라 역시 - 나는 아직은 아니라고 믿고 싶지만 - 그 시대의 초입에 있는지도 모른다. 저자에 따르면 우리 시대에 피트니스는 분명 몸으로 드러나는 현상이지만 동시에 총체적 능력의 구현이다. 피트니스 여부로 모든 게 판가름 난다. 피트니스가 그저 피트니스일 뿐이진 않은 세상이라는 것이다.

우리가 추종해 마지않는 미국 및 독일을 분석했다는 점에서 이 책은 어쩌면 우리나라의 가까운 미래를 예견한 책이라고 하겠다. 피트니스와 대척점에 있다고 할 비만을 중심으로 언급하자면, 뚱뚱한 사람의 수와 그들의 뚱뚱한 정도는 우리나라-독일(서유럽)-미국 간에 각각 반 세대 내지 한 세대 정도 시간 차이가 나는 것 같다. 그러니 때가 되면 우리도 곧 현재의 독일이나 미국 수준에 이를 것이고, 결국 피트니스 전성시대가 될 것이기 때문이다.

걱정스러운 것은 이 피트니스가 새로운 차별의 근거가 되지는 않을까이다. 이러저러한 속성이나 구실을 핑계로 인간이 인간을 차별해 온 역사는 유구하다. 수천 년 지속된 세습신분제는 아직도 일부 국가에 (관례로) 남아있고, 흑인이나 인디언을 동물처럼(!) 사냥하던 시대가 불과 일이백 년 전이었다. 서유럽의 대표 선진국 스위스조차 여성이 투표권이 얻은 게 1971년이다(사우디 여성의 참정권 부여가 2015년이었음은 차치하자!). 동성애자에 대해서는 소위 성직자라는 이들도 일부는 차별을 당연시한다. (이런 배제는 곧 제거를 의미한다!) 다시 말해 인간 역사에 구별, 배제, 차별은 상수였던 것이다.

이제 법적·제도적으로 차별 기제는 없어지고 있지만, 그렇다고 차별행위가 사라지는 것은 아니다. 아니, 다른 것으로 대체되는 것 같다. 그리고 신자본주의 시대에는 뭐니뭐니 해도 빈부가 귀천 내지 권력을 대신하는 것 같다. 고전적 차별요소들, 예컨대 학벌(성적)이나 성별, 외모 등에도 모종의 방식으로 환금가격이 매겨져 거기에 반영된다. "억울하면 출세하라!", "돈도 능력", "무전유죄, 유전무죄" 같은 유행어나 권력이 비권력으로부터 돈을 받아먹는 현상이 자본의 우위를 적나라하게 보여준다. 차별의 속성이나 근거들이 많을수록 특권층의 소수화가 이루어지고, 그 갖가지 기준을 다 충족하는 자는 그 사회의 최고 특권층이 된다. 그리고 그들만의 리그는 특권의 공고화를 위해 끊임없이 배제의 기준을 만들려 할 것이다. "몸을 거쳐 작동하지만 결코 몸에만 국한되어 있지 않은" 피트니스가 이제 그 기준의 하나로 나서는 것이다.

저자의 책에서 역자가 피트니스의 의미를 너무 편협하게 해석했는지도 모르겠다. 하지만 잠시라도 방심하면 피트니스는 어쩌면 감당 못할 거대한 장벽이 되어 우리를 막아서고 날카로운 칼날이 되어 우리를 갈라놓을지도 모른다. 그러니 경계를 늦출 수 없다. 그 누구든 있는 그대로 존중하기를, 그 어떤 이유로도 차별하지 않기를, 세상을, 인간을 피트니스로 (또 다른 그 무엇으로도) 나누지 않기를 맹세하며 항상 눈을 부라려야 한다. 이는 시류에 잘 흔들리는 나 자신을 위한 주문呪文이기도 하다.

역자의 이해력 부족으로 저자에게 여러 차례 수많은 (허접하기도 한) 질문을 할 수밖에 없었다. 이에 저자는 애정 어린 답변을 해 주었다. 이 번역은 역자와 저자의 협동의 결과물이다. 깊은 고마움을 전한다. 아울러 피트니스를 통해 시대의 변화를 읽어낸 저자의 날카로운 눈에 경의를 표한다.

류동수

미주

들어가는 말: 피트니스 전성시대

1. "Wirtschaftsfaktor Sport"에 대해서는 Informationen aus dem Institut der deutschen Wirtschaft 12 (2018.6.7), https://www.iwd.de/fileadmin/iwd_Archiv/2018_Archiv/iwd1218.pdf를 볼 것. 케일라 잇시너스에 대해서는 그의 인스타그램 계정 https://www.instagram.com/kayla_itsines/?hl=en을 볼 것.

2. Gruneau, *Sport & Modernity*. Eisenberg, *'English Sports' und deutsche Bürger*. Eisenberg, "Die Entdeckung des Sports."

3. "피트니스의 추구(Streben nach Fitness)"라는 말은 미국 독립선언서에 나오는 "행복의 추구"에 기댄 것이다. 이에 대해서는 무엇보다도 이 책 2장 및 Martschukat, "The Pursuit of Fitness"를 볼 것.

4. 예컨대 Werner Bartens의 기사 Krankhaft sesshaft, Der Bewegungsmangel hat weltweit erschreckende Ausmaße angenommen, *SZ*, 2018.9.6., 14쪽에 그렇게 나와 있다. 독일의 경우는 Froböse u. a., Der DKV-Report 2018을 볼 것. Guthold u. a., Worldwide Trends in Insufficient Physical Activity.

5. Editorial, *Geschichte der Gegenwart*.

6. 무엇보다 Netzwerk Körper (Hg.), *What Can a Body Do?*를 볼 것. 또 *Body Politics: Zeitschrift für Körpergeschichte*, http://bodypolitics.de/de/uber-die-zeitschrift/ (2018.10.3.)에 수록된 수많은 논문을 볼 것. 당시의 중요한 자료로는 Lorenz, *Leibhaftige Vergangenheit*가 있다.

7. Brown, *Die schleichende Revolution*, 15-50쪽. Rödder, *21.0*, 54-55쪽. 본서는 여러 장에 걸쳐 피트니스, 노동계 및 경제계에 대해 다루고 있는데, 나는 "더 유연한 자본주의"라는 개념도 시대를 가리키는 개념으로 사용한다. 이는 이 개념이 특수한 역사적

변화 및 요구사항들을 더 정밀하게 표현하기 때문이다. Lessenich, *Die Neuerfindung des Sozialen*, 9-19쪽.

8. Foucault, "Das Spiel des Michel Foucault." Ganahl, "Ist Foucaults dispositif ein Akteur-Netzwerk?" van Dyk, "Was die Welt zusammenhält."

9. Alkemeyer, *Zeichen, Körper und Bewegung*, 212쪽. Mayer, *Wissenschaft vom Gehen*.

10. Krasmann, "Regieren über Freiheit." Rose, *Powers of Freedom*.

11. Honneth, *Anerkennung*, 182-234쪽. Butler, *Psyche der Macht*.

12. Gumbrecht, "Modern, Modernität, Moderne". Dipper, "Moderne", Version: 2.0. Gruneau, *Sport & Modernity*, 1-14쪽. Villa, "Einleitung-Wider die Rede vom Äußerlichen", 8쪽.
13. Hall, "The West and the Rest."

1. "팻이 아니라 핏?" 역사 속의 피트니스와 현대의 피트니스

1. Gamper, "Radrennfahrer", 197-202쪽.

2. 여기에는 예컨대 규칙적으로 체중계 위에 올라가는 사람들까지도 포함된다. 미국인 남녀 중에서 좁은 의미의 셀프-트레킹을 행하고 있는 이의 비율이 대략 20%라고 하는데, 이는 2013년 수치다. 특히 트레킹, 즉 추적을 할 수 있는 방법이 무척 많기 때문에 이 수치는 변동이 심하다. Fox/ Duggan, "Tracking for Health."

3. QS: Quantified Self: Self Knowledge Through Numbers - Deutsche Community, http://qsdeutschland.de/info/ (2016.5.9.).

4. Rippberger, "Fitness-Apps." Schmedt, "Fitness-Tracker." Swan, "Quantified Self." Crawford u. a., "Our Metrics, Ourselves", 490-494쪽. 전반적인 것은 Duttweiler u. a., *Leben nach Zahlen*도 볼 것.

5. Lupton, *Quantified Self*, 3쪽. Lupton, "Self-Tracking Citizenship." 그렇게 확대된 국민됨(Staatsbürgersein) 개념에 대해서는 Rose/Novas, "Biological Citizenship"이 특히 생산적임. Honneth, *Anerkennung*. Cooper, *Citizenship, Inequality, and Difference*도 볼 것.

6. Volkwein, "Introduction." 폴크바인은 특히 미국 보건복지부의 1996년 방침 하나를 인용한다. Bauman, *Flüchtige Moderne*, 93-99쪽. Sloterdijk, *Du musst dein Leben ändern*.

7. Volkwein, "Introduction", xi, xv쪽을 볼 것.

8. Bröckling, "Prävention", 214쪽. 예방 및 "예방의 힘"에 대해서는 Bröckling, *Gute Hirten führen sanft*, 73-112쪽을 볼 것. "근대의 문화기술"로서의 예방에 대해서는 Lengwiler/Madarász (Hg.), "Präventionsgeschichte"를 볼 것.

9. Butler, "Performative Akte", 304쪽.

10. Biltekoff, *Eating Right*, 5-6쪽.

11. Crawford u. a., "Our Metrics, Ourselves", 487쪽. 2014년의 마이크로소프트 광고에 대해서는 Rubino, "Microsoft Band"를 볼 것. Mackert/Martschukat, "Introduction."

12. Butler, *Körper von Gewicht*. Baumann, "Postmodern Uses of Sex"도 볼 것.

13. 이에 대해서는 Metzl/Kirkland (Hg.), *Against Health*와 Guthman, *Weighing In*을 볼 것. 후자에서는 "건강제일주의(Healthism)" 및 건

강추구를 규범화하는 제 요소에 대한 논쟁도 볼 수 있다. "건강제일주의"에 대해서는 Crawford, "Healthism"을 볼 것.

14. 독재와 국가사회주의 시대의 동참에 대해서는 예컨대 Lüdtke, "Deutsche Qualitätsarbeit"나 Offermann, "Socialist Responsibilization"을 볼 것.

15. McRuer, "Compulsory Able-Bodiedness." McRuer, *Crip Theory*. Mackert, "Writing the History."

16. Anon., "Deutschland verfettet", Froböse u. a., "Der DKV-Report 2018." 근대의 패러다임으로서의 성취에 대해서는 *Verheyen, Die Erfindung der Leistung*을 볼 것.

17. 이와 관련해서는 다수의 참고문헌을 언급할 수 있다. 예컨대 Saguy, *What's Wrong With Fat?* 107쪽 이하, Gilman, *Obesity*, Biltekoff, *Eating Right* 등이다. 그 외에도 이를테면 Pollack, "A. M. A. Recognizes Obesity", Bakalar, "Obesity Rates", Anon., "Übergewicht in Deutschland" 그리고 CDC Center for Disease Control and Prevention, National Center for Health Statistics, Obesity and Overweight, http://www.cdc.gov/ nchs/fastats/obesity-overweight.htm (2016.5.11.), 또 The State of Obesity – Better Policies for a Healthier America, Obesity Rates and Trends, http://stateofobesity.org/rates/ (2016.5.11.), Hales u. a., "Differences in Obesity"를 볼 것.

18. Kim u. a., "Causation or Selection."

19. 이를테면 *Gard, End of the Obesity Epidemic*, Saguy, *What's Wrong?*, Frommeld, "Fit statt fett"을 볼 것. "과체중"과 기대수명에 대해서는 Afzal u. a., "Change in Body Mass Index"를 볼 것.

20. Wirtz, "Fit statt fett." Geyer, "Fit statt fett." 초기 캠페인에

대해서는 *Essen und Trimmen – beides muß stimmen*을 볼 것.
Frankfurt/M.: Dt. Ges. für Ernährung(독일영양학회), [1976년
경], 및 Bundeszentrale für Gesundheitliche Aufklärung, *Essen und
trimmen, beides muß stimmen*. 넛지 행위에 대해서는 Thaler/
Sunstein, *Nudge*를 볼 것. Hildebrandt, "Stups zum Glück." 넛지 행
위가 자유주의 사회를 통치하는 데에 얼마나 훌륭한 본보기가 되
는지는 서로 연관된 읽을거리인 Thaler/Sunstein의 책과 미셸 푸
코의 통치개념 연구가 뚜렷이 보여준다. Foucault, *Geschichte der
Gouvernementalität*. 권력을 탈중심적이자 타인의 행위에 영향을
미치는 행위라고 한 푸코의 설명도 볼 것. Foucault, "Subjekt und
Macht."

21. Sutton, "First Lady." "Let's Move"의 웹사이트 http://
www.letsmove.gov/ (2016.5.12)도 볼 것. 이에 대한 요약은
Martschukat, "On Choice"에 잘 되어 있다.

22. 예컨대 영국은 2016년에 설탕세를 도입하였다. Triggle,
"Sugar Tax" 참조. 이 세금은 미국에서도 필라델피아 주와 캘
리포니아 주 일부에 적용되는데, 이에 대해서는 Bloomberg
Opinion, 2018.5.14, https://www. bloomberg. com/opinion/
articles/2018-05-14/tax-sodaand-other-sugary-drinks-to-fight-
obesity (2018.11.13.)의 "Tax Soda to Help Fight Obesity" 참조.

23. Foucault, *In Verteidigung*.

24. Mollow/McRuer, "Fattening Austerity." Scholl (Hg.),
Körperführung.

25. Mollow/McRuer, "Fattening Austerity." Eva Kreisky, "Fitte
Wirtschaft." Graf, "Leistungsfähig."

26. Brown, *Die schleichende* Revolution, 15-50쪽, 인용구는 20쪽, "포트
폴리오 가치"는 36쪽, 호모 오이코노미쿠스와 폴리티쿠스는 101쪽.

27. Rose, "Molecular Biopolitics", 11쪽. 동일저자, *Powers of Freedom*. 동일저자/Novas, "Biological Citizenship". Dean, *Governing Societies*.

28. Rose/Novas, "Biological Citizenship", 451쪽.

29. Pateman, *Sexual Contract*. Mills, *Racial Contract*.

30. Willard, *A Wheel Within a Wheel*.

31. 이런 식의 변천은 여러 문화과학 및 사회과학에서도 이루어졌는데, 거기서 형성가능성과 수행성은 점차적으로 패러다임으로, 말하자면 예컨대 '젠더 수행(遂行: 젠더가 개인의 타고난 특성이 아니라 심리에 내재된 사회적 구성물로, 인간의 상호 작용에서 활발하게 드러나는 것으로 보는 태도/역자)', '인종 수행', '섹스 수행'으로 자리를 잡았다. 그 중심에 있는 것이 Butler, *Gender Trouble*이다. Netzwerk Körper (Hg.), *What Can a Body Do?*는 다면적이면서도 전체를 개관하고 있다.

32. 무능함 연구와 비만 연구에서의 비판적 목소리들이 구성주의 입장들과는 거리를 두고 있는 것은 타당해 보인다. Mollow, "Disability Studies Gets Fat"와 동일저자/McRuer, "Fattening Austerity"를 볼 것.

33. Guthman, *Weighing In*, 47-63쪽. Moran, *Governing Bodies*, 112-154쪽.

34. Dilley (Hg.), *Darwinian Evolution*. Nina Mackert, "I want to be a fat man." Gilman, *Fat Boys*. Amy E. Farrell, *Fat Shame*.

35. Wildt, *Beginn der Konsumgesellschaft*, 73-108쪽. Cohen, *Consumers' Republic*, 111-165쪽. Levenstein, *Paradox of Plenty*, 101-130쪽. Moran, *Governing Bodies*, 112-131쪽.

36. Biltekoff, *Eating Right*, 115쪽. Levenstein, *Fear of Food*, 136쪽. Ehrenreich, *Die Herzen der Männer*. Kury, *Der überforderte Mensch*, 109-175쪽.

37. Levenstein, *Fear of Food*, 124-135쪽. Möhring, "Ethnic Food", 320쪽.

38. Biltekoff, *Eating Right*. Dufty, *Sugar Blues*. Möhring, "Ethnic Food", 320쪽.

39. Davis, *From Head Shops to Whole Foods*. Pollan, *Omnivore's Dilemma*. Belasco, *Appetite for Change*. Möhring, "Ethnic Food", 322쪽.

40. Cowie, *Great Exception*, 182쪽, 202쪽. Simon, *Hamlet Fire*. Doering-Manteuffel/Raphael, *Nach dem Boom*.

41. Guthman, *Weighing In*, 116-139쪽. Pollan, *Omnivore's Dilemma*. Simon, "Geography of Silence."

42. Allcott u. a., "Geography of Poverty." Florida, "Food Deserts." Reynolds/Mirosa, "Want Amidst Plenty." Coleman-Jensen, "U. S. Food Insecurity Status." Barrett, "Measuring Food Insecurity."

43. Guthman, *Weighing In*, 163-184쪽. Martschukat, "On Choice."

44. Biltekoff, *Eating Right*, 94-95쪽. Wolfe, "'Me' Decade." 이 편지는 Edgely u. a. "Rhetoric of Aerobics", 188쪽: "I was in such bad shape, I weighed 247 pounds and my heart would beat like a drum when I got up from my chair to go to the refrigerator."에서 재인용함.

45. Davis, *From Head Shops to Whole Foods*, 176-223쪽. Belasco, *Appetite for Change*. Levenstein, *Fear of Food*, 116-124쪽. 카

운터컬처, 즉 반문화와 유연한 자본주의의 중첩에 대해서는 Reichhardt, *Authentizität und Gemeinschaft*를 볼 것.

46. Zukin, *Naked City*.

47. Serazio, "Ethos Groceries." Pollan, *Omnivore's Dilemma*. Levenstein, *Fear of Food*, 123쪽.

48. Handelsblatt 1985.12.30., Möhring, "Ethnic Food", 322쪽에서 재인용.

49. Elliott, *Better Than Well*. Biltekoff, *Eating Right*, 84-91쪽, 94쪽. Levenstein, *Fear of Food*, 142-159쪽. MarketsandMarkets, "Weight Loss Management."

50. Crawford, "Boundaries of the Self", 1356쪽. Kingsolver, *Animal*, *Vegetable*, *Miracle*, 130쪽: "Cooking is good citizenship." Paul Nolte, "Das große Fressen." Biltekoff, *Eating Right*, 99-108 쪽. Belasco, *Appetite for Change*, 196-197쪽. Moran, *Governing Bodies*, 132-154쪽.

51. 스포츠라는 개념에 대해서는 Eisenberg, *'English Sports' und deutsche Bürger*, Guttmann, *From Ritual to Record*을, 스포츠와 피트니스의 구분에 대해서는 Graf, "Leistungsfähig", 139-140쪽, Bette, *Sportssoziologie*, 5-6쪽을 볼 것. 두덴(Duden) 사전에서는 "피트니스"라는 개념이 영미 언어에서 독어로 들어와 "독어화" 된 어휘라는 설명이 달려 있다. 1976년판에서 처음으로 표제어 로 수록되었으며 "신체 상태가 양호함, [계획적인 스포츠 훈련 을 기반으로 한] 신체 능력"이라고 기술되어 있는데, "sich durch Ausgleichssport seine F. erhalten"이라는 예문이 보충되어 있다. *Duden: Das große Wörterbuch*, 851쪽. Dilger, *Fitnessbewegung in Deutschland*, 238-245쪽. Müllner, "Sich in Form bringen." Scholl, "Europäische Biopolitik?"도 볼 것.

52. 독일 스포츠 연맹(DSB)이 "Ein Schlauer trimmt die Ausdauer" (1975-78)이라는 건강 캠페인에서 행한 광고는 유튜브 동영상 https://www.youtube.com/watch?v=Z7nlUy1dAs과 https://www.youtube.com/watch?v=kWkjn PiXlJ0 (2016.7.2)을 볼 것. Pfütsch, "Zwischen Gesundheit und Schönheit."

53. K. Bös와 A. Woll이 어느 지역을 대상으로 한 설문조사에 따르면 1980년대에 이 마스코트 트리미에 대한 인지도는 90%에 달했다고 한다. Mörath, *Trimm-Aktionen*, 11쪽에서 재인용.

54. *Essen und Trimmen – beides muß stimmen*, Frankfurt/M.: Dt. Ges. für Ernährung. 독일 연방 건강계몽 센터는 1980년에 "Essen und Trimmen, beides muß stimmen"라는 주제에 대한 자료집을 발간했다.

55. Reed, "America Shapes Up."

56. Barney, "Book Review Whorton", 104쪽. Wolfe, "The 'Me' Decade."

57. 뉴욕 마라톤은 Wikipedia, https://de.wiki pedia.org/wiki/New-York-City-Marathon (2016.7.5.)을, Berlin 마라톤은 Wikipedia, https://de.wikipedia.org/wiki/Berlin-Marathon (2016.7.5.)을 참조.

58. *Runner's World*는 1966년에 한 달리기 팬이 직접 제작한 반년간 잡지로, 발행부수는 500부 정도였다. 이미 전문 편집부가 갖추어진 1970년대 말에는, 매월 오십만 부를 발행했다. Black, *Making the American Body*, 77쪽. McKenzie, *Getting Physical*, 129쪽.

59. Sheehan, "Medical Advice." 이 글에서 "glacier of lard"라는 언급이 나온다. 뚱뚱함의 에이전시 성격에 대해서는 Forth, "On Fat"를 볼 것.

60. Martschukat, "What Diet Can Do."

61. Hanner, "Beginning Running": "[running] has really changed my entire existence around." Fischer, *Mein langer Lauf*.

62. Corbitt, "Adjusting to Advancing Age": "피트니스는 쌓아둘 수 없는 것이라 계속 반복적으로, 무한정 벌어들여야 한다(Fitness can't be stored, it must be earned over and over, indefinitely)"라는 말을 이 잡지에서 볼 수 있다.

63. 반문화와 신자유주의 사이를 오간 1970년대에 대해서는 Tuck, "Introduction", 그리고 그 주제 부문의 다른 논문들을 볼 것. 유럽의 역사에 대해서는 *Zeithistorischen Forschungen*"를 볼 것.

64. Luciano, *Looking Good*, 121쪽.

65. 미국의 피트니스 시대사에 대해서는 McKenzie, *Getting Physical*을 볼 것. 달리기 운동에 대해서는 Plymire, "Positive Addiction"을 볼 것. 그 운동의 영성에 대해서는 Edgely u. a., "Rhetoric"을, 1970년대 이래 미국의 변화를 추동한 힘으로서의 도덕적 리더십 추구에 대해서는 Krämer, *Moral Leaders*를 볼 것. 새로운 도덕성과 신체성에 대해서는 Metzl/Kirkland (Hg.), *Against Health*를 볼 것.

66. Cooper, *Aerobics*. 같은 저자의 책 *The New Aerobics*는 대단한 히트작이 되었다.

67. Bassler, "Live Like a Marathoner." 종합적으로는 Rader, "The Quest"를 볼 것.

68. 여성운동의 토포스로서의 몸과 건강에 대해서는 Kline, *Bodies of Knowledge*을 볼 것. 여성주의 운동은 처음에는 무엇보다도 백인의 것으로 규정되어 있었다가, 마침내 대략 1970년대 중반부터

혹인 여성들이 페미니즘과 반인종주의의 교차 지점에서 생겨난 테마들까지도 점점 더 큰 목소리로 아젠다에 올리게 되었다. 흑인 *여성주의(Black Feminism)*와의 교차성(Intersectionality)에 대해서는 종합적으로 Mackert, "Kimberlé Crenshaw"를 볼 것.

69. 여기서 경쟁 스포츠에 대한 관계는 좀 더 양가적이었다. 한편으로 이제 경쟁 스포츠에서 그때까지 여성들에게 닫혀있던 많은 영역들의 문이 개방되었으며, 여성 운동선수들은 맞서기라도 하듯 경쟁의 질서 속에 이름을 올렸다는 이유로도 본보기가 되었다. 다른 한편으로 여성주의자들은 경쟁 스포츠를 전형적으로 공격적-남성적 형식의 운동이라고 비판했다. Cahn, *Coming on Strong*. Schultz, *Qualifying Times*, 123-148쪽. Theberge, "A Critique of Critiques." 19세기의 여성주의 피트니스에 대해서는 Vertinsky, "Feminist Charlotte Perkins Gilman"을 볼 것. 전반적으로는 Thorpe/Olive (Hg.), "Forum: Feminist Sport History"를 볼 것.

70. Fraser, "How Feminism Became Capitalism's Handmaiden." Fraser, "Feminismus."

71. Villa, "Habe den Mut." Luciano, Looking Good. Pfütsch, "Zwischen Gesundheit und Schönheit."

72. Butler, *Psyche der Macht*. Reckwitz, Subjekt. Schultz, *Qualifying Times*, 139-146쪽. Hargreaves, *Sporting Females*, 160쪽. Woitas, "Vom männlichen Elitetraining." Markula, "Firm but Shapely." Bradshaw, "Empowerment and Sport Feminism."

73. McKenzie, *Getting Physical*, 164쪽. Schultz, *Qualifying Times*, 136-138쪽.

74. Jane Fonda, Workout (VHS. USA 1982). Black, *Making the American Body*, 79-87쪽. Woitas, "Go for the burn!."

75. Woitas, "Vom männlichen Elitetraining."

76. 데이트 장소로서의 YMCA 스포츠센터에 대해서는 Gustav-Wrathall, *Take the Young Stranger*를 볼 것.

77. McKenzie, *Getting Physical*, 168-172쪽. Dilger, *Die Fitnessbewegung in Deutschland*, 245-366쪽. Reed의 글 "America Shapes Up"에서는 "대성전(Kathedralen)"이라고 나온다.

78. Scheller, *No Sports!*. Pumping Iron (USA, 1977).

79. Covert Bailey, *Fit or Fat?*, 101쪽: "Join those of us who are proud to be getting the most out of the bodies we are given. Start now!"

80. Rader, "The Quest."

81. Roosevelt, "The Strenuous Life." Möhring, "Ethnic food", 327-328쪽.

2. 18세기 이후 피트니스 개념의 경기변동 양상

1. Fielding, *The History of Tom Jones, A Foundling (1749)*, 제3부 제3장 128쪽 및 제5장 134쪽. 당시 이 개념의 범위가 어느 정도였는지는 *Oxford English Dictionary*, www.oed.com (2016. 4. 8.)의 "Fitness" 항목, Humphreys, "Eternal Fitness," Ruthven, "Fielding, Square, and the Fitness of Things"를 볼 것.

2. Fielding, *Historie des menschlichen Herzens*, 제3부 제3장 147쪽. Fielding, *Geschichte des Thomas Jones*, 제1권 제3부 제3장 149쪽. Fielding, *Die Geschichte des Tom Jones*, 제3부 제5장 116쪽.

3. Humphreys, "Eternal Fitness", 190-194쪽. Humphreys는 캠브리지 플라톤학파의 의미를 참고하라고 언급하며 여기에 Cudworth의 *Treatise* (1731, 집필 시기는 1680년 이전) 14쪽을 인용하는데, 그 내용은 다음과 같다. "things are what they are not by will but by nature. [⋯] Things are white by whiteness and black by blackness, triangular by triangularity and round by rotundity, like by likeness and equal by equality. Omnipotence itself cannot by mere will make a body triangular without having the nature and properties of a triangle in it."

4. Heater, *Brief History of Citizenship*, 64쪽, 72-79쪽. Lombard, *Making Manhood*.

5. McMahon, *Happiness*, 312-331쪽. McMahon은 무엇보다 영어 동사 "pursue"가 18세기에 지녔던 당위적 함의를 지적한다. 자유로운 소비가 이 새로운 사회에 어떤 의미를 지녔는지에 대해서는 Breen, *Marketplace of Revolution*을 볼 것. Shachak/Illouz, "Pursuit of Happiness."

6. McMahon, *Happiness*, 312-331쪽.

7. 미합중국 초기에 자유라는 말의 의미는 누구의 자유를 말하는가에 따라 상당한 변동폭을 보였다. Foner, "Meaning of Freedom." Nelson, *National Manhood*.

8. Gerstle, *Liberty and Coercion*, 17-36쪽.

9. Rorabaugh, *Alcoholic Republic*. Martschukat, *Ordnung des Sozialen*, 17-43쪽. Kleeberg (Hg.), *Schlechte Angewohnheiten*.

10. 개혁운동에 대해서는 Dorsey, *Reforming*을 볼 것. 유럽 계몽주의에서의 형벌비율의 변화에 대해서는 Foucault, *Überwachen und Strafen*을 볼 것. 미국에 대해서는 Rothman, *Discovery of the*

Asylum, Meranze, *Laboratories of Virtue*를 볼 것. 여기서 잊지 말아야 할 것이 또 있으니, 채찍이 노예제도의 대표적 형벌도구로 그대로 남았으며 그것의 목표가 몸이었다는 사실이다.

11. Alkemeyer, *Zeichen, Körper und Bewegung*. Sarasin, *Reizbare Maschinen*. Verheyen, *Erfindung der Leistung*, 123-126쪽. Goltermann, *Körper der Nation*. 기계체조에 대한 더 많은 내용은 5장 참조.

12. Anon., "Art. III: Gymnastics"에서는 "physicians, educationists, and religionists"라고 하였다. Lewis, "The New Gymnastics", 129쪽에서는 "physical culture is [now] on top of the wave"라고 하였다. Park, "Muscles, Symmetry, and Action." Martschukat, "Necessity for Better Bodies."

13. Weber, *Protestantische Ethik*. Putney, *Muscular Christianity*.

14. Park, "Biological Thought." Sarasin/Tanner, "Physiologie." Stoff, "Leistungsprinzip."

15. Saldern, *Amerikanismus*, 75쪽.

16. Page, "Our Artists in Italy", 130쪽.

17. "natürlicher fitness"에 대해서는 Eliot, "New Education, II", 362쪽 참조. Hale, "What Shall We Have", 370쪽. Parker, "Freedman's Story", 152쪽.

18. Isenmann, "Die langsame Entstehung eines ökonomischen Systems." Claeys, "Survival of the Fittest." Sarasin, *Darwin und Foucault*.

19. Spencer, *Principles of Biology*. Darwin, *Origin of Species or the*

Preservation, 1859. 이 인용에 대해서는 Darwin, *Origin of Species by Means*, 5판, 1869, 92쪽도 볼 것.

20. Darwin, *Über die Entstehung der Arten*, 1876, 83쪽. Spencer, *Principien der Biologie*, 제1권 499쪽.

21. Kleeberg, *Theophysis*, 189-190쪽. Kleeberg, "Schlechte Angewohnheiten."

22. Rotteck/Welcker (Hg.), *Staats-Lexikon* 제9권 713-730쪽. Langewiesche, *Liberalismus in Deutschland*, 12-15쪽을 볼 것.

23. McKendrick u. a., *Birth of a Consumer Society*. Isenmann, "Die langsame Entstehung eines ökonomischen Systems"은 애덤 스미스가 무엇보다 프랑스의 여러 논쟁에 관련되었음을 잘 보여준다. Smith, *Wealth of Nations* (1776).

24. Mill, *Principles of Political Economy* (1848). Mill, *On Liberty*.

25. Wayland, "An American in the House", 147쪽: "natural and acquired fitness."

26. Merwin, "Ethics of Horse-Keeping", 635쪽.

27. 본성 함양과 관련해서는 Anon., "Three Typical Workingmen", 722쪽. 노동의 산물로서의 피트니스에 대해서는 Shaler, "Use and Limits of Academic Culture", 160쪽, 167쪽. Stedman, "Edwin Booth", 585쪽.

28. Blackie, *On Self-Culture*, 독어판: *Selbsterziehung*. Sargent, "Physical Proportions." Collier, "Sport's Place." Müller, *Mein System*. 몸의 함양(Körperkultur) 분야의 전문가들에 대해서는 Berryman/Park, *Sport and Exercise Science*를 볼 것. Sargent에 대

해서는 특히 Peña, *Body Electric*, 50-72쪽을 볼 것. 전반적인 것은 Sarasin, *Reizbare Maschinen*, 324-336쪽을 볼 것. Müller에 대해서는 Möhring, *Marmorleiber*, 65쪽을 볼 것. Müllner, "Sich in Form bringen."

29. Sargent, "Physical Development of Women", 174쪽. Hutchinson, "Physical Basis of Brain-Work", 523쪽: "the history of civilization would seem to be the history of an improving physique." Collier, "Sport's Place," 383-384쪽. Bederman, *Manliness & Civilization*. Sarasin, *Reizbare Maschinen*, 251쪽. Verheyen, *Die Erfindung der Leistung*, 84쪽.

30. Saldern, *Amerikanismus*. Verheyen, *Die Erfindung der Leistung*, 46쪽.

31. Roosevelt, "The Strenuous Life."

32. Foucault, *In Verteidigung*, 276-305쪽. Scholl, "Einleitung. Biopolitik."

33. "구성적 외모(konstitutiven Außen)"에 대해서는 Mills, *The Racial Contract*, Dean, *Governing Societies*, 118쪽, Butler, *Körper von Gewicht*, 29-30쪽 참조. Hunt, *Inventing Human Rights*도 볼 것.

34. Foucault, *In Verteidigung*, 295-297쪽. Gunkel/Stieglitz, "Verqueerte Laufwege."

35. "'nicht lebbare' und 'unbewohnbare' Zonen des sozialen Lebens, die dennoch dicht bevölkert sind von denjenigen, die nicht den Status des Subjekts genießen('살아갈' 수 없고 '거주할' 수 없는 곳, 그럼에도 불구하고 주체의 지위를 향유하지 못하는 사람들이 빽빽하게 모여 사는 그런 사회적 삶의 영역)"에 나타난 질책에 대해서는 Butler, *Körper von Gewicht*, 23쪽.

36. "자기통제를 위한 피트니스(fitness for self-government)"라고 언급하는 초기 텍스트의 하나가 Frothingham, "Sam Adams Regiments", 182쪽임. Verheyen, *Die Erfindung der Leistung*, 9쪽.

37. 국적 개념 속의 여러 권리와 의무의 혼재에 대해서는 Heater, *Brief History of Citizenship* 또는 Gosewinkel, "Staatsbürgerschaft"를 볼 것. Cooper, *Citizenship*.

38. Möhring, *Marmorleiber*. 145쪽. Zweiniger-Bargielowska, *Managing the Body*. Honneth, *Anerkennung*. Cooper, *Citizenship*.

39. Parker, "Freedman's Story", 152쪽. King, "Pioneers of Ohio", 559쪽. Thayer, "Dawes Bill and the Indians", 320쪽. Clark, "Woman Suffrage." Shaler, "European Peasants." Claghorn, "Our Immigrants and Ourselves", 547쪽.

40. Riis, "Reform by Humane Touch", 753쪽. Anon., "An Englishwoman", 246쪽과 Adams, "The United States"도 볼 것.

41. Lears, *Rebirth of a Nation*. Wiebe, *Search for Order*. 유럽 여러 사회에 대한 비슷한 진단은 Sarasin/Tanner (Hg.), *Physiologie* 또는 Rabinbach, *The Human Motor* 참조.

42. Möhring, *Marmorleiber*, 15쪽.

43. Bederman, *Manliness & Civilization*. Lutz, *American Nervousness*. Radkau, *Zeitalter der Nervosität*. Stoff, "Degenerierte Nervenkörper." Kury, *Der überforderte Mensch*, 37-54쪽.

44. Bederman, *Manliness & Civilization*의 포괄적 참고문헌을 볼 것. Kasson, *Houdini*. Roediger, *Working Toward Whiteness*. Lüthi, *Invading Bodies*.

45. 몸을 쓸모 있게 단련시켜 주는 곳으로서의 수영장의 의미에 대해서는 Wiltse, *Contested Waters*, 31쪽을 볼 것.

46. Vester, *A Taste of Power*, 80쪽. Helen Zoe Veit, *Modern Food*. 독일에서의 신체 트레이닝의 의미에 대해서는 Maren Möhring, *Marmorleiber*를 볼 것.

47. Vertinsky, "Weighs and Means." Mackert, "I want to be a fat man." Farrell, *Fat Shame*.

48. 샌도우의 미국 내 활동에 대해서는 Kasson, *Houdini*를 볼 것. 샌도우의 세계적 활동에 대해서는 Daley, *Leisure & Pleasure*를 볼 것. 맥패든에 대해서는 Adams, *Mr America*를 볼 것. Stieglitz, "A Man of Your Years."

49. Theiss, "Measuring Physical Fitness", 350쪽. Anon., "The Oldest Games" 또는 Raine, "Taming the Frontier"도 볼 것.

50. Butler, *Kritik der ethischen Gewalt*, 29쪽. 당시의 다이어트 관행에 대해서 비슷하게 논증하는 사례는 Vester, "Regime Change"와 같은 저자의 *Taste of Power* 참조.

51. Dubois, "The Problem of Amusement (1897)"와 Scott, "Leisure Time (1925)." Martschukat, "His chief sin." Purkiss, "Beauty Secrets." Stieglitz, "American Crawl."

52. Kugelmass (Hg.), *Jews, Sports, and Rites of Citizenship*. *One Hundred Years of 'Muscular Judaism'*에 대해서는 *Journal of Sport History* 26,2 (1999)의 별책도 볼 것. Zimmermann, "Muskeljuden." Stieglitz u. a., "Sportreportage."

53. Henne, *Training Citizenship*.

54. Willard, *A Wheel within a Wheel*. Strange/Brown, "The Bicycle." Vertinsky, "Feminist Charlotte Perkins Gilman." Verbrugge, *Active Bodies*.

55. Darwin, *Die Entstehung der Arten* 1902, 제1권 126쪽 이하. 단어 "Fitneß"는 1976년에 처음으로 Duden 사전에 수록되었다. Jacob Grimm과 Wilhelm Grimm의 독어사전에 수록된 "tüchtig" 항목도 볼 것.

56. Adler, "Spartan Stuff", 303쪽. 일반적으로는 Biltekoff, *Eating Right*도 참조할 것. Mackert, "Feeding Productive Bodies."

57. Wells, "Social Darwinism", 특히 706쪽. 미국에서의 학술적 인종주의에 대해서는 Degler, *In Search of Human Nature* 참조. Tucker, *The Science and Politics*. Norbert Finzsch, "Wissenschaftlicher Rassismus." 국제적 우생학에 대해서는 Kühl, *Die Internationale der Rassisten* 참조. 그 이전의 역사에 대해서는 Lorenz, *Menschenzucht*를 볼 것.

58. Alkemeyer, "Aufrecht und biegsam." Becker/Schäfer (Hg.), *Sport und Nationalsozialismus*, 이 논문집에서 특히 Becker/Schäfer, "Einleitung", 9-23쪽. Diehl, "Körperbilder und Körperpraxen." Wildt, *Volksgemeinschaft, Version: 1.0*. Wildt, *Volk, Volksgemeinschaft, AfD*.

59. Goltermann, *Körper der Nation*.

60. 동참(Mitmachen)에 대해서는 Lüdtke, *Eigen-Sinn*을 볼 것. Lindenberger, "Eigen-Sinn."

61. Cowie/Salvatore, "The Long Exception." Cowie, *Great Exception*. 이런 배경을 고려할 때 뉴딜 정책이 무엇보다 독일 역사가들 사이에서 그렇게 큰 관심거리가 되는 것은 별로 놀랍지 않다. 그런 관

심은 수많은 비교고찰을 낳기도 했다. Schild, *Zwischen Freiheit*를 볼 것. Patel, *The New Deal*. Gräser, *Wohlfahrtsgesellschaft*.

62. Stieglitz, *100 Percent American Boys*, 184-222쪽. Patel, *Soldaten der Arbeit*. Suzik, "Building Better Men." Henne, *Training Citizenship*, 14-20쪽. Moran, *Governing Bodies*, 38-63쪽.

63. 예컨대 Manuel G. Silberger의 "Labor"이라고 제목이 붙은 그림 (1936)을 https://fdrlibrary.org/art-detail 에서 보라. Melosh, *Engendering Culture* 참조.

64. Jarvis, *Male Body in War*. Macdonald, *Strong, Beautiful, and Modern*.

65. Wildt, *Beginn der Konsumgesellschaft*, 76-109쪽. Briesen, *Das gesunde Leben*, 190-193쪽도 볼 것.

66. Cohen, *Consumers' Republic*. Steigerwald, "All Hail the Republic."

67. McKenzie, *Getting Physical*, 9쪽. 체지방과 과잉소비에 대해서는 Stearns, *Fat History*. Dean, *Imperial Brotherhood*. Moran, *Governing Bodies*, 112-131쪽.

68. McKenzie, *Getting Physical*, 14-53쪽. 여기서 언급된 연구의 결과는 Kraus/Hirschland, "Muscular Fitness"와 같은 저자들의 논문 "Minimum Muscular Fitness"를 통해 발표되었다. PCYF에 대해서는 Moran, *Governing Bodies*, 84-111쪽 및 Bowers/Hunt, "President's Council"을 볼 것.

69. McKenzie, *Getting Physical*, 82-108쪽. 위험요인 모델에 대해서는 Rothstein, *Public Health* 및 Timmermann, "Risikofaktoren"을 볼 것. 예방에 대해서는 Bröckling, "Prävention." 예방과 "예방권력(die

Macht der Vorbeugung)"에 대해서는 Bröckling, *Gute Hirten*, 73-112 쪽. Hannig/Thießen (Hg.), *Vorsorgen in der Moderne*도 볼 것.

70. McKenzie, *Getting Physical*, 90-92쪽. Martschukat, *Ordnung des Sozialen*, 263-292쪽. Gilbert, *Men in the Middle*.

71. Meuser, "Hegemoniale Männlichkeit."

72. Ehrenreich, *Die Herzen der Männer*.

73. 몸에 대한 여성들의 이상에 대해서는 McKenzie, *Getting Physical*, 54-81쪽. 1950년대 힘센 남성의 정상성에 대해서는 Gilman, *Fat Boys*, 5쪽과 Luciano, *Looking Good*, 37-74쪽을 볼 것. 역사적으로 또 다른 관점들 속에서 쓴 글은 Farrell, *Fat Shame*.

74. 케네디의 부드러움(Softness)과 피트니스에 대해서는 Robert Dean의 여러 저술과 Black, *Making the American Body*, 47쪽을 볼 것. 여기서는 무엇보다 *Sports Illustrated* 1960년 12월호에 실린 케네디의 "The Soft American"을 통해 그의 글을 다루었다.

75. Esquire (Hg.), *The Art of Keeping Fit*.

3 노동

1. Anon., "Trimmen am Arbeitsplatz."

2. Anon., "Number of Health Clubs&Fitness Centers."

3. Peters, "In America, Corporate Fitness." Gambacchini, "The Bottom Line on Fitness"도 볼 것. Cooper, *Aerobics*, Appendix, 165-173쪽.

4. Sennett, *Der flexible Mensch*와 같은 저자, *Die Kultur des neuen Kapitalismus*. 특별히 기업 팀들을 위한 가장 중요한 달리기 경기의 하나는 "기업대항전(Corporate Cup Championships)"이었다. 이에 대해서는 예컨대 Post, "The Corporate Cup"를 볼 것.

5. 이는 예컨대 *Runner's World*나 *Forbes* 또는 *TIME Magazine* 같은 극도로 상이한 분야의 잡지들에서 볼 수 있다. Peters, "In America, Corporate Fitness", Anon., "Getting a Move On", Reed, "America Shapes Up"을 볼 것.

6. Anon., "Trimmen am Arbeitsplatz."

7. Lessenich, *Die Neuerfindung des Sozialen*, 12-17쪽. Bröckling, *Gute Hirten*, 100쪽. Chappell, *The War on Welfare*.

8. Reed, "America Shapes Up", 94쪽. 경제계 및 정계 지도급 인물들의 스포츠 이력이 어떤 자질을 키워주는지에 대해서는 예컨대 Byrne, "Executive Sweat" 및 Waters, "Defining the Runner's Personality"도 볼 것.

9. 특히 일터에서의 스트레스는 또 다른 위험요인이라고 종종 언급되었지만, 얼마 안 가 그 의미가 과대평가된 것이라고 논의되었다. Kury, *Der überforderte Mensch* 참조. Mark Jackson, *The Age of Stress*도 볼 것.

10. Zink, "At Texas Instruments"에 나오는 내용에 의함.

11. Bröckling, *Gute Hirten*, 73-112쪽. Singer, "Entstehung des Betrieblichen Gesundheitsmanagements"도 볼 것.

12. 대안으로 떠오른 예전 생활관습이 점차 시장 역동성(단순히 작은 대안을 넘어서서 시장에 본격 진입해 영역을 키워간다는 의미/역자)을 키워가고 있다는 점에 대해서는 Davis, *From Head*

*Shops to Wholefoods*를 볼 것. Sven Reichardt는 독일을 향해 "프로젝트 중심의 노동"이라는 형식을 옹호하는 비슷한 논거를 내놓았는데, 이 작업은 처음에는 대안적 환경에서 생겨났다. Reichardt, *Authentizität und Gemeinschaft*, 319-350쪽.

13. Bernet, "Insourcing und Outsourcing", 273쪽.

14. Bröckling, *Gute Hirten*, 100쪽. Kreisky, "Fitte Wirtschaft"도 볼 것.

15. Verheyen, *Die Erfindung der Leistung*은 성취 개념이 무엇인지 명확히 규정되어 있지 않기 때문에 더 다양하게 사용될 수 있다는 점에서 생산적임을, 그리고 이 개념이 한 사람이 지닌 "측정 가능한 여러 능력" 및 "생산적 산출" (121쪽)과 연결된 것은 19세기에 와서야 비로소 일어난 일임을 강조한다.

16. Gramsci, "Zweiundzwanzigstes Heft (V)". 여기서는 Bänziger, "Fordistische Körper", 19쪽에서 재인용.

17. Owen, *A New View of Society*. Chance, "Mobilising the Modern Industrial Landscape."

18. Bates/Riess, "Industrial Sports. Gems, "Welfare Capitalism." Park, "Blending Business and Basketball." Kleeberg, "Schlechte Angewohnheiten."

19. Putney, *Muscular Christianity*. Henne, *Training Citizenship*.

20. Pesavento, "Sport and Recreation." Chance, "Mobilising the Modern Industrial Landscape." Pfister, "Stählung der Arbeiterschaft", 22-28쪽. Sachse, *Siemens, der Nationalsozialismus und die moderne Familie*.

21. Pesavento, "Sport and Recreation."

22. 특히 Luh, *Betriebssport*를 볼 것.

23. Park, "Blending Business and Basketball." Chance, "Mobilising the Modern Industrial Landscape." Burnap, *Parks*, 116쪽 이하에서는 공원에서의 스포츠 활동 증가를 좋지 않게 보았다.

24. "합리적 노동방식의 바탕(Grundlage rationeller Arbeitsweise)" 로서의 "이성적 신체함양(Vernünftige Körperkultur)"이라는 말은 카를 딤(Carl Diem)이 제국 내무장관 카를 빌헬름 제베링(Carl Wilhelm Severing)에게 쓴 1929년 11월 16일자 문건 (사본) 8쪽에 나오는데, 여기서는 Dinçkal, "Sport ist die körperliche…", 71쪽에서 재인용함. 베를린 시장 뵈스(Böß)는 Pfister, "Stählung der Arbeitnehmerschaft", 28쪽에서 재인용.

25. 예컨대 19세기 말의 Brockhaus 백과사전이 그랬다. Verheyen, *Erfindung der Leistung*, 134쪽에 의거함.

26. Sarasin/Tanner, "Physiologie und industrielle Gesellschaft."

27. 예컨대 Wheeler, *The American Diseases*와 Radkau, *Das Zeitalter der Nervosität*를 볼 것.

28. 피로에 대해서는 특히 Rabinbach, *The Human Motor*, 19-44쪽을 볼 것. 몸과 마음의 피로의 상호 관계에 대해서는 Vatin, "Arbeit und Ermüdung"을 볼 것. 성취(Leistung) 개념에 대해서는 Verheyen, *Erfindung der Leistung*, 130-139쪽. 신체의 호황에 대해서는 Martschukat, "The Necessity for Better Bodies"와 Möhring, *Marmorleiber*.

29. 이에 대해서는 예컨대 Mackert, "Feeding Productive Bodies"를 볼 것.

30. Marey에 대해서는 Rabinbach, *Human Motor*, 84-119쪽과

Fleig, *Körperkultur und Moderne*, 50쪽을 볼 것.

31. Muybridge에 대해서는 그의 활동사진 전집 최신판인 Adam, *Eadweard Muybridge*를 볼 것. 정상적 노동여건에 대해서는 Bernet, "Insourcing und Outsourcing"을 볼 것.

32. Smith, *The Wealth of Nations* (1776), 제1권 제1장 4쪽: "The greatest improvement in the productive powers of labour, and the greater part of the skill, dexterity, and judgment with which it is anywhere directed, or applied, seem to have been the effects of the division of labour." Taylor, *Principles of Scientific Management*.

33. Foucault, *Überwachen und Strafen*. III.1장, 173-219쪽은 여러 활동을 연습해서 익히는 것과 더불어 특히 절차의 분해 및 재조립도 훈육의 작용방식의 하나라고 기술한다. 포드주의, 컨베이어벨트 그리고 그것에 대한 비판의 역사에 대해서는 Nye, *America's Assembly Line*과 Hachtmann/Saldern, "Das fordistische Jahrhundert"를 볼 것.

34. Honisch, "Wirtschaft und Leibesübungen", 532쪽, Becker, "Sport bei Ford", 212쪽에서 재인용. 운동선수 테일러에 대해서는 Fleig, *Körperkultur und Moderne*, 57-67쪽을 볼 것.

35. Diem은 Pfister, "Stählung der Arbeiterschaft", 31쪽에서 재인용. Dinçkal, "Sport ist die körperliche…"도 볼 것.

36. Mills, *White Collar*, xix-xx쪽. Kocka, *Angestellte zwischen Faschismus und Demokratie*.

37. Kwolek-Folland, *Engendering Business*. 사무직 종사자는 Sinclair Lewis의 1917년 작품에 나오는 Una Golden부터 Christoper Morley의 1939년 작품 속의 Kitty Foyle에 이르기까지 수많은 장편소설 속의 인물이기도 했다.

38. Rosa, *Beschleunigung*. Verheyen, *Die Erfindung der Leistung*. Kracauer, *Die Angestellten*. Mills, *White Collar*. Reckwitz, *Das hybride Subjekt*, 282-288쪽. "새장처럼 좁디좁은 돈벌이 공간(Erwerbskäfige)"이라는 표현은 Marcuse, *Körperpflege*, 113쪽에, "뇌 절름발이(Gehirnkrüppel)"는 Nordhausen, *Moderne Körperkultur*, 2쪽에 나오는데, 둘 다 Fleig, *Körperkultur und Moderne*, 33쪽에 의거함.

39. Blackford/Newcomb, *Analyzing Character*, 159쪽. Martschukat, "The Necessity for Better Bodies", 480쪽. 독일에서는 이에 해당하는 관점이 어떻게 표현되었는지는 Verheyen, *Erfindung der Leistung*, 166-171쪽과 Stoff, "Der erfolgreiche Mensch"를 볼 것.

40. Hutchinson, "The Physical Basis of Brain-Work." Martschukat, "The Necessity for Better Bodies", 480쪽.

41. Luh, *Betriebssport*, 124, 144쪽.

42. 독일 파시즘을 떠받친 주요 세력으로서의 소부르주아에 대해서는 Kocka, *Angestellte zwischen Faschismus und Demokratie*를 볼 것.

43. Luh, *Betriebssport*, 208-337쪽. Hachtmann, "Bäuche wegmassieren," Ley의 인용구에 대해서도 이 책 참조. Verheyen, *Erfindung der Leistung*, 182-190쪽. Planert, "Der dreifache Körper." Wildt, *Volk*.

44. Dabakis, *Visualizing Labor*. Jarvis, *The Male Body at War*.

45. Bates/Riess, "Industrial Sports", 482쪽.

46. Martschukat, *Ordnung des Sozialen*, 263-292쪽. McKenzie, *Getting Physical*, 3쪽. Mills, *White Collar*, 63쪽. Kracauer, *Die Angestellten*, 11쪽.

47. Whyte, *The Organization Man*. Riesman, *The Lonely Crowd*. Ehrenreich, *The Hearts of Men*.

48. Mills, *White Collar*, 80쪽, 197쪽.

49. Cuordileone, *Manhood and American Political Culture*. Kimmel, *The Gendered Society*, 117쪽은 "회사의 복제품들(coporate clones)"이라는 말을 하고 있다. Lüdtke, "Helden der Arbeit." Budde, "Der Körper der sozialistischen Frauenpersönlichkeit."

50. Whyte Jr., *Is Anybody Listening?*, 168쪽. Riesman, *The Lonely Crowd*, 141쪽.

51. McKenzie, *Getting Physical*, 71-78쪽. 유튜브 https://www.youtube.com/watch?v=y4A3mdG5zbQ&t=81s (2018. 4. 27)에서 「잭 랄랜 쇼(Jack LaLanne Show)」, 에피소드 1을 볼 것.

52. McKenzie, *Getting Physical*, 98-108쪽. Miller, *Death of a Salesman*.

53. 예컨대 Anon., "Medicine"을 볼 것.

54. Kury, *Der überforderte Mensch*, 109-175쪽. 같은 저자, "Von der Neurasthenie zum Burnout."

55. Haller u. a., "Stress-Konjunkturen eines Konzepts"의 독법에 대해 필자는 제한적으로만 따른다.

56. Esquire (Hg.), *The Art of Keeping Fit*. 피트니스 트레이닝이 과도한 경우에 대해서는 McKenzie, *Getting Physical*, 103쪽.

57. 예컨대 1968년부터의 *Executive Health Report*가 그러했다. 단행본 형태로는 *The Executive Health Report Fitness Guide*도 볼 것.

58. 미국의 나스닥(NASDAQ: *National Association of Securities Dealers Automated Quotations*) 시장은 세계최초의 전자 증권거래소로 1971년 2월 업무를 개시한 반면, 독일 증권거래소는 1997년에야 비로소 시장을 구축함으로써, 이른바 신시장(Neuen Markt) 부문, 즉 신기술 부문 기업들이 앞으로 증시 진입을 통해 자본을 마련할 수 있게 되었다.

59. Anon., "Watch That Waistline!"

60. Tuma, "Körperkult", 135쪽에서 세기말을 이렇게 결산했다.

61. Raphael/Doering-Manteuffel (Hg.), *Nach dem Boom*. Hachtmann/von Saldern, "Gesellschaft am Fließband."

62. 도요타의 생산방식에 대해서는 Womack u. a., *Die zweite Revolution in der Autoindustrie*를 볼 것. 1990년에 나온 영어판 원본의 부제는 *The Story of Lean Production*임. Elis, "Von Amerika nach Japan"도 볼 것. 일본 기업의 피트니스 트레이닝에 대해서는 Anon., "Getting a Move On"을 볼 것. 늘씬함의 정치적 및 경제적 비유에 대해서는 Kreisky, "Fitte Wirtschaft"과 Bernet, "Insourcing und Outsourcing"을 볼 것.

63. Reichardt, *Authentizität und Gemeinschaft*, 319-350쪽. Bröckling, *Das unternehmerische Selbst*, 248-282쪽.

64. 이를테면 Simon, *The Hamlet Fire*를 볼 것.

65. Bröckling, *Das unternehmerische Selbst*, 9쪽. Reckwitz, *Das hybride Subjekt*, 282쪽에서는 20세기 초가 사무직 호황기의 시작점이고, 1950년대가 전성기 그리고 1970년대가 쇠퇴기였다고 본다. "경제화(Ökonomisierung)"라는 말은 세기말을 전후하여, 그렇게나 사람들이 많이 주장하던 "사회적인 것의 과학화" 옆으로 다가갔다. Raphael, "Die Verwissenschaftlichung des Sozialen."

66. Voß/Pongratz, "Der Arbeitskraftunternehmer."

67. Bröckling, *Das unternehmerische Selbst*, 65쪽.

68. Rose, "Governing the Enterprising Self."

69. Bröckling, *Gute Hirten*, 243-259쪽. 코칭과 스포츠의 의미에 대해서는 Ribbat, *Deutschland für eine Saison*과 Anon., "Getting a Move On"을 볼 것. Tuma, "Körperkult", 138쪽.

70. 그 사례로 Anon., "Manager: Erfülltes Leben"을 볼 것.

71. Meusel, *Trimm Dich im Büro!* (1971). 이 브로슈어는 비교적 오랫동안 판을 거듭하며 발행되었다. Anon., "Gymnastik-Bürotraining." Spangenberg, "Betriebssport." 파더본 소재 닉스도르프(Nixdorf) 같은 거대기업도 있었는데, 이곳에서는 이미 70년대에 전 직원의 피트니스에 투자했으며 무엇보다도 트레이닝을 위한 시설을 갖추었다. *Luh, Betriebssport*, 385쪽을 볼 것.

72. 미국화에 대한 요약으로는 Schildt, "Sind die Westdeutschen amerikanisiert worden?"과 Doering-Manteuffel, "Amerikanisierung und Westernisierung"을 볼 것.

73. Anon., "Kuß des Todes. Anon., "Wonniges Dahingleiten." Kunkel, "Die dreifache totale Fitneß. "아름다움: 육체에의 욕구: 몸의 발견(Schönheit: Lust am Leib: Die Entdeckung des Körpers)"이라는 테마를 다룬 *Spiegel Spezial*(슈피겔 특집)에 수록된 Caysa, "Krieg der Körper".

74. Anon., "Brutale Harmonie." Anon., "Lockeres Sitzfleisch." 이 글이 실린 *Der Spiegel special*의 주제는 "식사 만세! 먹고, 마시고 즐기자(Prost Mahlzeit! Essen, Trinken und Genießen)"였다. Anon., "Fit für die Firma."

75. Luh, *Betriebssport*, 386. Singer, "Entstehung des Betrieblichen Gesundheitsmanagements."

76. Tuma, "Körperkult." 스포츠클럽은 새로운 감각, 사업 및 유행을 위한 "기지국"으로 변한다. 안락감의 웰니스가 판을 장악하고 있다. 이제 여기서는 스포츠가 부차적인 것이 되어버린다. Anon., "Fit durch Cyber-Sport." Bundesministerium für Gesundheit(독일연방보건부), *Arbeitsunfähigkeit: Monatlicher Krankenstand—1970 bis Oktober 2014*, https://www.bundesgesundheitsministerium. de/fileadmin/Dateien/3_Downloads/Statistiken/GKV/ Geschaeftsergebnisse/Krankenstand_Okt_2014.pdf (2018.12.11.). Bureau of Labor Statistics(노동통계국), *Labor Force Statistics from the Current Population Survey*, https://www.bls.gov/cps/tables. htm#absences (2018.12.11.)에서 1995년 통계까지 열람가능함.

77. Madarász-Lebenhagen, "Geschlechterbilder in Präventionskonzepten." 약간 다른 결과이기는 하지만 Linek, *Gesundheitsvorsorge in der DDR*도 볼 것.

78. Bernet, "Insourcing und Outsourcing." 슈테판 오퍼만(Stefan Offermann)은 동독 보건제도에 대해서도 셀프리더십을 겨냥한 인센티브를 잘 끄집어낸다. Offermann, "On Responsibilization."

79. Martschukat, "On Choice."

80. 체형, 교육 및 소득의 상관관계에 대한 문헌을 분석한 자료 하나를 제공해주는 것이 Kim/Knesebeck, "Income and Obesity"와 Kim u. a., "Causation or Selection"의 두 논문이다.

81. Graefe, "Subjektivierung." Graefe, *Resilienz*. 회복탄력성(Resilienz)에 대해서는 Bröckling, *Gute Hirten*, 113-139쪽도 볼 것.

82. 이러한 묘수는 Haller u. a., "Stress"에 힘입은 것이다.

4 섹스

1. 화이자의 Allison Keith는 처방건수가 첫 주에 30만 건이었고 첫 1년 반 만에 3천만 건이라고 말했다. Keith, "The Economics of Viagra", 148쪽을 볼 것.

2. Anon., "Schau mal, hier steht was", 그리고 같은 잡지에 수록된, Anon., "Viagra ist eine Bombe"라는 제목으로 발기부전 치료제의 장단점에 대해 함부르크의 비뇨기과 의사 하르트무트 포르스트와 이루어진 인터뷰, 110쪽. 미국의 소비량에 대해서는 Martin, "Thanks a Bunch, Viagra." Anon., "Viagra: The Potency Pill", 표지. 참고문헌에서는 특히 Loe, *Rise of Viagra*를 볼 것. McLaren, *Impotence*, 9장 및 10장, 208-262쪽.

3. Tiefer, "Doing the Viagra Tango", 3쪽.

4. Weingarten, "Ein Lob dem Mann, der nicht kann."

5. Levy, "Pill Culture Pops." Mamo/Fishman, "Potency in All the Right Places", 16쪽. David Bell과 Joanne Hollows는 마찬가지로 20세기 후기의 생활방식이 갖는 큰 의미를 강조하지만, 이 의미를 20세기 내내 이어진 비교적 장기간의 발전의 정점이라고 기술한다. Bell/Hollows, "Towards a History of Lifestyle." Spreen, *Upgradekultur*도 볼 것.

6. Elliott, *Better Than Well*. van Dyk, *Soziologie des Alters*. Levy, "Pill Culture Pops." Marshall/Katz, "Forever Functional", 59쪽.

7. Mamo/Fishman, "Potency in All the Right Places", 14쪽. Marshall, "Hard Science", 132쪽. Glick, "Of Sodomy and Cannibalism."

8. Harrasser, *Körper 2.0*.

9. Baglia, *Viagra Ad Venture*. Loe, *Rise of Viagra*. van Dyk, *Soziologie des Alters*, 25, 97-101쪽. van Dyk/Graefe, "Fit ohne Ende." Rowe/Kahn, *Successful Aging*. Wellman-Stühring, "Silber-Sex."

10. Elliott, *Better Than Well*, 124-127쪽. Tiefer, "Sexology and the Pharmaceutical Industry." 화이자는 "발기부전(erektile Dysfunktionalität)"이라는 개념을 밀어붙였고, 이후 화이자의 재정후원을 받는 여러 남성클리닉은 이 부전증을 치료해 줄 수 있었다. Loe, *Rise of Viagra*, 18, 48쪽.

11. McLaren, *Impotence*, 243, 252쪽. Marshall, "Hard Science", 139쪽. H. A. Feldman u. a., "Impotence." MMAS와 제약사 마케팅에 대해서는 Lexchin, "Bigger and Better"를 볼 것. Rosen u. a., "International Index: Multidimensional Scale." Rosen u. a., "International Index: State-of-the-Science."

12. Bordo, *The Male Body*, 59-64쪽.

13. Crouch, "Viagra Returns"는 간신히 지나갈 만한 통로 하나를 제공해준다.

14. McLaren, *Impotence*, 255쪽. Faludi, *Stiffed*. Trebay, "Longer Harder Faster."

15. 남성성의 위기에 대한 많은 글 중에서 이 문제를 잘 정리한 책으로는 Martschukat/Stieglitz, *Geschichte der Männlichkeiten*과 di Blasi, *Der weiße Mann* 그리고 Nünning, "Krise als Erzählung"을 볼 것. 헤게모니에 대해서는 Connell, *Masculinities*을 볼 것. 특히 섹스 분야에서 통제가 갖는 의미에 대해서는 Potts, "Essence of the Hard On", 92-93쪽을 볼 것.

16. Weeks, "Sexual Citizen." 이에 대해서 전반적으로 Canaday,

*The Straight State*도 볼 것.

17. Jagose, *Orgasmology*, 25. Koedt, "The Myth of the Vaginal Orgasm." Fahs, *Performing Sex*, 38-43쪽. Rich, "Compulsory Heterosexuality."

18. Paula-Irene Villa가 Ramsbrock/Schnalke/Villa, "Menschliche Dinge"에서 강조하듯, 이것은 물론 난세포와 남성 생식기에도 적용된다. Schmincke, "Sexualität als Angelpunkt."

19. Sherman, "Little Blue Miracle." Jeffords, *Remasculinization of America*. Martschukat, *Ordnung des Sozialen*, 327-354쪽. Melzer, *Gun Crusaders*. Krämer, "Playboy tells his story." Potts, "The Essence of the Hard On", 92-93쪽. Luciano, *Looking Good*, 97-99쪽. Loe, *Rise of Viagra*, 13쪽과 63-93쪽.

20. Foucault, "Spiel des Michel Foucault", 392쪽.

21. Greene/Siegel Watkins, "Introduction." Elliott, *Better Than Well*. Terzian, "Direct-to-Consumer Prescription Drug." Loe, *Rise of Viagra*, 23쪽.

22. Elliott, *Better Than Well*, 102-107쪽.

23. Danoff, *Superpotency*, 158쪽. Marshall/Katz, "Forever Functional", 45쪽에 "consumerist erectile economy"라는 구절이 나온다.

24. 도핑 개념의 모호성에 대해서는 Reinold, *Doping als Konstruktion*, 71-124쪽과 Harrasser, *Körper 2.0*, 12쪽 그리고 Harrasser u. a., "Wieviel Technology ist im Laufschuh?"를 볼 것.

25. 도핑 유혹이 많은 스포츠분야에서 도핑 혐의로 넘겨진 수많

은 선수들로 하여금 옛날에 거짓말했음을 부인하게 만드는 논리의 하나. 이에 대해서는 Reinold, *Doping als Konstruktion* 127쪽도 볼 것. 도핑 정의의 사례로는 예컨대 유럽평의회(Europarat. 영어: Council of Europe)가 1963년 처음으로 내놓은 것을 볼 것. 이 평의회는 도핑을 "경쟁에서 성취를 인위적이고 불공정하게 끌어올리겠다는 단 하나의 목표를 갖고서 어떤 형태든 체외의 물질을 [⋯] 건강한 사람에게 제공하거나 사용하는 것(die Verabreichung oder der Gebrauch von körperfremden Substanzen in jeder Form [⋯] an gesunde Personen mit dem einzigen Ziel der künstlichen und unfairen Steigerung der Leistung für den Wettkampf)"라고 했다. 일상 도핑과 스포츠 도핑의 뒤섞임에 대해서는 Hoberman, *Testosterone Dreams*도 볼 것.

26. Møller, *The Doping Devil*. 스포츠와 피트니스의 구분에 대해서는 Scholl, "Einleitung: Biopolitik"을 볼 것.

27. 도핑의 사회사에 대해서는 Møller, *The Doping Devil*, 그리고 Hoberman, *Testosterone Dreams*과 더불어 무엇보다도 Hoberman, *Mortal Engines*, Dimeo, "A Critical Assessment," Dimeo, *A History of Drug Use*, Schneider, "The Concept of Doping", 그리고 Ritchie, "Understanding PerformanceEnhancing Substances"를 볼 것.

28. Kläber, *Doping im Fitness-Studio*. Martschukat, "What Diet Can Do."

29. Barker-Benfield, "The Spermatic Economy." Mumford, "Lost Manhood."

30. Martschukat, *Ordnung des Sozialen* 참조.

31. White, *First Sexual Revolution*. Daley, *Leisure & Pleisure*. Kasson, *Houdini*. 샌도우가 지닌 에로틱한 카리스마에 대해서는 Poole, "Männer im Pelz"를 볼 것.

32. Beard, *Sexual Neurasthenia*. Mumford, "Lost Manhood", 43쪽.

33. Reinold, *Doping*, 83쪽.

34. McLaren, *Impotence*, 126-148쪽. Gilman, *Making the Body Beautiful*. Ramsbrock, *Korrigierte Körper*.

35. Stoff, *Ewige Jugend*, 37-43쪽

36. Stoff, *Ewige Jugend*, 16쪽. 섹스에 대한 생산주의적 이데올로기 및 생산하는 몸과 소비하는 몸의 구분에 대해서는 같은 책 80쪽도 볼 것. 여성의 소비하는 몸에 대해서는 Stoff, "Janine"도 볼 것. Stoff의 글 외에도 특히 Birken, *Consuming Desire*와 Marshall/Katz, "Forever Functional", 49쪽을 볼 것.

37. Freud, "Vorwort" (1913). McLaren, *Impotence*, 181-207쪽.

38. Cushman, *Constructing the Self*. Moskowitz, *In Therapy We Trust*.

39. Spark u. a., "Impotence Is Not Always Psychogenic." Toufexis, "It's Not All in Your Head." 몸으로의 전환에 대해서는 Bänziger u. a., "Sexuelle Revolution?"도 볼 것. 섹스혁명에 대해서는 Eder, "Lange Geschichte der Sexuellen Revolution"도 중요하다. 생명과학 연구를 추동하는 여러 엔진에 대해서는 Rheinberger, *Experimentalsysteme*을 볼 것.

40. Gilles Deleuze 및 Félix Guattari와 함께 한다면 하나의 아상블라주(Assemblage), Michel Foucault와 함께라면 디스포지티프(Dispositiv), 그리고 Bruno Latour와 함께라면 네트워크(Netzwerk)라고 말할 수 있을 것이다. Deleuze/Guattari, *Mille Plateaux*. Foucault, "Spiel des Michel Foucault." Ganahl, "Foucaults dispositif." van Dyk, "Was die Welt zusammenhält." Jane Bennett, *Vibrant*

Matter, 20-38쪽.

41. Latour, *Neue Soziologie*, 81, 123-124쪽. Coole/Frost, "Introducing the New Materialisms." Mackert/Martschukat, "Introduction: Fat Agency."

42. Loe, *Rise of Viagra*, 79쪽. 몸과 보형물의 관계에 대한 아주 명쾌한 설명은 Kienitz, "Schöner gehen?"인데 저자는 절단 후 남은 뭉툭한 신체 부위의 '*주도성(Agency.* 사회학에서는 에이전시를 구조, 환경, 도덕관념 등에 얽매이지 않고 스스로 결정, 행동하는 능력이라는 뜻으로 쓰이므로 주도성이라 할 수 있다. 반대로, 구조란 에이전트와 그의 결정을 제한하고 한정하는 영향요소 - 계급, 종교, 성별, 인종, 능력, 관습 같은 것이다/역자)'을 정밀하게 들여다본다. Harrasser, *Prothesen*.

43. Ramsbrock/Schnalke/Villa, "Menschliche Dinge"에 나오는 Paula-Irene Villa의 말.

44. Marshall/Katz, "Forever Functional." Potts, "Deleuze on Viagra." Mamo/Fishman, "Potency in All the Right Places."

45. Latour, *Neue Soziologie*, 123쪽.

46. 나는 여기서 무엇보다 Sontowski, *Viagra im Alltag*, Potts u. a., "Viagra Stories," Potts u. a., "Sex for Life," Potts u. a., "Downside of Viagra," Loe, *Rise of Viagra* 등과 같은 저술의 덕을 보고 있다.

47. Hultling, "Partners' Perceptions." Potts u. a., "Downside of Viagra."

48. Sontowski, *Viagra im Alltag*, 92쪽, 95쪽, 144-145쪽. Loe, *Rise of Viagra*, 65쪽, 70-71쪽, 79쪽. 장애와 관련한 논쟁에서, 보형물의 효과에 대한 논의는 설문대상자들이 평가하는 것보다 더 치열하게

진행된다. 예컨대 Spöhrer, "Wie ich zum Cyborg wurde"를 볼 것.

49. Sontowski, *Viagra im Alltag*, 119쪽, 153쪽, 187-188쪽. 성취와 근대의 상승논리(계속 더 상승하고 발전해야 한다는 논리/역자)에 대해서는 Verheyen, *Erfindung der Leistung*, 127쪽 이하를 볼 것. 주도성 상실에 대해서는 Harrasser, *Körper* 2.0, 13쪽도 볼 것.

50. Sontowski, *Viagra im Alltag*, 92-93쪽, 95쪽, 143쪽, 149쪽, 168쪽. Potts u. a., "Sex for Life."

51. Sontowski, *Viagra im Alltag*, 95-96쪽, 147쪽, 172-176쪽.

52. Sontowski, *Viagra im Alltag*, 155쪽, 161쪽, 180쪽, 201쪽, 208-210쪽. Weeks, "Sexual Citizen."

53. Potts, "Downside of Viagra", 701-702쪽. Riley, "Role of the Partner." Loe, *Rise of Viagra*, 95-123쪽.

54. Potts, "Downside of Viagra", 703-706쪽, 708쪽. Riley/Riley, "Behavioural and Clinical Findings."

55. Potts, "Downside of Viagra", 712쪽.

56. Potts, "Downside of Viagra", 713쪽.

57. Loe, *Rise of Viagra*, 125-165쪽.

58. Foucault, *Wille zum Wissen*. Jagose, *Queer Theory*. Stieglitz/Martschukat, *race & sex*.

59. Stieglitz/Martschukat, *race & sex*에 잘 요약되어 있음.

60. Baglia, *Viagra Ad Venture*, 80-82쪽.

5 전투

1. http://www.urbanheroes.com/die-urban-heroes-trainer/ 여기서 선택된 어휘들은 웹페이지의 단편적 인용 및 달리 풀어쓴 표현이다.

2. http://www.urbanheroes.com/heronation/

3. http://www.urbanheroes.com/too-busy-to-work-out-5-tipps-von-johannes-b-ker ner/에서 이 인터뷰를 볼 수 있다.

4. http://www.urbanheroes.com/preise-urban-heroes/

5. 'Fitness Hero'에 대해서는 http://www.fitnessheroinc.com/을, 'Heroes Fitness'에 대해서는 https://www.heroesgymmidlandnorth. com/을, 스페인의 트레이닝캠프에 대해서는 http://heldensphaere. de/를, 함부르크의 달리기 동호회에 대해서는 https://www. heldenlauf.de/를, 그리고 Velohelden에 대해서는 https://www. facebook.com/ stuttgartervelohelden/을 볼 것.

6. "탈영웅(posthero) 사회"에 대해서는 무엇보다 Münkler, *Kriegssplitter*를 볼 것. 영웅의 정의(定義)에 대해서는 특히 Hoff u. a., "Helden-Heroisierungen-Heroismen", 10쪽을 볼 것. 영웅적 인물과 차이에 대해서는 최근에 나온 Wendt (Hg.), *Warring over Valor*를 볼 것.

7. Goltermann, *Opfer*.

8. Mosse, *Das Bild des Mannes*. Probst, "Held auf dem Sprung." Gibson, *Warrior Dreams*.

9. Jones, "What Should Historians Do." 영웅적 행위의 군사적 토대에 대해서는 Frevert, "Das Militär als Schule der Männlichkeiten," 70쪽. Frevert, "Vom heroischen Menschen." *Heldengedanken. Über*

*das heroische Phantasma*라는 제목이 붙은 Merkur의 별책에 수록된 Tetzlaff, "Wie Jugendliche heute Helden sehen"도 볼 것. Hoff u. a., "Helden-Heroisierungen-Heroismen." Bröckling, "Negationen des Heroischen." 탈-영웅적인 것의 복잡성에 대해서는 Tanrisever, *Fathers*도 볼 것.

10. Bette, *Sporthelden*.

11. Teleky, "Post-Heroism?", 44쪽. Schlechtriemen, "The Hero."

12. "citizenship of civic practices"에 대해서는 Snyder, *Citizen-Soldiers*와 Bradburn, *Citizenship Revolution*을 볼 것. 남자어른 되기에 대해서는 Martschukat, *Ordnung des Sozialen*, 17-42를 볼 것.

13. Frevert, "Bürgersoldaten." Frevert, *Die kasernierte Nation*. Nelson, "Citizen Soldiers." Herrera, *For Liberty*. Crépin, *Défendre la France*, 특히 III장, 173-199쪽.

14. Wendt, "Reconsidering Military Heroism", 3쪽.

15. Hagemann, "Tod für das Vaterland", 307쪽에는 격일간 신문 *Preußischen Correspondenten*, Berlin, 37호, 1813년 6월 4일자에 인쇄된 1813년 5월 4일자 칙령 속의 "Heldenthat"라는 말이, 1813년 3월 10일의 철십자훈장 도입 관련 문서에 나오는 "Tapferkeit"라는 말은 같은 책 33쪽에 있음. Hagemann, *"Mannlicher Muth"*도 볼 것.

16. 1813년 3월에 Jahn이 한 말로, Hagemann, "Tod für das Vaterland", 328쪽에서 재인용.

17. Frevert, "Das Militär als Schule der Männlichkeiten", 68쪽.

18. Cullen, "I's a Man Now."

19. Hoganson, *Fighting for American Manhood*. Jünger, *In Stahlgewittern*. 정밀한 고찰은 Münch, *Bürger in Uniform*을 볼 것.

20. Foucault, *Überwachen und Strafen*, 173, 175쪽.

21. Steuben, *Regulations for the Order*.

22. Goltermann, *Körper der Nation*. Krüger, *Körperkultur*. 요약은 Pfister, "200 Jahre Turnbewegung."

23. Pilcher, "Building of the Soldier"가 그러하다. East, *A Historical Review*, 15쪽. Pfister, "Role of German Turners."

24. Koehler, *Manual of Gymnastic Exercises*, 10-12쪽. East, *A Historical Review*, 41쪽에서 재인용.

25. 스포츠와 군복무의 요구사항 비교에 대해서는 Campbell, "Training for Sport", 21쪽, 36쪽 및 41쪽 이하. Goltermann, *Körper der Nation*, 114쪽. East, *A Historical Review*, 26-42쪽, 인용은 39쪽. Pfister, "Role of German Turners."

26. Koehler, *Manual for Physical Training*, 3쪽 서문에 Wood 이야기가 나온다. Roosevelt, *America and the First World War*, 209쪽. East, *A Historical Review*, 49-50쪽도 볼 것.

27. Bristow, *Making Men Moral*. Veit, *Modern Food, Moral Food*, 11-36쪽. Fosdick, "War and Navy Departments." Fosdick, "Commission on Training Camp Activities."

28. "Keine Nation"은 *US Army Training Manual No. 2: Studies in Citizenship for Recruits*, Washington: Government Printing Office 1922, 33쪽에 나오는데, East, *A Historical Review*, 67-68쪽에서 재인용. Stieglitz, *100 Percent American Boys*. 독일에서의 군사화 된

노동이해에 대해서는 Patel, *Soldaten der Arbeit*. Jarvis, *The Male Body at War*, 26-27쪽.

29. Jarvis, *The Male Body at War*, 19-20, 57쪽. Moran, *Governing Bodies*, 64-83쪽. 인용문은 육군 근무지원단(Army Services Forces) 사령관 Brehon B. Somervell 중장의 것으로, Spencer, *Youth Goes to War*, 표지에서 재인용.

30. Theweleit, *Männerphantasien*. Reichardt, "Klaus Theweleits 'Männerphantasien'."

31. Jarvis, *The Male Body at War*, 44-45쪽. Mirzoeff, *Bodyscape*. Mangan (Hg.), *Shaping the Superman*. Wildmann, *Begehrte Körper*. Foucault, *In Verteidigung der Gesellschaft*, 276-305쪽.

32. Sombart, *Händler und Helden*, Frevert, "Herren und Helden", 339쪽에서 재인용.

33. Anderson, "Mutilation and Disfiguration." Kienitz, *Beschädigte Helden*. Kienitz, "Krieg der Invaliden." Kienitz, "Körper - Beschädigungen." Harrasser, *Prothesen*, 100-121쪽. Linker, *War's Waste*. Stagner, "Healing the Soldier." Bourke, *Dismembering the Male*. 벤저민 인용구에 대해서는 Cowan/Sicks, "Technik, Krieg und Medien", 19쪽. Benjamin, "Erfahrung und Armut"도 참조할 것. 이 분야 전반에 대해서는 Mosse, *Das Bild des Mannes*도 볼 것.

34. Frevert, *Die kasernierte Nation*, 304-314쪽.

35. 인용은 Frevert, "Herren und Helden", 342쪽에 나옴. MacDonogh, "Helden und Patrioten", 783쪽.

36. Sebastian Haak, *The Making of the Good War*.

37. Engelhardt, *The End of Victory Culture*를 계속 볼 것. Greiner, *Krieg ohne Fronten*. Turse, *Kill Anything That Moves*. Graebner, "The Man in the Water", 519-520쪽. 68세대의 가부장제 비판에 대해서는 Hodenberg, *Das andere Achtundsechzig*를 볼 것.

38. Graebner, "The Man in the Water." 예컨대 Warren, "A Dearth of Heroes"을 볼 것. 그의 책은 Wecter, *The Hero in America*, 2판의 서문으로도 나왔다. Plumb, "Disappearing Heroes." Anon., "The Vanishing American Hero." Egan, "Changing Faces of Heroism." Jones, "What Should Historians Do", 441쪽. Frevert, "Vom heroischen Menschen", 811쪽.

39. Mills, *Menschen im Büro*, 15쪽. Martschukat, *Ordnung des Sozialen*, 263-292쪽. 미국 역사상의 시민영웅에 대해서는 Houchin Winfield/Hume, "The American Hero"를 볼 것.

40. Mailer, "The White Negro." Mailer, "Superman." Depoe, *Arthur M. Schlesinger, Jr.*. Moran, *Governing Bodies*, 98-111쪽.

41. Reagan, "Inaugural Address."

42. Schlechtriemen, "The Hero", 17, 27쪽. Lehmann, "Wunsch nach Bewunderung", 774쪽.

43. 새로운 나(Ich) 중심의 시대의 시작점인 70년대에 대해서는 Wolfe, "The Me Decade"도 볼 것.

44. Scheller, *No Sports!*, 13쪽. 영화 「펌핑 아이언(Pumping Iron)」(George Butler/Robert Fiore, USA 1977)에서 아놀드 슈바르체네거는 자신을 조각가에 비유한다.

45. 예컨대 수많은 신문의 주말 부록의 하나인 *Parade Magazine*에 나오는 Reagan, "How to Stay Fit"를 볼 것.

46. Jeffords, *The Remasculinization of America*. Jeffords, *Hard Bodies*. Heywood, *Bodymakers*. Poole, "Preface." Wacquant, "Why Men Desire Muscles."

47. Gibson, *Warrior Dreams*. Melzer, *Gun Crusaders*. Carlson, *Citizen-Protectors*. Kieran/Martini (Hg.), *At War*. Kathrin Hartmann은 자발적 애국전사가 여기저기서 많이 등장한 것은 국가권위가 붕괴하고 있다는 알아차림과 더불어 소비에트 연방 해체 이후의 러시아에서 나타난 문화적 정치적 현상이라고 봄(이 연구는 소비에트 및 그 이후 시대의 영화에 나타난 90년대 러시아 남성상을 다룬 것으로, 자발적 애국전사란, 국가 권위가 몰락하는 시대에 타락하고 부패한 인간군상을 물리치고 벌주는 역을 스스로 떠맡은 애국적 전사를 가리킴/역자). Hartmann, "Kontinuität und Wandel."

48. Kieran/Martini (Hg.), *At War*. Dudziak, *War Time*, 30쪽.

49. Warren, "US Special Forces."

50. Luciano, *Looking Good*, 121쪽.

51. Underhill, "Converting the Non-Runner." Higdon, "Is Running a Religious Experience?", 인용구는 78쪽. 피트니스 강좌 등의 증가에 대해서는 Anon., "Year of the Marathon." Mickel, "The True Runner." Pinkerton, "Running Can Be Your Substitute." Sloterdijk, *Du musst dein Leben ändern*에서는 피트니스 운동과 자기개선 운동의 탈속적(脫俗的) 요소를 강조한다.

52. Tymn, "Trauma of Turning Forty." Warde, "Coming On Strong", 인용구는 44쪽. 일종의 마라톤으로서의 인생에 대해서는 Benyo, "Running Is a Tough Act", 73쪽. Wischnin, "Alex Ratelle Wants to Go Forever."

53. Higdon, "A Race with Texture." Anon., "Year of the Marathon" 도 볼 것. Henderson, "The Year Running Became the Sport."

54. Fischer, *Mein langer Lauf*.

55. Fixx, *Complete Book of Running*. Burfoot, "Going for It!" 마라톤의 대중화에 대해서는 Anon., "Byline." Waters, "Defining the Runner's Personality." Shangold, "The Woman Runner." Osler, "The Easy Way." Horning, "Cold, Wet and Wild." Henderson, "Tips For the First-Time Marathoner." Burfoot, "You Should be Committed." Burfoot, "The Old and the Renewed." Hogan, "Total Fitness '89." Delhagen, "Ironmania." Burfoot, "Heads Above the Crowd." Kowalchick/Will-Weber, "Extraordinary People." Lynch, "Mind Over Marathon." Lewis, "Mapping the Way." Higdon, "The Master Plan."

56. Anon., "Heroes of Running 2006." Unger Hahn이 쓴 "2005년 달리기의 영웅들(Heroes of Running 2005)" 기사의 2005년도 달리기 영웅 수상자도 볼 것.

57. Spiker, "The Mudder Report." Megroz, "Down and Dirty."

58. Gelz u. a., "Phänomene der Deheroisierung", 136쪽. Wacquant, "Why Men Desire Muscles", 174쪽.

59. 왜냐하면 피트니스는 영웅이라는 영예만큼이나 무상하기 때문이다. Gelz u. a., "Phänomene der Deheroisierung", 137을 볼 것.

60. Bortz, "Primitive Man and Athletics", 인용은 90쪽.

61. Bröckling, "Negationen des Heroischen", 9-12쪽. 비만과 주도성의 관계에 대해서는 Mackert/Martschukat (Hg.), Fat Agency, *Body Politics. Zeitschrift für Körpergeschichte* 3,5 (2015)에 수

록된 여러 논문들과 블로그 *Food, Fatness, and Fitness: Critical Perspectives*, http://foodfatnessfitness.com/에 있는 다양한 논문들을 볼 것. 영웅 은유와 체중 상실에 대해서는 텔레비전 쇼 "The Biggest Loser", https://www.sat1.de/tv/the-biggest-loser (2018년 7월 6일자)를 통해 나오는 자기자랑 및 보도를 볼 것.

62. Werber, "Soldaten und Söldner", 797쪽. Steiner, "Heldenposen", 930쪽. 아주 오래 가는 물질로서의 지방에 대해서는 Forth, "Materializing Fat"을 볼 것.

63. Biltekoff, *Eating Right*, 130-137쪽을 볼 것. Mitchell/McTigue, "The US Obesity 'Epidemic.'" 군사화된 비만 담론이 증가세를 보이는데, 그 출발점으로 통하는 것이 Office of the Surgeon General u. a., *The Surgeon General's Call*이다. Jackson, "All Quiet on the Fat Front"도 볼 것. Council for a Strong America, *Unhealthy and Unprepared*. Anon., "Zu dick zum Kämpfen."

64. Haralambon, *Der Radrennfahrer*, 64쪽, 67쪽.

65. Von den Hoff u. a., "Helden -Heroisierungen -Heroismen", 9쪽. Bröckling, "Wettkampf und Wettbewerb." Bolz, "Der antiheroische Effekt", 767쪽, 771쪽. Lehmann, "Wunsch nach Bewunderung", 775쪽. Drucker, "The Mediated Sports Hero."

6 생산적이고, 정력적이고, 전투태세 완비라고?

1. 근본적인 물음은, 교육에서의 불이익과 빈곤이 뚱뚱함 때문이라고 보아야 하는가 아니면 그 결과로 보아야 하는가 하는 것이다. Kim/von dem Knesebeck, "Income and Obesity." Kim u. a., "Causation or Selection."

2. Muttarak, "Normalization of Plus Size." Stewart, "Why Thinking

We're Fat." Blair, "Fitness or Fatness." Burke, "Evolving Societal Norms of Obesity."

3. Brody, "More Fitness, Less Fatness." Fischer, "Macht Mode dick?" *SZ-Magazin online*에 2018. 11. 29. 일부터 실린 정기 칼럼 Nathalie Rosenke, Über Gewicht: Mein dickes Leben을 볼 것 https://sz-magazin.sueddeutsche.de/ueber-gewicht-mein-dickes-leben/natuerlich-darf-ichgluecklich-sein-86372 (2018. 12. 3).

4. Albrecht, "Doppelkinn statt Doppelmoral." Albrecht, *Fa(t)shionista*도 볼 것. Baker, "Why I Have Chosen Body Liberation Over Body Love." 인터넷 상에서 잠깐 검색을 해 보면 신체긍정(body positivity) 운동의 역동성에 대한 아주 훌륭한 인상을 얻을 수 있다. #bodypositive 또는 #body positivity 같은 해시태그도 볼 것.

5. Bacon, *Health At Every Size*. Lee/Pausé, "Stigma in Practice." 결핵 및 암을 통해 본 건강과 자기 책임 간의 상관관계의 비판에 대해서는 Sontag, *Illness As Metaphor*를 볼 것.

6. Tovar, *Hot & Heavy*, 7쪽 이하. Tovar, *You Have the Right to Remain Fat*. Tovar, "Lose Hate Not Weight." Baker, *Things No One Will Tell Fat Girls*와 Baker, *Landwhale* 그리고 Taylor, *This Body Is Not An Apology*와 Ludwig, "Selbstliebe reicht nicht"도 볼 것.

7. 선언에 대해서는 Rothblum/Solovay (Hg.), *The Fat Studies Reader*, 341쪽. Kreuzenbeck, "Nothing to Lose."

8. McRuer, "Compulsory Able-Bodiedness." Wilkerson, "From the Land of the Fat to the Fat of the Land." Wilkerson, "'Obesity', the Transnational Plate, and the Thin Contract." 이 인용은 Butler, *Körper von Gewicht*, 23쪽에서 가져옴.

9. 이 인용은 20세기 초의 독일 나체문화 운동이라는 맥락에

서 오는 것으로, Möhring, "Der Moderne Apoll", 32쪽에서 재인용. Scheller, *No Sports*, 12-14쪽. Wacquant, "Why Men Desire Muscles"는 근육의 의미와 관련하여 덜 세분화되어 있음. 늘씬함과 자기관리(Selbstmanagment)에 대해서는 Bordo, "Reading the Slender Body." 지방과 근육에 대해서는 Forth, "On Fat and Fattening." 전반적으로는 Mackert/Martschukat, "Introduction: Fat Agency."

10. Lee/Pausé, "Stigma in Practice", 5쪽.

11. Honneth, *Anerkennung*. Cooper, *Citizenship, Inequality, and Difference*. Rose/Novas, "Biological Citizenship."

12. Campbell, *Contours of Ableism*, 5쪽. Goodley, *Dis/Ability Studies*. Mackert/Martschukat, "Critical Ability History."

13. Sloterdijk, *Du mußt dein Leben ändern*, 65쪽도 볼 것.

14. Sloterdijk, *Du mußt dein Leben ändern*, 59쪽.

15. 군복무와 관련한 "citizenship of civic practices" 개념에 대해서는 Snyder, *Citizen-Soldiers*, 1-13쪽.

참고문헌

Adam, Hans-Christian, *Eadweard Muybridge: The Human and Animal Locomotion Photographs*, Köln: Taschen, 2010.

Adams, George B., "The United States and the Anglo-Saxon Future", *Atlantic Monthly* 78,465 (1896), pp. 35-45.

Adams, Mark, *Mr America. How Muscular Millionaire Bernarr Macfadden Transformed the Nation Through Sex, Salad, and the Ultimate Starvation Diet*, New York: Harper Collins, 2009

Adler, Waldo, "Spartan Stuff in Diet", *Outing* 66 (1915), pp. 298-303.

Afzal, Shoaib, u. a., "Change in Body Mass Index Associated With Lowest Mortality in Denmark, 1976-2013", *JAMA* 315,18 (2016), pp. 1989-96.

Albrecht, Magda, "Doppelkinn statt Doppelmoral. Die Body-Positivity-Bewegung ist im Mainstream angekommen. Eigentlich ein Grund zum Feiern-oder etwa nicht?" *Missy Magazin* 4 (2018), https://missy-magazine. de/blog/2018/08/23/doppelkinn-statt-doppelmoral (2018.11.15.).

Albrecht, Magda, *Fa(t)shionista. Rund und glücklich durchs Leben*, Berlin: Ullstein, 2018.

Alkemeyer, Thomas, "Aufrecht und biegsam. Eine politische Geschichte des Körperkults", Aus Politik und Zeitgeschichte (APuZ) 18 (2007), http://www. bpb. de/apuz/30506/aufrechtund-biegsam-eine-politische-geschichte-des-koerperkults?p=all#fr-footnodeid_27 (2016.7.8.).

Alkemeyer, Thomas, *Zeichen, Körper und Bewegung. Aufführungen von Gesellschaft im Sport*, Berlin: Habilitationsschrift, 2000.

Allcott, Hunt/Rebecca Diamond/Jean-Pierre Dubé, "The Geography of Poverty and Nutrition: Food Deserts and Food Choices Across the United States", *NBER Working Paper No. 24094* (2018), http://www.nber.org/papers/w24094 (2018.7.27.).

Anderson, Julie, "Mutilation and Disfiguration", in: Ute Daniel u. a. (Hg.), *1914–1918-online. International Encyclopedia of the First World War*. Berlin: Freie Universität Berlin 2017-08-03, 10.15463/ie1418.11137 (2018.6.13.).

Anon., "Deutschland verfettet, aber raucht weniger", *SPIEGEL ONLINE*, 2014.11.4., http://www.spiegel.de/gesundheit/ernaehrung/studie-zu-uebergewicht-mehrals-jeder-zweitedeutsche-ist-zu-dick-a-1001097.html (2016.9.30.).

Anon., "Übergewicht in Deutschland: Zahl der Fettleibigen soll bis 2030 dramatisch steigen", *SPIEGEL ONLINE*, 2014.6.19., http://www.spiegel.de/gesundheit/ernaehrung/uebergewicht-und-adipositasin-deutschland-80-prozent-mehr-fettleibige-a-981908.html (2016.5.11.)

Anon., "'Wonniges Dahingleiten, geschwind wie ein Pfeil'. Die Deutschen steigen wieder aufs Rad", *DER SPIEGEL* 19 (1980), pp.88-105.

Anon., "An Englishwoman in the New England Hill Country", *Atlantic Monthly* 46, 274 (1880), pp.238-248.

Anon., "Art. III: Gymnastics", *North American Review* 81, 168 (1855), pp.51-69.

Anon., "Brutale Harmonie. Mit Schönheitsstudios, Psychobetreuung und Sportprogrammen buhlen Hotels um Kundschaft aus dem

Manager-Milieu", *DER SPIEGEL* 7 (1990), pp. 245-46.

Anon., "Byline", *Runner's World* 16,5 (1981), p. 5.

Anon., "Fit durch Cyber-Sport: Die Branche steht vor einem Umbruch. Das Studio an der Ecke verschwindet, die Zukunft gehört den Fitneß-Supermärkten", *DER SPIEGEL* 18 (1998), p. 142.

Anon., "Fit für die Firma. Gute Chefs beugen vor und sorgen sich um das Wohlbefinden ihrer Angestellten", *DIE ZEIT*, 1998. 10. 1., https://www. zeit. de/1998/41/199841. c-gesund_. xml (2018. 5. 1.).

Anon., "Getting a Move On", *Forbes* 113,5 (1974), p. 9.

Anon., "Gymnastik - Bürotraining. Heißer Stuhl", *DER SPIEGEL* 17 (1971), p. 153.

Anon., "Heroes of Running 2006. Heroes of Running Are Everywhere", *Runner's World*, 2006. 10. 27., https://www. runnersworld. com/runners-stories/a20800752/heroes-of-running-2006/ (2018. 7. 4.).

Anon., "Kuß des Todes. Wer dick ist, hat kaum Karriere-Chancen. Übergewichtige Amerikaner klagen über Diskriminierung am Arbeitsplatz", *DER SPIEGEL* 1 (1978), pp. 69-71.

Anon., "Lockeres Sitzfleisch", *DER SPIEGEL special* 4 zum Thema "Prost Mahlzeit! Essen, Trinken und Genießen" (1996), p. 60.

Anon., "Manager: Erfülltes Leben", *DER SPIEGEL* 8 (1970), p. 170.

Anon., "Medicine. The Life of Stress", *TIME Magazine* LXXII,4 (1958. 7. 28.).

Anon., "Number of Health Clubs & Fitness Centers in the U. S. from 2008 to 2016", *The Statistics Portal*, https://www.statista.com/ statistics/244922/us-fitness-centers-und-health-clubs/ (2018.5.4.).

Anon., "Schau mal, hier steht was", *DER SPIEGEL* 21 (1998), pp.108-26.

Anon., "Spectrum: Trimmen am Arbeitsplatz", *DER SPIEGEL* 34,8 (1980), p.233.

Anon., "The Oldest Games of All", *Outing* 58 (1911), p.662.

Anon., "The Vanishing American Hero", *U. S. News & World Report*, 1975.7.21., pp.16-18.

Anon., "Three Typical Workingmen", *Atlantic Monthly* 42,254 (1878), pp.717-27.

Anon., "Viagra ist eine Bombe", *DER SPIEGEL* 21 (1998), pp.108-26.

Anon., "Viagra: The Potency Pill", *TIME Magazine* 115,17 (1998), book cover.

Anon., "Watch That Waistline!", *Forbes* 105,10 (1970.5.15.), pp.214; 219-21.

Anon., "Year of the Marathon. No Running Sport in History Has Grown So Quickly, So Well, Or So Enthusiastically", *Runner's World* 13,2 (1978), pp.68-73.

Anon., "Zu dick zum Kämpfen", *SPIEGEL ONLINE*, 2018.10.13., http://www.spiegel.de/politik/ausland/usa-fettleibigkeit-bedroht-sicherheit-des-landes-a-1233102.html (2018.11.2.).

Anon., *The Executive Health Report Fitness Guide*, New York: Award Books, 1969.

Bacon, Linda, *Health At Every Size, The Surprising Truth About Your Weight*, Dallas, TX: BenBella Books, 2008.

Baglia, Jay, *The Viagra Ad Venture. Masculinity, Marketing, and the Performance of Sexual Health*, New York: Peter Lang, 2005.

Bailey, Covert, *Fit or Fat?* (1977), London: Houghton Mifflin, 1985.

Bakalar, Nicholas, "Obesity Rates Higher in Country Than City", *New York Times*, 2018. 6. 21.

Baker, Jes, "Why I Have Chosen Body Liberation Over Body Love", *The Militant Baker*, 2018. 6. 25., http://www.themilitantbaker. com/2018/06/why-ive-chosen-body-liberation-over.html (2018. 11. 17.).

Baker, Jes, *Landwhale. On Turning Insults Into Nicknames, Why Body Image Is Hard, and How Diets Can Kiss My Ass*, New York: Seal Press, 2018.

Baker, Jes, *Things No One Will Tell Fat Girls. A Handbook for Unapologetic Living*, Berkeley, CA: Seal Press, 2015.

Bänziger, Peter-Paul, u. a., "Sexuelle Revolution? Zur Sexualitätsgeschichte seit den 1960er Jahren im deutschsprachigen Raum", in: Peter-Paul Bänziger u. a. (Hg.), *Sexuelle Revolution? Zur Geschichte der Sexualität im deutschsprachigen Raum seit den 1960er Jahren*. Bielefeld: transcript, 2015, pp. 7-24.

Bänziger, Peter-Paul, "Fordistische Körper in der Geschichte des 20.

Jahrhunderts – eine Skizze", *Body Politics* 1,1 (2013), pp. 11-40.

Barker-Benfield, Ben, "The Spermatic Economy: A Nineteenth Century View of Sexuality", *Feminist Studies* 1,1 (1972), pp. 45-74.

Barney, Robert Knight, "Book Review: James C. Whorton, Crusaders For Fitness: The History of American Health Reformers, Princeton, NJ: Princeton UP 1982", *Journal of Sport History* 11,1 (1984), pp. 104-6.

Barrett, Christopher B., "Measuring Food Insecurity", *Science, New Series*, 327,5967 (2010), pp. 825-28.

Bassler, Thomas, "Live Like a Marathoner", *Runner's World* 9,10 (1974), p. 26.

Bates, Christopher G./Steven A. Riess, "Industrial Sports", in: Steven A. Riess (Hg.), *Sports in America. From Colonial Times to the Twenty-First Century. An Encyclopedia*, Bd. 2. London: Routledge, 2011, pp. 479-82.

Bauman, Zygmunt, *Flüchtige Moderne*, Frankfurt/M.: Suhrkamp, 2003.

Bauman, Zygmunt, "On Postmodern Uses of Sex", *Theory, Culture & Society* 15,3-4 (1998), pp. 19-33.

Beard, George M., *Sexual Neurasthenia. Its Hygiene, Causes, Symptoms, and Treatment, with a Chapter on Diet for the Nervous*, New York: E. B. Treat, 1884.

Becker, Frank/Ralf Schäfer (Hg.), *Sport und Nationalsozialismus*, Göttingen: Wallstein, 2016.

Becker, Frank, "Sport bei Ford. Rationalisierung und Symbolpolitik in der Weimarer Republik", *Stadion* 27 (1991), pp. 207-29.

Bederman, Gail, *Manliness & Civilization: A Cultural History of Gender and Race in the United States, 1880–1917*, Chicago: University of Chicago Press, 1995.

Belasco, Warren J., *Appetite for Change. How the Counterculture Took On the Food Industry*, Ithaca, NY: Cornell UP, 2007 (1989).

Bell, David/Joanne Hollows, "Towards a History of Lifestyle", in: dies. (Hg.), *Historicizing Lifestyle. Mediating Taste, Consumption and Identity from the 1900s to 1970s*. New York: Routledge, 2016, pp. 1-20.

Benjamin, Walter, "Erfahrung und Armut", *Illuminationen – ausgewählte Schriften 1 (1920–1940)*, https://www.textlog.de/benjamin-erfahrung-armut.html (2018.6.4.).

Bennett, Jane, *Vibrant Matter. A Political Ecology of Things*, Durham, NC: Duke UP, 2010.

Benyo, Rich, "Running Is a Tough Act to Follow", *Runner's World* 13,1 (1978), pp. 66-73.

Bernet, Brigitta, "Insourcing und Outsourcing. Anthropologien der modernen Arbeit", *Historische Anthropologie* 24,2 (2016), pp. 272-93.

Berryman, Jack W./Roberta J. Park, *Sport and Exercise Science. Essays in the History of Sports Medicine*, Urbana, IL: University of Illinois Press, 1992.

Bette, Karl-Heinrich, *Sporthelden. Spitzensport in postheroischen Zeiten*, Bielefeld: transcript, 2019

Bette, Karl-Heinrich, *Sportsoziologie*, Bielefeld: transcript, 2010.

Biltekoff, Charlotte, *Eating Right in America. The Cultural Politics of Food and Health*, Durham, NC: Duke UP, 2013.

Birken, Lawrence, *Consuming Desire. Sexual Science and the Emergence of a Culture of Abundance*, 1871-1914, Ithaca, NY: Cornell UP, 1988.

Black, Jonathan, *Making the American Body: The Remarkable Saga of the Men and Women Whose Feats, Feuds, and Passions Shaped Fitness History*, Lincoln, NE: University of Nebraska Press, 2013.

Blackford, Katherine M./Arthur Newcomb, *Analyzing Character, the New Science of Judging Men: Misfits in Business, the Home and Social Life*, New York: Review of Reviews Company, 1916.

Blackie, John S., *Selbsterziehung. Ein Wegweiser für die reifere Jugend*, Leipzig: Weber 1879 (1875).

Blair, Steven N., "Fitness or Fatness. Which Is More Important?", *JAMA* 319,3 (2018.1.16.), pp. 231-32.

Blasi, Luca di, *Der weiße Mann. Ein Anti-Manifest*, Bielefeld: transcript, 2013.

Bolz, Norbert, "Der antiheroische Effekt", *Merkur* 63,9/10 (2009), pp. 762-71.

Bordo, Susan, "Reading the Slender Body", in: Mary Jacobus/Evelyn Fox Keller/Sally Shuttleworth (Hg.), *Body/Politics. Women and the Discourses of Science*. New York/London: Routledge, 1990, pp. 83-112.

Bordo, Susan, *The Male Body: A New Look at Men in Public and Private*, New York: Farrar, Straus and Giroux, 1999.

Bortz, Walter, "Primitive Man and Athletics", *Runner's World* 17,6 (1982), pp. 40-45; 90.

Bourke, Joanna, *Dismembering the Male. Men's Bodies, Britain, and the Great War*, London: Reaktion Press, 1996.

Bowers, Matthew T./Thomas M. Hunt, "The President's Council on Physical Fitness and the Systematisation of Children's Play in America", *International Journal of the History of Sport* 28 (2011), pp. 1496-1511.

Bradburn, Douglas, *The Citizenship Revolution. Politics and the Creation of the American Union, 1774–1804*, Charlottesville, VA: University of Virginia Press, 2009.

Bradshaw, Alison, "Empowerment and Sport Feminism. A Critical Analysis", *International Sport Studies* 24,1 (2005), pp. 5-31.

Breen, T. H., *The Marketplace of Revolution. How Consumer Politics Shaped American Independence*, New York: Oxford University Press, 2004.

Briesen, Detlef, *Das gesunde Leben. Ernährung und Gesundheit seit dem 18. Jahrhundert*, Frankfurt/M.: Campus, 2010.

Bristow, Nancy K., *Making Men Moral: Social Engineering during the Great War*, New York: New York UP, 1996.

Bröckling, Ulrich, "Negationen des Heroischen – ein typologischer Versuch", *helden.heroes.héros.* 3,1 (2015), pp. 9-13.

Bröckling, Ulrich, "Prävention", in: ders./Susanne Krasmann/Thomas Lemke (Hg.), *Glossar der Gegenwart*, Frankfurt/M.: Suhrkamp, 2004, pp. 210-15.

Bröckling, Ulrich, "Wettkampf und Wettbewerb. Konkurrenzordnungen zwischen Sport und Ökonomie", in: ders., *Gute Hirten führen sanft. Über Menschenregierungskünste*. Berlin: Suhrkamp, 2017, pp. 243-59.

Bröckling, Ulrich, *Das unternehmerische Selbst. Soziologie einer Subjektivierungsform*, Frankfurt/M.: Suhrkamp, 2007.

Bröckling, Ulrich, *Gute Hirten führen sanft. Über Menschen regierungskünste*, Berlin: Suhrkamp, 2017.

Brody, Jane E., "More Fitness, Less Fatness", *New York Times*, 2018. 2. 26., https://www.nytimes.com/2018/02/26/well/more-fitness-less-fatness.html (2018. 11. 14.).

Brown, Wendy, *Die schleichende Revolution. Wie der Neoliberalismus die Demokratie zerstört*, Frankfurt/M.: Suhrkamp, 2015.

Budde, Gunilla, "Der Körper der sozialistischen Frauenpersönlichkeit. Weiblichkeits-Vorstellungen in der SBZ/DDR", *Geschichte und Gesellschaft* 26,4 (2000), pp. 602-28.

Bundeszentrale für Gesundheitliche Aufklärung, *Essen und trimmen, beides muß stimmen. Trimmpfade zum Wohlbefinden*, Köln, 1986.

Burfoot, Amby, "Going for It! If You Want to Reach Your Goal, You Have to Take Some Chances", *Runner's World* 15,7 (1980), pp. 35-37.

Burfoot, Amby, "Heads Above the Crowd", *Runner's World* 25,7 (1990), p. 70.

Burfoot, Amby, "The Old and the Renewed", *Runner's World* 21,6 (1986), pp. 40-45.

Burfoot, Amby, "You Should Be Committed", *Runner's World* 21,2 (1986), p. 44.

Burke, Mary A., "Evolving Societal Norms of Obesity. What Is the Appropriate Response?", *JAMA* 319,5 (2018.1.16.), pp. 221-22.

Burnap, George, *Parks. Their Design, Equipment and Use*, Philadelphia, PA: J. B. Lippincott, 1916.

Butler, Judith, "Performative Akte und Geschlechterkonstitution. Phänomenologie und feministische Theorie (1988)", in: Uwe Wirth (Hg.), *Performanz. Zwischen Sprachtheorie und Kulturwissenschaften*. Frankfurt/M.: Suhrkamp, 2002, pp. 301-20.

Butler, Judith, *Gender Trouble. Feminism and the Subversion of Identity*, New York: Routledge, 1990.

Butler, Judith, *Körper von Gewicht. Die diskursiven Grenzen des Geschlechts (1993)*, Berlin: Berlin Verlag, 1995.

Butler, Judith, *Kritik der ethischen Gewalt*, Frankfurt/M.: Suhrkamp, 2007.

Butler, Judith, *Psyche der Macht. Das Subjekt der Unterwerfung*, Frankfurt/M.: Suhrkamp, 2001 (1997).

Byrne, John A., "Executive Sweat", *Forbes* 135, 11 (1985), pp. 198-200.

Cahn, Susan, *Coming on Strong. Gender and Sexuality in Twentieth-Century Women's Sports*, Cambridge, MA: Harvard UP, 1998.

Campbell, Fiona A. Kumari, *Contours of Ableism. The Production of Disability and Abledness*, New York: Palgrave Macmillan, 2009.

Campbell, J. D., "Training for Sport Is Training for War. Sport and the Transformation of the British Army, 1860-1914", *International Journal of the History of Sport* 17,4 (2000), pp. 21-58.

Canaday, Margot, *The Straight State. Sexuality and Citizenship in 20th Century America*, Princeton, NJ: Princeton UP, 2011.

Carlson, Jennifer, *Citizen-Protectors: The Everyday Politics of Guns in an Age of Decline*, Oxford: Oxford UP, 2015.

Caysa, Volker, "Krieg der Körper", *DER SPIEGEL special* 4 zum Thema "Schönheit: Lust am Leib: Die Entdeckung des Körpers" (1997), p. 8.

Chance, Helena, "Mobilising the Modern Industrial Landscape for Sports and Leisure in the Early Twentieth Century", *The International Journal of the History of Sport* 29,11 (2012), pp. 1600-25.

Chappell, Marisa, *The War on Welfare. Family, Poverty, and Politics in Modern America*, Philadelphia, PA: University of Pennsylvania Press, 2010.

Claeys, Gregory, "The 'Survival of the Fittest' and the Origins of Social Darwinism", *Journal of the History of Ideas* 61,2 (2000), pp. 223-240.

Claghorn, Kate H., "Our Immigrants and Ourselves", *Atlantic Monthly* 86,516 (1900), pp. 535-48.

Clark, Charles W., "Woman Suffrage, Pro and Con", *Atlantic Monthly* 65,389 (1890), pp. 310-20.

Cohen, Lizabeth, *A Consumers' Republic. The Politics of Mass Consumption in Postwar America*, New York: Vintage Books, 2003.

Coleman-Jensen, Alisha Judith, "U. S. Food Insecurity Status: Toward a Refined Definition", *Social Indicators Research* 95,2 (2010), pp. 215-30.

Collier, Price, "Sport's Place in the Nation's Well-Being", *Outing* 32 (1898), pp. 382-88.

Connell, Raewyn, *Masculinities* 2. Auflage, Berkeley, CA: Polity Press, 2005.

Coole, Diana/Samantha Frost, "Introducing the New Materialisms", in: dies. (Hg.), *New Materialisms: Ontology, Agency, and Politics*. Durham, NC: Duke UP, 2010, pp. 1-45.

Cooper, Frederick, *Citizenship, Inequality, and Difference: Historical Perspectives*, Princeton, NJ: Princeton UP, 2018.

Cooper, Kenneth H., *Aerobics*, New York: M. Evans, 1968.

Cooper, Kenneth H., *The New Aerobics*, New York: M. Evans, 1970.

Corbitt, Ted, "Adjusting to Advancing Age", *Runner's World* 6,6 (1971), p. 29.

Council for a Strong America, *Unhealthy and Unprepared. National Security Depends on Promoting Healthy Lifestyles from an Early Age*, Washington: Council for a Strong America, 2018. 10. 10, https://www. strongnation. org/articles/737-unhealthy-and-unprepared (2018. 11. 2.).

Cowan, Michael/Kai Marcel Sicks, "Technik, Krieg und Medien. Zur

Imagination von Idealkörpern in den zwanziger Jahren", in: dies. (Hg.), *Leibhaftige Moderne. Körper in Kunst und Massenmedien 1918 bis 1933*. Bielefeld: transcript, 2005, pp. 13-29.

Cowie, Jefferson/Nick Salvatore, "The Long Exception. Rethinking the Place of the New Deal in American History", *International Labor and Working-Class History* 74 (2008), pp. 1-32.

Cowie, Jefferson, *The Great Exception. The New Deal and the Limits of American Politics*, Princeton, NJ: Princeton UP, 2016.

Crawford, Kate/Jessa Lingel/Tero Karppi, "Our Metrics, Ourselves: A Hundred Years of Selftracking from the Weight Scale to the Wrist Wearable Device", *European Journal of Cultural Studies* 18,4-5 (2015), pp. 479-96.

Crawford, Robert, "Boundaries of the Self and the Unhealthy Other: Reflections on Health, Culture and AIDS", *Social Science and Medicine* 38,10 (1994), pp. 1347-65.

Crawford, Robert, "Healthism and the Medicalization of Everyday Life", *International Journal of Health Services* 10,3 (1980), pp. 365-88.

Crépin, Annie, *Défendre la France. Les Français, la guerre et le service militaire, de la guerre de Sept Ans à Verdun*, Rennes: Presses universitaires de Rennes, 2005.

Crouch, Ian, "Viagra Returns to the Bob Dole Approach", *The New Yorker*, 2014. 10. 7., http://www.newyorker.com/business/currency/viagra-returns-bob-dole-approach (2016. 12. 9.).

Cudworth, Ralph, *Treatise Concerning the Eternal and Immutable Nature of Morality*, London: James and John Knapton, 1731.

Cullen, Jim, "'I's a Man Now'. Gender and African American Men", in: Darlene Clark Hine/Ernestine Jenkins (Hg.), *A Question of Manhood. A Reader in U. S. Black Men's History and Masculinity, Bd. 1: Manhood Rights. The Construction of Black Male History and Manhood, 1750–1870.* Bloomington, IN: Indiana UP, 1999, pp. 489-501.

Cuordileone, Kyle A., *Manhood and American Political Culture in the Cold War*, New York: Routledge, 2005.

Cushman, Philip, *Constructing the Self, Constructing America: A Cultural History of Psychotherapy*, Boston, MA: Addison-Wesley, 1995.

Dabakis, Melissa, *Visualizing Labor in American Sculpture. Monuments, Manliness, and the Work Ethic, 1880–1935*, Cambridge, MA: Cambridge UP, 1999.

Daley, Caroline, *Leisure & Pleasure. Reshaping & Revealing the New Zealand Body 1900–1960*, Auckland: Auckland University Press, 2003.

Danoff, Dudley S., *Superpotency: How to Get It, Use It and Maintain It for a Lifetime*, New York: Warner Books, 1993.

Darwin, Charles, *Die Entstehung der Arten durch natürliche Zuchtwahl oder: Die Erhaltung der bevorzugten Rassen im Kampfe ums Dasein. Aus dem Englischen von Paul Seliger*, Leipzig und Wien: Bibliographisches Institut, 1902.

Darwin, Charles, *On the Origin of Species by Means of Natural Selection, Or the Preservation of Favoured Races in the Struggle For Life*, 5. Aufl. (1869), London: John Murray, 1869, http://darwin-online. org. uk/content/frameset?pageseq=1&itemID=F387&viewtype=text (2015.5.8).

Darwin, Charles, *On the Origin of Species or the Preservation of Favoured Races in the Struggle for Life*, London: John Murray, 1859, http://www.gutenberg.org/files/1228/1228-h/1228-h.htm (2015.5.8).

Darwin, Charles, *Über die Entstehung der Arten durch natürliche Zuchtwahl oder die Erhaltung der begünstigten Rassen im Kampfe um's Dasein. Aus dem Englischen übersetzt von H. G. Bronn. Nach der sechsten englischen Auflage wiederholt durchgesehen und berichtigt von J. Victor Carus*. Sechste Auflage, Stuttgart, 1876.

Davis, Joshua Clark, *From Head Shops to Whole Foods. The Rise and Fall of Activist Entrepreneurs*, New York: Columbia UP, 2017.

Dean, Mitchell, *Governing Societies. Political Perspectives on Domestic and International Rule*, London: Maidenhead, 2007.

Dean, Robert D., *Imperial Brotherhood: Gender and the Making of Cold War Foreign Policy*, Amherst: University of Massachusetts Press, 2001.

Degler, Carl, *In Search of Human Nature. The Decline and Revival of Darwinism in American Social Thought*, Oxford: Oxford UP, 1991.

Deleuze, Gilles/Félix Guattari, *Mille Plateaux*, Paris: Minuit, 1980.

Delhagen, Kate, "Ironmania", *Runner's World* 24,5 (1989), pp. 54-61.

Depoe, Stephen P., *Arthur M. Schlesinger, Jr., and the Ideological History of American Liberalism*, Tuscaloosa, AL: University of Alabama Press, 2016.

Deutsches Wörterbuch von Jacob Grimm und Wilhelm Grimm,

Lemma "tüchtig", www.woerterbuchnetz.de/DWB/?lemma=tuechtig
(2018.9.20.).

Diehl, Paula, "Körperbilder und Körperpraxen im Nationalsozialismus",
in: dies. (Hg.), *Körper im Nationalsozialismus. Bilder und Praxen.*
München: Fink, 2006, pp.9-30.

Dilger, Erika, *Die Fitnessbewegung in Deutschland. Wurzeln, Einflüsse
und Entwicklungen*, Schondorf: Hofmann-Verlag, 2008.

Dilley, Stephen (Hg.), *Darwinian Evolution and Classical Liberalism.
Theories in Tension*, Plymouth, UK: Lexington Books, 2013.

Dimeo, Paul, "A Critical Assessment of John Hoberman's Histories of
Drugs in Sport", *Sport in History* 27,2 (2007), pp.318-42.

Dimeo, Paul, *A History of Drug Use in Sport, 1876–1976: Beyond Good
and Evil*, London: Routledge, 2007.

Dinçkal, Noyan, "'Sport ist die körperliche und seelische
Selbsthygiene des arbeitenden Volkes': Arbeit, Leibesübungen und
Rationalisierungskultur in der Weimarer Republik", *Body Politics* 1,1
(2013), pp.71-97.

Dipper, Christof, "Moderne", Version: 2.0, *Docupedia-Zeitgeschichte*,
2018.1.17., http://docupedia.de/zg/Dipper_moderne_v2_de_2018
(2018.10.3.).

Doering-Manteuffel, Anselm/Lutz Raphael, *Nach dem Boom,
Perspektiven auf die Zeitgeschichte seit 1970* (2008), 3. erg. Aufl.,
Göttingen: Vandenhoeck & Ruprecht, 2012.

Doering-Manteuffel, Anselm, "Amerikanisierung und Westernisierung,

Version: 1.0", *Docupedia-Zeitgeschichte*, 2011.1.18., http://
docupedia.de/zg/doering_amerikanisierung_v1_de_2011 (2018.5.8.).

Dorsey, Bruce, *Reforming Men and Women. Gender in the Antebellum
City*, Ithaca, NY: Cornell University Press, 2002.

Drucker, Susan J., "The Mediated Sports Hero", in: dies./Gary
Gumpert (Hg.), *Heroes in a Global World*. Cresskill, NJ: Hampton
Press, 2008, pp.415-31.

Dubois, W. E. B., "The Problem of Amusement (1897)", in: David
K. Wiggins/Patrick B. Miller (Hg.), *The Unlevel Playing Field. A
Documentary History of the African American in Sport*. Urbana, IL:
University of Illinois Press, 2003, pp.39-42.

Duden: Das große Wörterbuch der deutschen Sprache in 6 Bd.,
Mannheim: Bibliogr. Inst., 1976 (reprint 1977).

Dudziak, Mary, *War Time. An Idea, its History, its Consequences*,
Oxford: Oxford UP, 2012.

Dufty, William, *Sugar Blues*, New York: Chilton Book Company, 1975.

Duttweiler, Stefanie, u. a. (Hg.), *Leben nach Zahlen. Self-Tracking als
Optimierungskonzept?*, Bielefeld: transcript, 2016.

Dyk, Silke van/Stefanie Graefe, "Fit ohne Ende - gesund ins Grab?
Kritische Anmerkungen zur Trias Alter, Gesundheit, Prävention",
Jahrbuch für kritische Medizin und Gesundheitswissenschaften 46,3
(2013), pp.96-121.

Dyk, Silke van, "Was die Welt zusammenhält. Das Dispositiv als
Assoziation und performative Handlungsmacht", *Zeitschrift für*

Diskursforschung 1,1 (2013), pp. 46-66.

Dyk, Silke van, *Soziologie des Alters*, Bielefeld: transcript, 2015.

East, Whitfield B., *A Historical Review and Analysis of Army Physical Readiness Training and Assessment*, Fort Leavenworth, KS: Combat Studies Institute Press, 2013.

Eder, Franz, "Die lange Geschichte der 'Sexuellen Revolution' in Westdeutschland (1950er bis 1980er Jahre)", in: Peter-Paul Bänziger u. a. (Hg.), *Sexuelle Revolution? Zur Geschichte der Sexualität im deutschsprachigen Raum seit den 1960er Jahren*. Bielefeld: transcript, 2015, pp. 25-59.

Edgely, Charles/Betty Edgely/Ronny Turner, "The Rhetoric of Aerobics. Physical Fitness as Religion", *Free Inquiry in Creative Sociology* 10,2 (1982), pp. 187-96.

Editorial, *Geschichte der Gegenwart*, https://geschichtedergegenwart. ch/editorial/ (2019. 9. 9.).

Egan, Susanna, "Changing Faces of Heroism: Some Questions Raised by Contemporary Autobiography", *Biography* 10,1 (1987), pp. 20-38.

Ehrenreich, Barbara, *Die Herzen der Männer. Auf der Suche nach einer neuen Rolle*, Reinbek bei Hamburg: Rowohlt, 1984 (1983).

Ehrenreich, Barbara, *The Hearts of Men. American Dreams and the Flight from Commitment*, Garden City, NY: Anchor Press, 1983.

Eisenberg, Christiane, *'English Sports' und deutsche Bürger. Eine Gesellschaftsgeschichte 1800–1939*, Paderborn: Schöningh, 1999.

Eisenberg, Christiane, "Die Entdeckung des Sports durch die moderne Geschichtswissenschaft", *Historical Social Research* 27,2/3 (2002), pp. 4-21.

Eliot, C. W., "The New Education, II", *Atlantic Monthly* 23,137 (1869), pp. 358-67.

Elis, Volker, "Von Amerika nach Japan - und zurück. Die historischen Wurzeln und Transformationen des Toyotismus", *Zeithistorische Forschungen* 6,2 (2009), pp. 255-75.

Elliott, Carl, *Better Than Well. American Medicine Meets the American Dream*, New York: W. W. Norton & Company, Inc., 2003.

Engelhardt, Tom, *The End of Victory Culture. Cold War America and the Disillusioning of a Generation*, Amherst, MA: University of Massachusetts Press, 1995.

Esquire (Hg.), *The Art of Keeping Fit. Or How the Successful Male Can Avoid Going to Seed*, New York: Harper, 1959.

Essen und Trimmen – beides muß stimmen. Frankfurt/M.: Dt. Ges. für Ernährung, [ca. 1976].

Fahs, Breanne, *Performing Sex: The Making and Unmaking of Women's Erotic Lives*, Albany, NY: SUNY Press, 2011.

Faludi, Susan, *Stiffed: The Betrayal of the American Man*, New York: W. Morrow, 1999.

Farrell, Amy E., *Fat Shame. Stigma and the Fat Body in American Culture*, New York: NYU Press, 2011.

353

Feldman, H. A., u. a., "Impotence and Its Medical and Psychosocial Correlates: Results of the Massachusetts Male Aging Study", *Journal of Urology* 151,1 (1994), pp. 54-61.

Fielding, Henry, *Die Geschichte des Tom Jones, eines Findlings. Neu aus dem Englischen übertragen von Dr. U. Diezmann. Erster Theil*, Braunschweig: Westermann, 1841.

Fielding, Henry, *Geschichte des Thomas Jones, eines Fündlings, aus dem Englischen Heinrich Fielding's ehemals übersetzet, und nunmehr nach der neuesten Original-Ausgabe ganz umgearbeitet*, Hamburg und Leipzig: F. L. Gleditsch, 1771.

Fielding, Henry, *Historie des menschlichen Herzens, nach den Abwechselungen der Tugenden und Laster in den sonderbaren Begebenheiten Thomas Jones, eines Fündlings: Moralisch und satyrisch beschrieben. Aus dem Englischen. Erster Theil*, Hamburg: In der Hertelischen Handlung, 1750.

Fielding, Henry, *The History of Tom Jones, A Foundling* (1749), Harmondsworth: Penguin Classics, 1966.

Finzsch, Norbert, "Wissenschaftlicher Rassismus in den Vereinigten Staaten, 1850 bis 1930", in: Heidrun Kaupen-Haas/C. Saller (Hg.), *Wissenschaftlicher Rassismus. Analysen einer Kontinuität in den Human- und Naturwissenschaften*. Frankfurt/M.: Campus, 1999, pp. 84-110.

Fischer, Joschka, *Mein langer Lauf zu mir selbst*, Köln: Kiepenheuer & Witsch, 1999.

Fischer, Linda, "Macht Mode dick?" *DIE ZEIT*, 2018. 7. 5., p. 38.

Fixx, Jim, *The Complete Book of Running*, New York: Random House, 1977.

Fleig, Anne, *Körperkultur und Moderne. Robert Musils Ästhetik des Sports*, Berlin: de Gruyter, 2008.

Florida, Richard, "Food Deserts Exist. But Do They Matter?", *The Atlantic*, 2018.1.22., https://www.theatlantic.com/business/archive/2018/01/food-deserts/551138 (2018.7.27).

Foner, Eric, "The Meaning of Freedom in the Age of Emancipation", *Journal of American History* 81,2 (1994), pp.435-60.

Forth, Christopher E., "On Fat and Fattening: Agency, Materiality and Animality in the History of Corpulence", *Body Politics* 3,5 (2015), pp.51-74.

Forth, Christopher E., "Materializing Fat", in: ders./Alison Leitch (Hg.), *Fat. Culture and Materiality*. London: Bloomsbury, 2014, pp.3-16.

Forth, Christopher E., "On Fat and Fattening. Agency, Materiality and Animality in the History of Corpulence", *Body Politics* 3,5 (2015), pp.51-74.

Fosdick, Raymond B., "The Commission on Training Camp Activities", *Proceedings of the Academy of Political Science in the City of New York* 7,4 (1918), pp.163-70.

Fosdick, Raymond B., "The War and Navy Departments Commission on Training Camp Activities", *Annals of the American Society of Political and Social Science* 79,1 (1918), pp.130-42.

Foucault, Michel, "Das Spiel des Michel Foucault", in: ders., *Dits et Écrits – Schriften III*, Frankfurt/M.: Suhrkamp, 2003, pp. 391-429.

Foucault, Michel, "Subjekt und Macht", in: ders., *Dits et Écrits – Schriften IV*, Frankfurt/M.: Suhrkamp, 2005, pp. 269-294.

Foucault, Michel, *Der Wille zum Wissen. Sexualität und Wahrheit 1*, Berlin: Suhrkamp, 1986.

Foucault, Michel, *Geschichte der Gouvernementalität I & 2. Vorlesungen am Collège de France, 1977–78 und 1978–79*, 2 Bde., Frankfurt/M.: Suhrkamp, 2004.

Foucault, Michel, *In Verteidigung der Gesellschaft. Vorlesungen am Collège de France (1975–76)*, Frankfurt/M.: Suhrkamp, 1999.

Foucault, Michel, *Überwachen und Strafen. Die Geburt des Gefängnisses*, Frankfurt/M.: Suhrkamp, 1977 (1975).

Fox, Susanna/Mave Duggan, "Tracking for Health", *PewResearchCenter*, 2013. 1. 28., http://www.pewinternet.org/2013/01/28/tracking-for-health/ (2016. 5. 9.).

Fraser, Nancy, "Feminismus, Kapitalismus und die List der Geschichte", *Blätter für deutsche und internationale Politik* 8 (2009), pp. 43-57.

Fraser, Nancy, "How Feminism Became Capitalism's Handmaiden – and How to Reclaim It", *The Guardian*, 2013. 10. 14., https://www.theguardian.com/commentisfree/2013/oct/14/feminism-capitalist-handmaiden-neoliberal (2016. 7. 6).

Freud, Sigmund, "Vorwort zu: Steiner, Maximilian: Die psychischen Störungen der männlichen Potenz" (1913), in: Sigmund Freud,

Gesammelte Werke, hg. v. Anna Freud u. a. Frankfurt/M.: Fischer 1980, Bd. 10, pp.451-52.

Frevert, Ute, "Bürgersoldaten. Die allgemeine Wehrpflicht im 19. und 20. Jahrhundert", in: Ines-Jacqueline Werkner (Hg.), *Die Wehrpflicht und ihre Hintergründe. Sozialwissenschaftliche Beiträge zur aktuellen Debatte.* Wiesbaden: VS-Verlag, 2004, pp.45-64.

Frevert, Ute, "Das Militär als Schule der Männlichkeiten", in: Ulrike Brunotte/Rainer Herrn (Hg.), *Männlichkeiten und Moderne. Geschlecht in den Wissenskulturen um 1900.* Bielefeld: transcript, 2008, pp.57-75.

Frevert, Ute, "Herren und Helden. Vom Aufstieg und Niedergang des Heroismus im 19. und 20. Jahrhundert", in: Richard van Dülmen (Hg.), *Erfindung des Menschen. Schöpfungsträume und Körperbilder 1500–2000.* Köln: Böhlau, 1998, pp.322-44.

Frevert, Ute, "Vom heroischen Menschen zum 'Helden des Alltags'", *Heldengedanken. Über das heroische Phantasma, Sonderheft des Merkur* 63,9/10 (2009), pp.803-12.

Frevert, Ute, *Die kasernierte Nation. Militärdienst und Zivilgesellschaft in Deutschland*, München: Beck, 2001.

Froböse, Ingo/Bianca Biallas/Birgit Wallmann-Sperlich, *Der DKV-Report 2018. Wie gesund lebt Deutschland?*, https://www.ergo.com/de/DKV-Report (2018.9.20).

Frommeld, Debora, "'Fit statt fett': Der Body-Mass-Index als biopolitisches Instrument", *Curare* 36,1+2 (2013), pp.5-16.

Frothingham, Richard, "The Sam Adams Regiments in the Town of

Boston", *Atlantic Monthly* 10,58 (1862), pp. 179-203.

Gambacchini, Peter, "The Bottom Line on Fitness. Corporate Fitness Programs Are Enhancing Employee Health, Happiness and Productivity, and Saving Money in the Process", *Runner's World* 22,7 (1987), pp. 66-71.

Gamper, Michael, "Radrennfahrer", in: Netzwerk Körper (Hg.), *What Can a Body Do? Praktiken und Figurationen des Körpers in den Kulturwissenschaften*. Frankfurt/M.: Campus, 2012, pp. 197-202.

Ganahl, Simon, "Ist Foucaults dispositif ein Akteur-Netzwerk?", *foucaultblog*, 2013. 4. 1., http://www.fsw.uzh.ch/foucaultblog/featured/9/ist-foucaults-dispositif-ein-akteur-netzwerk (2016. 11. 29.).

Gard, Michael, *The End of the Obesity Epidemic*, London: Routledge, 2011.

Gelz, Andreas, u. a., "Phänomene der Deheroisierung in Vormoderne und Moderne", *helden.heroes.héros.* 3,1 (2015), pp. 135-46.

Gems, Gerald R., "Welfare Capitalism and Blue-Collar Sport: The Legacy of Labour Unrest", *Rethinking History* 5,1 (2001), pp. 43-58.

Gerstle, Gary, *Liberty and Coercion. The Paradox of American Government. From the Founding to the Present*, Princeton, NJ: Princeton UP, 2015.

Geyer, Christian, "'Fit statt fett': Bewegung, Bewegung, Bewegung!", *FAZ*, 2007. 5. 10., http://www.faz.net/aktuell/feuilleton/debatten/fit-statt-fett-bewegung-bewegung-bewegung-1434002.html (2016. 5. 12.).

Gibson, James William, *Warrior Dreams. Violence and Manhood in*

Post-Vietnam America, New York: Hill & Wang, 1994.

Gilbert, James, *Men in the Middle. Searching for Masculinity in the 1950s*, Chicago, IL: Uiversity of Chicago Press, 2005.

Gilman, Sander L., *Fat Boys. A Slim Book*, Lincoln: University of Nebraska Press, 2004.

Gilman, Sander L., *Making the Body Beautiful. A Cultural History of Aesthetic Surgery*, Princeton, NJ, 1999.

Gilman, Sander L., *Obesity. The Biography*, Oxford: Oxford UP, 2010.

Glick, Megan H., "Of Sodomy and Cannibalism: Dehumanisation, Embodiment and the Rhetorics of Same-Sex and Cross-Species Contagion", *Gender & History* 23,2 (2011), pp. 266-82.

Goltermann, Svenja, *Körper der Nation. Habitusformierung und die Politik des Turnens 1860–1890*, Göttingen: Vandenhoeck & Ruprecht, 1998.

Goltermann, Svenja, *Opfer. Die Wahrnehmung von Krieg und Gewalt in der Moderne*, Frankfurt: S. Fischer, 2017.

Goodley, Dan, *Dis/Ability Studies. Theorising Disablism and Ableism*, London: Routledge, 2014.

Gosewinkel, Dieter, "Staatsbürgerschaft und Staatsangehörigkeit", *Geschichte und Gesellschaft* 21,4 (1995), pp. 533-56.

Graebner, William, "'The Man in the Water'. The Politics of the American Hero, 1970-1985", *The Historian* 75,3 (2013), pp. 517-43.

Graefe, Stefanie, *Resilienz im Krisenkapitalismus. Wider das Lob der Anpassungsfähigkeit*, Bielefeld: transcript, 2019.

Graefe, Stefanie, "Subjektivierung, Erschöpfung, Autonomie. Eine Analyseskizze", *Ethik und Gesellschaft* 2 (2015), www.ethik-und-gesellschaft.de/ojs/index.php/eug/article/view/2-2015-art-3 (2018.5.7).

Graf, Simon, "Leistungsfähig, attraktiv, erfolgreich, jung und gesund: Der fitte Körper in post-fordistischen Verhältnissen", *Body Politics* 1,1 (2013), pp.139-57.

Gramsci, Antonio, "Zweiundzwanzigstes Heft (V). Amerikanismus und Fordismus", in: ders., *Gefängnishefte*, Band 9. Hefte 22 bis 29. Hamburg: Argument, 1999, pp.2061-2101.

Gräser, Markus, *Wohlfahrtsgesellschaft und Wohlfahrtsstaat. Bürgerliche Sozialreform und Welfare State Building in den USA und in Deutschland 1880–1940*, Göttingen: Vandenhoeck & Ruprecht, 2009.

Greene, Jeremy A./Elizabeth Siegel Watkins, "Introduction. The Prescription in Perspective", in: dies. (Hg.), *Prescribed. Writing, Filling, Using, and Abusing the Prescription in Modern America*. Baltimore, MD: Johns Hopkins UP, 2012, pp.1-22.

Greiner, Bernd, *Krieg ohne Fronten. Die USA in Vietnam*, Hamburg: Hamburger Edition, 2007.

Gruneau, Richard, *Sport & Modernity*, Cambridge, UK: Polity, 2017.

Gumbrecht, Hans-Ulrich, "Modern, Modernität, Moderne", in: Reinhart Koselleck/Werner Conze/Otto Brunner (Hg.), *Geschichtliche Grundbegriffe. Historisches Wörterbuch zur politisch-sozialen Sprache,*

Bd. 4. Stuttgart: Klett-Cotta, 1978, pp. 93-131.

Gunkel, Henriette/Olaf Stieglitz, "Verqueerte Laufwege. Sport & Körper in Geschichtswissenschaften und Cultural Studies", *Body Politics* 2,3 (2014), pp. 5-20.

Gustav-Wrathall, John D., *Take the Young Stranger by the Hand. Same-Sex Relations and YMCA*, Chicago, IL: University of Chicago Press, 1998.

Guthman, Julie, *Weighing In: Obesity, Food Justice, and the Limits of Capitalism*, Berkeley: University of California Press, 2011.

Guthold, Regina/Gretchen A. Stevens/Leanne M Riley/Fiona C. Bull, "Worldwide Trends in Insufficient Physical Activity from 2001 to 2016. A Pooled Analysis of 358 Population-Based Surveys with 1·9 Million Participants", *Lancet Global Health* (2018.9.4.), http://dx.doi.org/10.1016/S2214-109X(18)30357-7 (2018.9.9.).

Guttmann, Allen, *From Ritual to Record. The Nature of Modern Sports*, New York: Columbia UP, 1978.

Haak, Sebastian, *The Making of the Good War. Hollywood, das Pentagon und die amerikanische Deutung des Zweiten Weltkriegs, 1945–1962*, Paderborn: Schöningh, 2013.

Hachtmann, Rüdiger/Adelheid von Saldern, "'Gesellschaft am Fließband'. Fordistische Produktion und Herrschaftspraxis in Deutschland", *Zeithistorische Forschungen* 6,2 (2009), pp. 186-208.

Hachtmann, Rüdiger/Adelheid von Saldern, "Das fordistische Jahrhundert. Eine Einleitung", *Zeithistorische Forschungen* 6,2 (2009), pp. 174-85.

Hachtmann, Rüdiger, "'Bäuche wegmassieren' und 'überflüssiges Fett in unserem Volke beseitigen'. Der kommunale Breitensport der NS-Gemeinschaft 'Kraft durch Freude'", in: Frank Becker/Ralf Schäfer (Hg.), *Sport und Nationalsozialismus*. Göttingen: Wallstein, 2016, pp. 27-66.

Hagemann, Karen, "*Mannlicher Muth und Teutsche Ehre*". *Nation, Militär und Geschlecht zur Zeit der Antinapoleonischen Kriege Preußens*, Paderborn: Schöningh, 2002.

Hagemann, Karen, "Tod für das Vaterland. Der patriotisch-nationale Heldenkult zur Zeit der Freiheitskriege", *Militärgeschichtliche Zeitschrift* 60,2 (2001), pp. 307-42.

Hale, E. E., "What Shall We Have for Dinner?", *Atlantic Monthly* 14,83 (1864), pp. 364-71.

Hales, Craig M., u. a., "Differences in Obesity Prevalence by Demographic Characteristics and Urbanization Level Among Adults in the United States, 2013-2016", *JAMA* 319,23 (2019), pp. 2419-29.

Hall, Stuart, "The West and the Rest. Discourse and Power", in: ders./ Bram Gieben (Hg.), *Formations of Modernity*. Cambridge: Polity, 1992, pp. 275-320.

Haller, Lea/Sabine Höhler/Heiko Stoff, "Stress - Konjunkturen eines Konzepts", *Zeithistorische Forschungen* 11,3 (2014), pp. 359-381, https://www.zeithistorische-forschungen.de/3-2014/id%3D5136?language=en (2018.5.6).

Hanner, Richard, "Beginning Running", *Runner's World* 14,7 (1979), pp. 68-71.

Hannig, Nicolai/Malte Thießen (Hg.), *Vorsorgen in der Moderne. Akteure, Räume und Praktiken*, Berlin: de Gruyter, 2017.

Haralambon, Olivier, *Der Radrennfahrer und sein Schatten. Eine kleine Philosophie des Straßenradsports*, Bielefeld: Covadonga, 2018.

Hargreaves, Jennifer, *Sporting Females. Critical Issues in the History and Sociology of Women's Sports*, London: Routledge, 1994.

Harrasser, Karin/Henriette Gunkel/Olaf Stieglitz, "Wieviel Technology ist im Laufschuh? – Ein Gespräch mit Karin Harrasser an der Schnittstelle von Kulturwissenschaft und Sportgeschichte", *Body Politics* 2,3 (2014), pp. 39-44.

Harrasser, Karin, *Körper 2.0. Über die technische Erweiterbarkeit des Menschen*, Bielefeld: transcript, 2013.

Harrasser, Karin, *Prothesen. Figuren einer lädierten Moderne*, Berlin: Vorwerk 8, 2016.

Hartmann, Kathrin, "Kontinuität und Wandel von Männerbildern in den 90er Jahren am Beispiel sowjetischer und postsowjetischer Filme", *Arbeitspapiere des Osteuropa-Instituts der FU Berlin* 39 (2002), http://www.oei.fu-berlin.de/politik/publikationen/AP39.pdf (2018.9.1.).

Heater, Derek, *A Brief History of Citizenship*, New York: NYU Press, 2004.

Henderson, Joe, "The Year Running Became the Sport of the 70s", *Runner's World* 14,1 (1979), pp. 82-87.

Henderson, Joe, "Tips For the First-Time Marathoner", *Runner's World* 18,10 (1983), pp. 66-70.

Henne, Melanie, *Training Citizenship. Ethnizität und Breitensport in Chicago, 1920–1950*, Stuttgart: Steiner, 2015.

Herrera, Ricardo A., *For Liberty and the Republic: The American Citizen as Soldier, 1775–1861*, New York: NYU Press, 2015.

Heywood, Leslie, *Bodymakers. A Cultural Anatomy of Women's Body Building*, New Brunswick, NJ: Rutgers UP, 1998.

Higdon, Hal, "A Race with Texture", *Runner's World* 12,12 (1977), pp. 44-47.

Higdon, Hal, "Is Running a Religious Experience? No One Seems to Have a Middle-of-the-Road Opinion As the Fanatic Fringe Builds", *Runner's World* 13,5 (1978), pp. 74-79.

Higdon, Hal, "The Master Plan. You Can Run Fast after 40. Here's How", *Runner's World* 26,8 (1991), pp. 66-69.

Hildebrandt, Tina, "Stups zum Glück: Warum Regierungen sich nicht anmaßen sollten, bis ins Letzte zu bestimmen, was gut für ihre Bürger ist", *DIE ZEIT* 1 (2015), 2014.12.30., http://www.zeit.de/2015/01/glueck-merkel-muttikratie (2016.5.12.).

Hoberman, John, *Mortal Engines: The Science of Performance and the Dehumanization of Sport*, New York: Free Press, 1992.

Hoberman, John, *Testosterone Dreams. Rejuvenation, Aphrodisia, Doping*, Berkeley: University of California Press, 2005.

Hodenberg, Christina von, *Das andere Achtundsechzig. Gesellschaftsgeschichte einer Revolte*, München: Beck, 2018.

Hoff, Ralf von den, u. a., "Helden - Heroisierungen - Heroismen. Transformationen und Konjunkturen von der Antike bis zur Moderne. Konzeptionelle Ausgangspunkte des Sonderforschungsbereichs 948", *helden.heroes.héros.* 1,1 (2013), pp. 7-14.

Hogan, Candace L., "Total Fitness '89: Off & Running/Ironmania/Real Life Experiments", *Runner's World* 24,5 (1989), pp. 46-50.

Hoganson, Kristin L., *Fighting for American Manhood: How Gender Politics Provoked the Spanish-American and Philippine-American Wars*, New Haven, CT: Yale UP, 1998.

Honisch, Richard, "Wirtschaft und Leibesübungen", *Die Leibesübungen* 3,22 (1927), p. 532.

Honneth, Axel, *Anerkennung. Eine europäische Ideengeschichte*, Berlin: Suhrkamp, 2018.

Horning, Dave, "Cold, Wet and Wild: Triathlon: Racing's Triple Threat: The Proper Mix of Three Disciplines Becomes the Greatest Challenge", *Runner's World* 17,11 (1982), pp. 32-39; 73-75.

Houchin Winfield, Betty/Janice Hume, "The American Hero and the Evolution of the Human Interest Story", *American Journalism* 15,2 (1998), pp. 79-99.

Hultling, C., "Partners' Perceptions of the Efficacy of Sildenafil Citrate (Viagra) in the Treatment of Erectile Dysfunction", *International Journal of Clinical Practice*, Supplement 102 (1999), pp. 16-18.

Humphreys, A. R., "'The Eternal Fitness of Things': An Aspect of Eighteenth-Century Thought", *The Modern Language Review* 42,2 (1947), pp. 188-98.

Hunt, Lynn, *Inventing Human Rights. A History*, New York: Norton, 2007.

Hutchinson, Woods, "The Physical Basis of Brain-Work", *North American Review* 146,378 (1888), pp. 522-31.

Isenmann, Moritz, "Die langsame Entstehung eines ökonomischen Systems. Konkurrenz und freier Markt im Werk von Adam Smith", *Historische Zeitschrift* 307 (2018), pp. 655-691.

Jackson, Derrick Z., "All Quiet on the Fat Front", *Boston Globe*, 2002. 10. 11.

Jackson, Mark, *The Age of Stress. Science and the Search for Stability*, Oxford: Oxford UP, 2013.

Jagose, Annamarie, *Orgasmology*, Durham, NC: Duke UP, 2013.

Jagose, Annamarie, *Queer Theory: Eine Einführung*, Berlin: Querverlag, 2001.

Jarvis, Christina S., *The Male Body in War. American Masculinity during World War II*, DeKalb, IL: Northern Illinois University Press, 2004.

Jeffords, Susan, *Hard Bodies. Hollywood Masculinity in the Reagan Era*, New Brunswick, NJ: Rutgers UP, 1994.

Jeffords, Susan, *The Remasculinization of America. Gender and the Vietnam War*, Bloomington, IN: Indiana UP, 1989.

Jones, Max, "What Should Historians Do With Heroes? Reflections on Nineteenth- and Twentieth-Century Britain", *History Compass* 5,2

(2007), pp. 439-54.

Journal of Sport History, *One Hundred Years of 'Muscular Judaism'. Sport in Jewish History and Culture* 26,2 (Sonderheft) (1999).

Jünger, Ernst, *In Stahlgewittern (1920)*, Stuttgart: Klett-Cotta, 2014.

Kasson, John F., *Houdini, Tarzan, and the Perfect Man. The White Male Body and the Challenge of Modernity in America*, New York: Hill & Wang, 2002.

Keith, Alison, "The Economics of Viagra", *Health Affairs* (March/April 2000), pp. 147-57.

Kienitz, Sabine, "Der Krieg der Invaliden. Helden-Bilder und Männlichkeitskonstruktionen nach dem Ersten Weltkrieg", *Militärgeschichtliche Zeitschrift* 60,2 (2001), pp. 367-402.

Kienitz, Sabine, "Körper - Beschädigungen. Kriegsinvalidität und Männlichkeitskonstruktionen in der Weimarer Republik", in: Karen Hagemann/Stefanie Schüler-Springorum (Hg.), *Heimat-Front. Militär und Geschlechterverhältnisse im Zeitalter der Weltkriege*. Frankfurt/M.: Campus, 2002, pp. 188-207.

Kienitz, Sabine, "Schöner gehen? Zur technischen Optimierung des kriegsinvaliden Körpers im frühen 20. Jahrhundert", *Body Politics* 3,6 (2015), pp. 235-59.

Kienitz, Sabine, *Beschädigte Helden. Kriegsinvalidität und Körperbilder 1914–1923*, Paderborn: Schöningh, 2008.

Kieran, David/Edwin A. Martini (Hg.), *At War. The Military and American Culture in the Twentieth Century and Beyond*, New

Brunswick, NJ: Rutgers UP, 2018.

Kim, Tae-Jun/Nina Roesler/Olaf von dem Knesebeck, "Causation or Selection - Relation between Education and Overweight/Obesity in Prospective Observational Studies. A Meta- Analysis", *Obesity Review* 18,6 (2017), pp. 660-72.

Kim, Tae-Jun/Olaf von dem Knesebeck, "Income and Obesity. What Is the Direction of the Relationship? A Systematic Review and Meta-Analysis", *BMJ OPEN* 8,1 (2018), doi: 10.1136/ bmjopen-2017-019862 (2018.5.7.).

Kimmel, Michael, *The Gendered Society*, New York: Oxford UP, 2000.

King, Rufus, "The Pioneers of Ohio", *Atlantic Monthly* 62,372 (1888), pp. 559-64.

Kingsolver, Barbara, *Animal, Vegetable, Miracle. A Year of Food Life*, New York: Harper Collins, 2007.

Kläber, Mischa, *Doping im Fitness-Studio. Die Sucht nach dem perfekten Körper*, Bielefeld: transcript, 2010.

Kleeberg, Bernhard (Hg.), *Schlechte Angewohnheiten. Eine Anthologie, 1750–1900*, Berlin: Suhrkamp, 2012.

Kleeberg, Bernhard, "Schlechte Angewohnheiten. Einleitung", in: ders. (Hg.), *Schlechte Angewohnheiten. Eine Anthologie, 1750–1900*. Berlin: Suhrkamp, 2012, pp. 9-63.

Kleeberg, Bernhard, *Theophysis. Ernst Haeckels Philosophie des Naturganzen*, Köln: Böhlau, 2005.

Kline, Wendy, *Bodies of Knowledge. Sexuality, Reproduction, and Women's Health in the Second Wave*, Chicago, IL: University of Chicago Press, 2010.

Kocka, Jürgen, *Angestellte zwischen Faschismus und Demokratie. Zur politischen Sozialgeschichte der Angestellten: USA 1890–1940 im internationalen Vergleich*, Göttingen: Vandenhoeck & Ruprecht, 1977.

Koedt, Ann, "The Myth of the Vaginal Orgasm", in: Shulamit Firestone/Ann Koedt (Hg.), *Notes from the Second Year: Women's Liberation*. New York: Radical Feminism, 1970, pp. 37–41.

Koehler, Herman J., *Manual for Physical Training for Use in the United States Army*, New York: Military Publishing Company, 1914.

Koehler, Herman J., *Manual of Gymnastic Exercises: Prepared for Use in Service Gymnasiums*, Washington, DC: Government Printing Office, 1904.

Kowalchick, Claire/Mark Will-Weber, "Extraordinary People", *Runner's World* 25,8 (1990), p. 84.

Kracauer, Siegfried, *Die Angestellten. Aus dem neuesten Deutschland* (1930), Frankfurt/M.: Suhrkamp, 1971.

Krämer, Felix, "'Playboy tells his story': Krisenszenario um die hegemoniale US-Männlichkeit der 1970er Jahre", *Feministische Studien* 27,1 (2009), pp. 83-96.

Krämer, Felix, "Born Again Fit? One of the Nation's Fattest Cities on a Diet", *Food, Fatness and Fitness: Critical Perspectives*, 2016.5.24., http://foodfatnessfitness.com/2016/05/24/born-fit-one-nations-fattest-cities-diet/ (2016.7.1.).

Krämer, Felix, *Moral Leaders. Medien, Gender und Glaube in den USA der 1970er und 1980er Jahre*, Bielefeld: transcript, 2015.

Krasmann, Susanne, "Regieren über Freiheit. Zur Analyse der Kontrollgesellschaft in Foucaultscher Perspektive", *Kriminologisches Journal* 31 (1999), pp. 107-21.

Kraus, Hans/Ruth P. Hirschland, "Minimum Muscular Fitness Tests in School Children", *Research Quarterly* 25 (1954), pp. 178-88.

Kraus, Hans/Ruth P. Hirschland, "Muscular Fitness and Orthopedic Disability", *New York State Journal of Medicine* 54 (1954), pp. 212-15.

Kreisky, Eva, "Fitte Wirtschaft und schlanker Staat. Das neoliberale Regime über die Bäuche", in: Henning Schmidt-Semisch/Friedrich Schorb (Hg.), *Kreuzzug gegen die Fette. Sozialwissenschaftliche Aspekte des gesellschaftlichen Umgangs mit Übergewicht und Adipositas*. Wiesbaden: VS Verlag für Sozialwissenschaften, 2008, pp. 143-61.

Kreuzenbeck, Nora, "Nothing to Lose. Fat Acceptance-Strategien und Agency als Widerstand und Unterwerfung in den USA von der Mitte der 1960er bis in die frühen 1980er Jahre", *Body Politics* 3,5 (2015), 111-34, http://bodypolitics.de/de/wpcontent/uploads/2016/01/Heft_5_print_End.pdf (2018.11.18.).

Krüger, Michael, *Körperkultur und Nationsbildung. Die Geschichte des Turnens in der Reichsgründungsära – eine Detailstudie über die Deutschen*, Schorndorf: Hofmann Verlag, 1996.

Kugelmass, Jack (Hg.), *Jews, Sports, and Rites of Citizenship*, Urbana, IL: University of Illinois Press, 2007.

Kühl, Stefan, *Die Internationale der Rassisten. Aufstieg und Niedergang* der internationalen eugenischen Bewegung im 20. Jahrhundert, 2. Aufl., Frankfurt/M.: Campus, 2014.

Kunkel, Rolf, "'Die dreifache totale Fitneß'. SPIEGEL-Reporter Rolf Kunkel über die Triathlon-Weltmeisterschaft auf Hawaii", *DER SPIEGEL* 42 (1982), pp. 264-69.

Kury, Patrick, "Von der Neurasthenie zum Burnout – eine kurze Geschichte von Belastung und Anpassung", in: Sighard Neckel/ Greta Wagner (Hg.), *Leistung und Erschöpfung. Burnout in der Wettbewerbsgesellschaft.* Berlin: Suhrkamp, 2013, pp. 107-28.

Kury, Patrick, *Der überforderte Mensch. Eine Wissensgeschichte vom Stress zum Burnout*, Frankfurt/M.: Campus, 2012.

Kwolek-Folland, *Angel, Engendering Business. Men and Women in the Corporate Office, 1870–1930*, Baltimore, MD: Johns Hopkins UP, 1998.

Langewiesche, Dieter, *Liberalismus in Deutschland*, Frankfurt/M.: Suhrkamp, 1988.

Latour, Bruno, *Eine neue Soziologie für eine neue Gesellschaft*, Frankfurt/M.: Suhrkamp, 2010.

Lears, TJ Jackson, *Rebirth of a Nation. The Making of Modern America, 1877–1920*, New York: HarperCollins, 2009.

Lee, Jennifer A./Cat J. Pausé, "Stigma in Practice: Barriers to Health for Fat Women", *Frontiers in Psychology* 7 (2016), https://www.frontiersin.org/articles/10.3389/fpsyg.2016.02063/full (2018.11.15.).

Lehmann, Hans-Thies, "Wunsch nach Bewunderung. Das Theater um den Helden", *Merkur* 63,9/10 (2009), pp. 772-81.

Lengwiler, Martin/Jeannette Madarász (Hg.), "Präventionsgeschichte als Kulturgeschichte der Gesundheitspolitik", in: dies. (Hg.), *Das präventive Selbst. Eine Kulturgeschichte moderner Gesundheitspolitik*. Bielefeld: transcript, 2010, pp. 11-28.

Lessenich, Stephan, *Die Neuerfindung des Sozialen. Der Sozialstaat im flexiblen Kapitalismus*, 3., unveränderte Auflage, Bielefeld: transcript, 2013.

Levenstein, Harvey, *Fear of Food: A History of Why We Worry about What We Eat*, Chicago: University of Chicago Press, 2012.

Levenstein, Harvey, *Paradox of Plenty. A Social History of Eating in Modern America*, Berkeley: University of California Press, 2003 (1993).

Levy, Ariel, "Pill Culture Pops", *New York Magazine*, 2003. 6. 9., http://nymag. com/nymetro/news/features/n_8763/index2. html (2016. 11. 17.).

Lewis, Barry, "Mapping the Way", *Runner's World* 27,7 (1992), p. 94.

Lewis, Dio "The New Gymnastics", *Atlantic Monthly* 10,58 (1862), pp. 129-48.

Lewis, Sinclair, *The Job*, New York, NY: Harper & Brothers, 1917.

Lexchin, Joel, "Bigger and Better: How Pfizer Redefined Erectile Dysfunction", *PLoS Med*. 3,4 (2006) doi: 10. 1371/journal. pmed. 0030132 (2016. 11. 27.).

Lindenberger, Thomas, "Eigen-Sinn, Herrschaft und kein Widerstand, Version: 1.0", in: *Docupedia-Zeitgeschichte*, 2014.9.2., http://docupedia.de/zg/Eigensinn?oldid=108792 (2016.7.8.).

Linek, Jenny, *Gesundheitsvorsorge in der DDR zwischen Propaganda und Praxis*, Stuttgart: Steiner, 2016.

Linker, Beth, *War's Waste, Rehabilitation in World War I America*, Chicago: University of Chicago Press, 2011.

Loe, Meika, *The Rise of Viagra. How the Little Blue Pill Changed Sex in America*, New York: NYU Press, 2004.

Lombard, Anne, *Making Manhood. Growing Up Male in Colonial New England*, Cambridge, MA: Harvard University Press, 2003.

Lorenz, Maren, *Leibhaftige Vergangenheit. Einführung in die Körpergeschichte*, Tübingen: Edition diskord, 2000.

Lorenz, Maren, *Menschenzucht. Frühe Ideen und Strategien 1500–1870*, Göttingen: Wallstein, 2018.

Luciano, Lynne, *Looking Good. Male Body Image in Modern America*, New York: Hill & Wang, 2001.

Lüdtke, Alf, "'Deutsche Qualitätsarbeit' - ihre Bedeutung für das Mitmachen von Arbeitern und Unternehmern im Nationalsozialismus", in: Aleida Assmann/Frank Hiddemann/Eckhard Schwarzenberger (Hg.), *Firma Topf & Söhne. Hersteller der Öfen für Auschwitz: ein Fabrikgelände als Erinnerungsort?*. Frankfurt/M.: Campus, 2002, pp.123-38.

Lüdtke, Alf, "'Helden der Arbeit' - Mühen beim Arbeiten. Zur

mißmutigen Loyalität von Industriearbeitern in der DDR", in: Hartmut
Kaelble/Jürgen Kocka/Hartmut Zwahr (Hg.), *Sozialgeschichte der
DDR*. Stuttgart: Steiner, 1994, pp. 188-213.

Lüdtke, Alf, *Eigen-Sinn. Fabrikalltag, Arbeitererfahrungen und Politik
vom Kaiserreich bis in den Faschismus* (1993), Münster: Verlag
Westfälisches Dampfboot, 2015.

Ludwig, Lisa, "Selbstliebe reicht nicht: Im Gespräch mit einer
Fettaktivistin (Magda Albrecht)", *Broadly*, 2018.1.15., https://broadly.
vice.com/de/article/vbyx5m/selbstliebe-reicht-nicht-im-gespraech-mit-
einer-fettaktivistin (2018.11.15.).

Luh, Andreas, *Betriebssport zwischen Arbeitgeberinteressen und
Arbeitnehmerbedürfnissen. Eine historische Analyse von der Kaiserzeit
bis zur Gegenwart*, Aachen: Meyer & Meyer, 1998.

Lupton, Deborah, "Self-Tracking Citizenship", *This Sociological
Life. A Blog by Sociologist Deborah Lupton*, https://simplysociology.
wordpress.com/ (2016.5.11.).

Lupton, Deborah, *The Quantified Self. A Sociology of Self-Tracking*,
London: Polity, 2016.

Lüthi, Barbara, *Invading Bodies. Medizin und Immigration in den USA
1880–1920*, Frankfurt/M.: Campus, 2009.

Lutz, Tom, *American Nervousness, 1903. An Anecdotal History*,
Ithaca, NY: Cornell University Press, 1993.

Lynch, Jerry, "Mind Over Marathon. The Marathon Is Probably 5
Percent Physical and 95 Percent Psychological. If You Think You Can,
You Can", *Runner's World* 25,10 (1990), pp. 36-42.

Macdonald, Charlotte, *Strong, Beautiful, and Modern: National Fitness in Britain, New Zealand, Australia and Canada, 1935–1960*, Vancouver: University of British Columbia Press, 2011.

MacDonogh, Giles, "Helden und Patrioten", *Merkur: Deutsche Zeitschrift für europäisches Denken* 63,9/10 (2009), pp. 782-92.

Mackert, Nina/Jürgen Martschukat, "Introduction: Critical Ability History", *Rethinking History* 23,2 (2019), pp. 131-37.

Mackert, Nina/Jürgen Martschukat, "Introduction: Fat Agency", *Body Politics* 3,5 (2015), pp. 5-11.

Mackert, Nina, "'I want to be a fat man/and with the fat men stand'. US-Amerikanische Fat Men's Clubs und die Bedeutungen von Körperfett in den Dekaden um 1900", *Body Politics* 2,3 (2014), pp. 215-43.

Mackert, Nina, "Feeding Productive Bodies: Calories, Nutritional Values and Ability in Progressive Era US", in: Peter Paul Bänziger/Martin Suter (Hg.), *Histories of Productivity. Genealogical Perspectives on the Body and Modern Economy*. London: Routledge, 2016, pp. 117-35.

Mackert, Nina, "Kimberlé Crenshaw: Mapping the Margins (1991), oder: Die umkämpfte Kreuzung", in: Olaf Stieglitz/Jürgen Martschukat (Hg.), *race & sex. Eine Geschichte der Neuzeit*. Berlin: Neofelis, 2016, pp. 50-56.

Mackert, Nina, "Writing the History of Fat Agency", *Body Politics* 3,5 (2015), pp. 13-24.

Madarász-Lebenhagen, Jeannette, "Geschlechterbilder in Präventionskonzepten: Männer- und Frauenherzen im deutsch-

deutschen Vergleich, 1949-1990", in: Sylvelyn Hähner-Rombach (Hg.), *Geschichte der Prävention. Akteure, Praktiken, Instrumente*. Stuttgart: Steiner, 2015, pp. 73-105.

Mailer, Norman, "Superman Comes to the Supermarket", *Esquire* (1960. 11.), https://www.esquire.com/news-politics/a3858/superman-supermarket/ (2017. 6. 11.).

Mailer, Norman, "The White Negro", *Dissent* (Autumn 1957), https://www.dissentmagazine.org/online_articles/the-white-negro-fall-1957 (2017. 6. 11.).

Mamo, Laura/Jennifer R. Fishman, "Potency in All the Right Places: Viagra as a Technology of the Gendered Body", *Body & Society* 7, 4 (2001), pp. 13-35.

Mangan, J. A. (Hg.), *Shaping the Superman. Fascist Body as Political Icon – Aryan Facism*, London: Frank Cass, 1999.

Marcuse, Julian, *Körperpflege durch Wasser, Luft und Sport. Eine Anleitung zur Lebenskunst*, Leipzig: J. J. Weber, 1908.

MarketsandMarkets, "Weight Loss Management Market Worth $206.4 Billion by 2019, 9." March 2015, http://www.prweb.com/releases/weight-loss/management-market/prweb12542655.htm (2016. 6. 9.).

Markula, Pirrko, "Firm but Shapely, Fit but Sexy, Strong but Thin. The Postmodern Aerobicizing Female Bodies", in: Andrew Yiannakis/Merrill J. Melnick (Hg.), *Contemporary Issues in the Sociology of Sport*. Champaign, IL: Human Kinetics, 1994, pp. 237-57.

Marshall, Barbara L./Stephen Katz, "Forever Functional: Sexual Fitness and the Ageing Male Body", *Body & Society* 8, 4 (2002), pp. 43-70.

Marshall, Barbara L., "'Hard Science': Gendered Constructions of Sexual Dysfunction in the 'Viagra Age'", *Sexualities* 5,2 (2002), pp. 131-58.

Martin, Douglas, "Thanks a Bunch, Viagra. The Pill That Revived Sex, Or at Least Talking About It", *New York Times*, 1998.5.3., p. 3.

Martschukat, Jürgen/Olaf Stieglitz, "race & sex: Eine Geschichte der Neuzeit, oder: Grenzüberschreitungen einer kritischen Geschichtswissenschaft", in: Olaf Stieglitz/Jürgen Martschukat (Hg.), *race & sex: Eine Geschichte der Neuzeit*. Berlin: Neofelis, 2016, pp. 13-24.

Martschukat, Jürgen/Olaf Stieglitz, *Einführung in die Geschichte der Männlichkeiten*, Frankfurt/M.: Campus, 2010.

Martschukat, Jürgen, "The Pursuit of Fitness. Von Freiheit und Leistungsfähigkeit in der Geschichte der USA", *Geschichte und Gesellschaft* 42,3 (2016), pp. 409-40.

Martschukat, Jürgen, "'His Chief Sin is Being a Negro. Next He Whipped a White Man. Next He Married a White Woman.' Sport, Rassismus und die (In)Stabilität von Grenzziehungen in den USA um 1900", *Historische Anthropologie* 15,2 (2007), pp. 259-80.

Martschukat, Jürgen, "'The Necessity for Better Bodies to Perpetuate Our Institutions, Insure a Higher Development of the Individual, and Advance the Conditions of the Race.' Physical Culture and the Formation of the Self in the Late Nineteenth and Early Twentieth Century USA", *Journal of Historical Sociology* 24,4 (2011), pp. 472-93.

Martschukat, Jürgen, "'What Diet Can Do': Running and Eating Right in 1970s America", in: ders./Bryant Simon (Hg.), *Food, Power and Agency*. London: Bloomsbury, 2017, pp. 129-45.

Martschukat, Jürgen, "On Choice", *Food, Fatness and Fitness: Critical Perspectives*, 2016.3.1., http://foodfatnessfitness.com/2016/03/01/onchoice/ (2016.5.12.).

Martschukat, Jürgen, *Die Ordnung des Sozialen. Väter und Familien in der amerikanischen Geschichte seit 1770*, Frankfurt/M.: Campus, 2013.

Mayer, Andreas, *Wissenschaft vom Gehen. Die Erforschung der Bewegung im 19. Jahrhundert*, Frankfurt/M.: S. Fischer, 2013.

McKendrick, Neil/John Brewer/J. H. Plumb, *The Birth of a Consumer Society. The Commercialization of Eighteenth-Century England*, Bloomington, IN: Indiana UP, 1982.

McKenzie, Shelly, *Getting Physical. The Rise of Fitness Culture in America*, Lawrence, KS: University of Kansas Press, 2013.

McLaren, Angus, *Impotence. A Cultural History*, Chicago, IL: University of Chicago Press 2007.

McMahon, Darrin M., *Happiness. A History*, New York: Grove Press, 2006.

McRuer, Robert, "Compulsory Able-Bodiedness and Queer/Disabled Existence", in: Rosemarie Garland-Thomson (Hg.), *Disability Studies. Enabling the Humanities*. New York: Modern Language Association of America, 2002, pp.88-99.

McRuer, Robert, *Crip Theory. Cultural Signs of Queerness and Disability*, New York: NYU Press, 2006.

Megroz, Gordy, "Down and Dirty", *Runner's World*, 2012.6.20., https://www.runnersworld.com/trail-running/a20816363/down-and-dirty-mudruns/ (2018.12.18.).

Melosh, Barbara, *Engendering Culture. Manhood and Womanhood in New Deal Public Art and Theater*, Washington, DC: Smithsonian Press, 1991.

Melzer, Scott, *Gun Crusaders. The NRA's Culture War*, New York: NYU Press, 2009.

Meranze, Michael, *Laboratories of Virtue: Punishment, Revolution, and Authority in Philadelphia, 1760–1835*, Chapel Hill, NC: University of North Carolina Press, 1996.

Merwin, H. C., "The Ethics of Horse-Keeping", *Atlantic Monthly* 67,403 (1891), pp. 631–40.

Metzl, Jonathan M./Anna Kirkland (Hg.), *Against Health. How Health Became the New Morality*, New York: NYU Press, 2010.

Meusel, Waltraud, *Trimm Dich im Büro!* (1971), 4. Aufl., Frankfurt/M.: Deutscher Sportbund, 1975.

Meuser, Michael, "Hegemoniale Männlichkeit im Niedergang? Anmerkungen zum Diskurs der Krise des Mannes", in: Claudia Maas u. a. (Hg.), *Betonen-Ignorieren-Gegensteuern: Zum pädagogischen Umgang mit Geschlechtstypiken*. Weinheim: Beltz Juventa, 2015, pp. 93–105.

Mickel, Howard A., "The True Runner Becomes Hooked on a Feeling", *Runner's World* 14,4 (1979), p. 30.

Mill, John Stuart, *On Liberty/Über die Freiheit* (1859), Stuttgart:

Reclam, 2009.

Mill, John Stuart, *Principles of Political Economy* (1848), London: Augustus M. Kelley Pubs, 1985.

Miller, Arthur, *Death of a Salesman*, New York: Viking, 1949.

Mills, C. Wright, *Menschen im Büro. Ein Beitrag zur Soziologie der Angestellten*, Köln-Deutz: Bund Verlag, 1955.

Mills, C. Wright, *White Collar. The American Middle Classes* (1951), Oxford: Oxford UP, 1969.

Mills, Charles, *The Racial Contract*, Ithaca, NY: Cornell UP, 1997.

Mirzoeff, Nicholas, *Bodyscape. Art, Modernity and the Ideal Figure*, New York: Routledge, 1995.

Mitchell, Gordon R./Kathleen M. McTigue, "The US Obesity 'Epidemic'. Metaphor, Method, or Madness?", *Social Epistemology* 21,4 (2007), pp. 391-423.

Möhring, Maren, "Der moderne Apoll", *WerkstattGeschichte* 29 (2001), pp. 27-42.

Möhring, Maren, "Ethnic Food, Fast Food, Health Food. Veränderung der Ernährung und Esskultur im letzten Drittel des 20. Jahrhunderts", in: Anselm Doering-Manteuffel/Lutz Raphael/Thomas Schlemmer (Hg.), *Vorgeschichte der Gegenwart. Dimensionen des Strukturbruchs nach dem Boom*. Göttingen: Vandenhoeck & Ruprecht, 2016, pp. 309-32.

Möhring, Maren, *Marmorleiber. Körperbildung in der deutschen Nacktkultur (1890–1930)*, Köln: Böhlau, 2004.

Møller, Verner, *The Doping Devil*, Books on Demand, 2008.

Mollow, Anna/Robert McRuer, "Fattening Austerity", *Body Politics* 3,5 (2015), pp. 25-49.

Mollow, Anna, "Disability Studies Gets Fat", *Hypathia: A Journal of Feminist Philosophy* 30,1 (2015), pp. 199-216.

Moran, Rachel L., *Governing Bodies. American Politics and the Shaping of the Modern Physique*, Philadelphia, PA: University of Pennsylvania Press, 2018.

Mörath, Verena, *Die Trimm-Aktionen des Deutschen Sportbundes zur Bewegungs- und Sportförderung in der BRD 1970 bis 1984*, Berlin: Wissenschaftszentrum Berlin für Sozialforschung, 2005.

Morley, Christopher, *Kitty Foyle*, Philadelphia, PA: Lippincott, 1939.

Moskowitz, Eva S., *In Therapy We Trust: America's Obsession with Self Fulfillment*, Baltimore, MD: Johns Hopkins UP, 2001.

Mosse, George L., *Das Bild des Mannes. Zur Konstruktion moderner Männlichkeit*, Frankfurt/M.: Fischer, 1997.

Müller, Johann P., *Mein System. 15 Min. täglicher Arbeit für die Gesundheit*, Leipzig: Grethlein, 1904.

Müllner, Rudolf, "Sich in Form bringen. Historische Aspekte der körperlichen (Selbst-)Verbesserung im und durch Sport seit 1900", in: Stefan Scholl (Hg.), *Körperführung. Historische Perspektiven auf das Verhältnis von Biopolitik und Sport*. Frankfurt/M.: Campus, 2018, pp. 41-70.

Mumford, Kevin, "'Lost Manhood' Found: Male Sexual Impotence and Victorian Culture in the United States", *Journal of the History of Sexuality* 3,1 (1992), pp. 33-57.

Münch, Philipp, *Bürger in Uniform. Kriegserfahrungen von Hamburger Turnern 1914 bis 1918*, Freiburg i. Br.: Rombach, 2009.

Münkler, Herfried, *Kriegssplitter. Die Evolution der Gewalt im 20. und 21. Jahrhundert*, Reinbek b. Hamburg: rororo, 2017.

Muttarak, Raya, "Normalization of Plus Size and the Danger of Unseen. Overweight and Obesity in England", *Obesity* 26 (2018), pp. 1125-29.

Nelson, Dana D., *National Manhood. Capitalist Citizenship and Imagined Fraternity of White Men*, Durham, NC: Duke UP, 1998.

Nelson, Paul D., "Citizen Soldiers or Regulars: The Views of American General Officers on the Military Establishment, 1775-1781", *Military Affairs* 43,3 (1979), pp. 126-32.

Netzwerk Körper (Hg.), *What Can a Body Do? Figurationen und Praktiken des Körpers in den Kulturwissenschaften*, Frankfurt/M.: Campus, 2012.

Nolte, Paul, "Das große Fressen. Nicht Armut ist das Hauptproblem der Unterschicht. Sondern der massenhafte Konsum von Fast Food und TV", *ZEIT ONLINE*, 2003. 12. 17., http://www.zeit.de/2003/52/Essay_Nolte (2016. 6. 9.).

Nordhausen, Richard, *Moderne Körperkultur. Ein Kompendium der gesamten modernen Körperkultur durch Leibesübung*, Leipzig: J. J. Arnd, 1909.

Nünning, Ansgar, "Krise als Erzählung und Metapher: Literaturwissenschaftliche Bausteine für eine Metaphorologie und Narratologie von Krisen", in: Carla Meyer/Katja Patzel-Mattern/Jasper Schenk (Hg.), *Krisengeschichte(n): "Krise" als Leitbegriff und Erzählmuster in kulturwissenschaftlicher Perspektive*. Stuttgart: Steiner, 2013, pp. 117-44.

Nye, David E., *America's Assembly Line*, Cambridge, MA: MIT-Press, 2013.

Offermann, Stefan, "On Responsibilization – Or: Why Missing the Bus Can Be Political", *Food, Fatness and Fitness: Critical Perspectives*, 2017.1.1., http://foodfatnessfitness.com/2017/01/01/responsibilization/ (2018.5.7.).

Offermann, Stefan, "Socialist Responsibilization. The Government of Risk Factors for Cardiovascular Diseases in the German Democratic Republic in the 1970's", *Rethinking History* 23,2 (2019), pp. 210-32.

Office of the Surgeon General u. a., *The Surgeon General's Call To Action To Prevent and Decrease Overweight and Obesity*, Rockville, MD: Office of the Surgeon General, 2001.

Osler, Tom, "The Easy Way To A 50-Miler", *Runner's World* 16,8 (1981), 55, pp. 80-84.

Owen, Robert, "A New View of Society, Or, Essays on the Principle of the Formation of the Human Character, and the Application of the Principle to Practice, 1813-16", *McMaster University Archive for the History of Economic Thought*, https://socialsciences.mcmaster.ca/~econ/ugcm/3ll3/owen/newview.txt (2018.4.1.).

Page, William, "Our Artists in Italy", *Atlantic Monthly* 7,40 (1861), pp. 129-38.

Park, Roberta J., "Blending Business and Basketball: Industrial Sports and Recreation in the United States from the late 1800s to 1960", *Stadion* 31,1 (2005), pp. 35-49.

Park, Roberta, "Biological Thought, Athletics and the Formation of a 'Man of Character': 1830-1900", in: dies., *Gender, Sport, Science. Selected Writings of Roberta J. Park*. London: Routledge, 2009, pp. 43-68.

Park, Roberta, "Muscles, Symmetry, and Action: 'Do You Measure Up?' Defining Masculinity in Britain and America from the 1860s to the Early 1900s", *International Journal of the History of Sport* 22,3 (2005), pp. 365-95.

Parker, William, "The Freedman's Story, I", *Atlantic Monthly* 17,100 (1866), pp. 152-67.

Patel, Kiran K., *Soldaten der Arbeit. Arbeitsdienste in Deutschland und den USA 1933–1945*, Göttingen: Vandenhoeck & Ruprecht, 2003.

Patel, Kiran K., *The New Deal. A Global History*, Princeton, NJ: Princeton University Press, 2016.

Pateman, Carole, *The Sexual Contract*, Standford, CA: Stanford UP, 1988.

Peña, Carolyn T. de la, *The Body Electric. How Strange Machines Built the Modern American*, New York: NYU Press, 2003.

Pesavento, Wilma J., "Sport and Recreation in the Pullman Experiment, 1880-1900", *Journal of Sport History* 9,2 (1982), pp. 38-62.

Peters, Keith, "In America, Corporate Fitness is an Idea Whose Time is Now", *Runner's World* 16,4 (1981), pp. 55-59.

Pfister, Gertrud, "'Stählung der Arbeiterschaft ist Stählung der Wirtschaft'? Zur Organisation und Ideologie des Betriebssports in Berlin (1880 bis 1933)", in: dies. (Hg.), *Zwischen Arbeitnehmerinteressen und Unternehmenspolitik. Zur Geschichte des Betriebssports in Deutschland*. Sankt Augustin: Academia, 1999, pp. 18-44.

Pfister, Gertrud, "200 Jahre Turnbewegung - von der Hasenheide bis heute", *Aus Politik und Zeitgeschichte* (APuZ) 16-19 (2011), http://www.bpb.de/apuz/33345/200-jahre-turnbewegung-von-der-hasenheide-bis-heute?p=all (2018.8.28.).

Pfister, Gertrud, "The Role of German Turners in American Physical Education", *International Journal of the History of Sport* 26,13 (2009), pp. 1893-1925.

Pfütsch, Pierre, "Zwischen Gesundheit und Schönheit. Fitness als biopolitische Praktik zur Modellierung des Körpers in bundesrepublikanischen Gesundheitspublikationen der 1970er und 1980er Jahre", in: Stefan Scholl (Hg.), *Körperführung. Historische Perspektiven auf das Verhältnis von Biopolitik und Sport*. Frankfurt/M.: Campus, 2018, pp. 265-90.

Pilcher, James E., "The Building of the Soldier", *The United Service Magazine* 4 (April 1892), p. 336.

Pinkerton, Elaine, "Running Can Be Your Substitute. If You Are Going to Be Addicted, Then Run", *Runner's World* 14,5 (1979), pp. 105-10.

Planert, Ute, "Der dreifache Körper des Volkes: Sexualität, Biopolitik und die Wissenschaften vom Leben", *Geschichte und Gesellschaft* 26

(2000), pp. 539-76.

Plumb, J. H., "Disappearing Heroes", *Horizon* 16,4 (Autumn 1974), pp. 48-51.

Plymire, Darcy C., "Positive Addiction: Running and Human Potential in the 1970s", *Journal of Sport History* 31,3 (2004), pp. 297-315.

Pollack, Andrew, "A. M. A. Recognizes Obesity as a Disease", *New York Times*, 2013. 6. 18.

Pollan, Michael, *The Omnivore's Dilemma. The Search for a Perfect Meal in a Fast-Food World*, London: Bloomsbury, 2011 (2006).

Poole, Ralph J., "Männer im Pelz. Entblößungen und Verhüllungen des natürlichen Körpers um 1900", in: Jürgen Martschukat/Olaf Stieglitz (Hg.), *Väter, Soldaten, Liebhaber. Männer und Männlichkeiten in der nordamerikanischen Geschichte – ein Reader*. Bielefeld: transcript, 2007, pp. 159-82.

Poole, Ralph J., "Preface", in: Ralph J. Poole/Florian Sedlmeier/ Susanne Wegener (Hg.), *Hard Bodies*. Münster: LIT, 2011, pp. 6-20.

Post, Marty, "The Corporate Cup Runneth Over with Talent", *Runner's World* 18,5 (1983), pp. 52-56.

Potts, Annie, u. a., "'Sex for Life'? Men's Counter-Stories on 'Erectile Dysfunction', Male Sexuality and Ageing", *Sociology of Health & Illness* 28,3 (2006), pp. 306-29.

Potts, Annie, u. a., "'Viagra Stories': Challenging 'Erectile Dysfunction'", *Social Science & Medicine* 59,3 (2004), pp. 489-99.

Potts, Annie, u. a., "The Downside of Viagra. Women's Experiences and Concerns", *Sociology of Health & Illness* 25,7 (2003), pp. 697-719.

Potts, Annie, "'The Essence of the Hard On': Hegemonic Masculinity and the Cultural Construction of 'Erectile Dysfunction'", *Men and Masculinities* 3,1 (2000), pp. 85-103.

Potts, Annie, "Deleuze on Viagra (Or 'What Can a Viagra Body Do?')", *Body & Society* 10,1 (2004), pp. 17-36.

Probst, Maximilian, "Held auf dem Sprung. Das postheroische Zeitalter geht zu Ende. Die Verherrlichung des Kämpfers kehrt zurück – nicht nur am rechten Rand", *DIE ZEIT* 29 (2018.7.12.), https://www.zeit.de/2018/29/mut-postheroische-gesellschaft-heroismus-nationalismus-totalitarismus (2018.8.23.).

Pumping Iron (George Butler/Robert Fiore. USA 1977).

Purkiss, Ava, "'Beauty Secrets: Fight Fat'. Black Women's Aesthetics, Exercise, and Fat Stigma, 1900-1930s", *Journal of Women's History* 29,2 (2017), pp. 14-37.

Putney, Clifford, *Muscular Christianity. Manhood and Sports in Protestant America, 1880–1920*, Cambridge, MA: Harvard University Press, 2001.

Rabinbach, Anson, *The Human Motor. Energy, Fatigue, and the Origins of Modernity*, New York: Basic Books, 1990.

Rader, Benjamin G., "The Quest for Self-Sufficiency and the New Strenuosity: Reflections on the Strenuous Life of the 1970s and the 1980s", *Journal of Sport History* 18,2 (1991), pp. 255-66.

Radkau, Joachim, *Das Zeitalter der Nervosität. Deutschland zwischen Bismarck und Hitler*, München: Carl Hanser, 1998.

Raine, William M., "Taming the Frontier. Bucky O'Neill", *Outing* 46 (1905), pp. 292-95.

Ramsbrock, Annelie/Thomas Schnalke/Paula-Irene Villa, "Menschliche Dinge und dingliche Menschen. Positionen und Perspektiven", *Zeithistorische Forschungen/Studies in Contemporary History*, Online-Ausgabe, 13,3 (2016), http://www.zeithistorische-forschungen.de/3-2016/id=5403 (2016.12.6.).

Ramsbrock, Annelie, *Korrigierte Körper. Eine Geschichte künstlicher Schönheit in der Moderne*, Göttingen: Wallstein, 2011.

Raphael, Lutz/Anselm Doering-Manteuffel (Hg.), *Nach dem Boom. Perspektiven auf die Zeitgeschichte seit 1970*, Göttingen: Vandenhoeck & Ruprecht, 2008.

Raphael, Lutz, "Die Verwissenschaftlichung des Sozialen als methodische und konzeptionelle Herausforderung für eine Sozialgeschichte des 20. Jahrhunderts", *Geschichte und Gesellschaft* 22 (1996), pp. 165-93.

Reagan, Ronald, "How to Stay Fit. The President's Personal Exercise Program", *Parade Magazine*, 1983.12.4., pp. 4-6.

Reagan, Ronald, "Inaugural Address, 1981.1.20.", *The American Presidency Project*, http://www.presidency.ucsb.edu/ws/?pid=43130 (2018.6.14.).

Reckwitz, Andreas, *Das hybride Subjekt. Eine Theorie der Subjektkulturen von der bürgerlichen Moderne zur Postmoderne*,

Weilerswist: Velbrück, 2006.

Reckwitz, Andreas, *Subjekt*, Bielefeld: transcript, 2008.

Reed, J. D., "America Shapes Up", *TIME Magazine* 118,18 (1981.11.2.), pp.94-106.

Reichardt, Sven, "Klaus Theweleits 'Männerphantasien' - ein Erfolgsbuch der 1970er-Jahre", *Zeithistorische Forschungen* 3 (2006), pp.401-21.

Reichhardt, Sven, *Authentizität und Gemeinschaft: Linksalternatives Leben in den siebziger und achtziger Jahren*, Berlin: Suhrkamp, 2014.

Reinold, Marcel, *Doping als Konstruktion. Eine Kulturgeschichte der Anti-Doping-Politik*, Bielefeld: transcript, 2016.

Reynolds, David/Miranda Mirosa, "Want Amidst Plenty: Food Insecurity in Rich Liberal Democracies", Glenn W. Muschert u. a. (Hg.), *Global Agenda for Social Justice: Volume One*, Bristol: Bristol UP, 2018. pp.131-42.

Rheinberger, Hans-Jörg, *Experimentalsysteme und epistemische Dinge: Eine Geschichte der Proteinsynthese im Reagenzglas*, Frankfurt/M.: Suhrkamp, 2006.

Ribbat, Christoph, *Deutschland für eine Saison – Die wahre Geschichte des Wilbert Olinde jr.*, Berlin: Suhrkamp, 2017.

Rich, Adrienne, "Compulsory Heterosexuality and Lesbian Existence", *Signs: Journal of Women in Culture and Society*, 5, 4 (1980), pp.631-60.

Riesman, David, *The Lonely Crowd. A Study of the Changing American*

Character, New Haven, CT: Yale UP, 1950.

Riis, Jacob A., "Reform by Humane Touch", *Atlantic Monthly* 84,506 (1899), pp. 745-53.

Riley, A./E. Riley, "Behavioural and Clinical Findings in Couples Where the Man Presents with Erectile Disorder: A Retrospective Study", *International Journal of Clinical Practice* 54,4 (2002), pp. 220-24.

Riley, A., "The Role of the Partner in Erectile Dysfunction and Its Treatment", *International Journal of Impotence Research* 14, Supplement 1 (2002), pp. 105-S9.

Rippberger, Anna-Lena, "Fitness-Apps: Das gefährliche Geschäft mit den Daten", *Merkur*, 2016.3.30., https://www.merkur.de/leben/gesundheit/krankenkassen-fitness-apps-gefaehrliche-geschaeft-daten-626226.html (2018.11.15.).

Ritchie, Ian, "Understanding Performance-Enhancing Substances and Sanctions Against Their Use from the Perspective of History", in: Verner Møller/Ivan Weddington/John Hoberman (Hg.), *Routledge Handbook of Drugs and Sport*. New York: Routledge, 2015, pp. 20-30.

Rödder, Andreas, 21.0. *Eine kurze Geschichte der Gegenwart*, München: Beck, 2015.

Roediger, David, *Working Toward Whiteness. How America's Immigrants Became White. The Strange Journey from Ellis Island to the Suburbs*, New York: Basic Books, 2005.

Roosevelt, Theodore, "The Strenuous Life" (1899.4.10.), *Voices of Democracy. The U. S. Oratory Project*, http://voicesofdemocracy.umd.edu/roosevelt-strenuous-life-1899-speech-text/ (2016.7.7.).

Roosevelt, Theodore, *America and the First World War*, New York: Charles Scribner's Sons, 1915.

Rorabaugh, William J., *The Alcoholic Republic. An American Tradition*, Oxford: Oxford University Press, 1981.

Rosa, Hartmut, *Beschleunigung. Die Veränderung der Zeitstrukturen in der Moderne*, Frankurt/M.: Suhrkamp, 2005.

Rose, Nikolas/Carlos Novas, "Biological Citizenship", in: Aihwa Ong/ Stephen J. Collier (Hg.), *Global Assemblages: Technology, Politics, and Ethics as Anthropological Problems*, Oxford: Wiley-Blackwell, 2004, pp. 439-63.

Rose, Nikolas, "Governing the Enterprising Self", in: Paul Heelas/Paul Morris (Hg.), *The Values of Enterprise Culture*. London: Routledge, 1992, pp. 141-63.

Rose, Nikolas, "Molecular Biopolitics, Somatic Ethics, and the Spirit of Biocapital", in: *Social Theory and Health* 5 (2007), pp. 3-29.

Rose, Nikolas, *Powers of Freedom. Reframing Political Thought*, Cambridge: Cambridge UP, 1999.

Rosen, R. C./J. C. Cappelleri/N. Gendrano III, "The International Index of Erectile Function (IIEF): A State-of-the-Science Review", *International Journal of Impotence Research* 14 (2002), pp. 226-44.

Rosen, R. C., u. a., "The International Index of Erectile Function (IIEF): A Multidimensional Scale for Assessment of Erectile Dysfunction", *Urology* 49 (1997), pp. 822-30.

Rothblum, Esther/Sondra Solovay (Hg.), *The Fat Studies Reader*, New

York: NYU Press, 2009.

Rothman, David J., *The Discovery of the Asylum. Social Order and Disorder in the New Republic*, Boston: Scott Foresman, 1971.

Rothstein, William G., *Public Health and the Risk Factor. A History of an Uneven Medical Revolution*, Rochester, NY: University of Rochester Press, 2003.

Rotteck, Carl von/Carl Welcker (Hg.), *Staats-Lexikon oder Encyclopädie der Staatswissenschaften.Bd. 9*, Altona: Hammerich, 1840.

Rowe, John W./Robert L. Kahn, *Successful Aging*, New York: Pantheon, 1998.

Rubino, Daniel, "Microsoft Band: Read the Backstory on the Evolution and Development Microsoft's New Smart Device", *Windows Central*, 2014.10.29., https://www.windowscentral.com/microsoft-band-read-backstory-evolution-and-development-microsofts-new-smart-device (2018.11.10.).

Ruthven, K. K., "Fielding, Square, and the Fitness of Things", *Eighteenth-Century Studies* 5, 2 (1971-1972), pp. 243-55.

Sachse, Carola, *Siemens, der Nationalsozialismus und die moderne Familie. Eine Untersuchung zur sozialen Rationalisierung in Deutschland im 20. Jahrhundert*, Hamburg: Rasch & Röhring, 1990.

Saguy, Abigail C., *What's Wrong With Fat?*, Oxford: Oxford UP, 2013.

Saldern, Adelheid von, *Amerikanismus. Kulturelle Abgrenzungen von Europa und US-Nationalismus im frühen 20. Jahrhundert*, Stuttgart:

Steiner, 2013.

Sarasin, Philipp/Jakob Tanner, "Physiologie und industrielle Gesellschaft. Bemerkungen zum Konzept und zu den Beiträgen des Sammelbandes", in: dies. (Hg.), *Physiologie und industrielle Gesellschaft. Studien zur Verwissenschaftlichung des Körpers im 19. und 20. Jahrhundert*. Frankfurt/M.: Suhrkamp, 1998, pp. 12-43.

Sarasin, Philipp, *Darwin und Foucault. Genealogie und Geschichte im Zeitalter der Biologie*, Frankfurt/M.: Suhrkamp, 2009.

Sarasin, Philipp, *Reizbare Maschinen. Eine Geschichte des Körpers 1765–1914*, Frankfurt/M.: Suhrkamp, 2001.

Sargent, Dudley A., "The Physical Development of Women", *Scribner's Magazine* 5,2 (1889), pp. 172-85.

Sargent, Dudley A., "The Physical Proportions of the Typical Man", *Scribner's Magazine* 2,1 (1887), pp. 3-17.

Scheller, Jörg, *No Sports! Zur Ästhetik des Bodybuildings*, Stuttgart: Steiner, 2010.

Schild, Georg, *Zwischen Freiheit des Einzelnen und Wohlfahrtsstaat: Amerikanische Sozialpolitik im 20. Jahrhundert*, Paderborn: Verlag Ferdinand Schöningh, 2003.

Schildt, Axel, "Sind die Westdeutschen amerikanisiert worden? Zur zeitgeschichtlichen Erforschung kulturellen Transfers und seiner gesellschaftlichen Folgen nach dem Zweiten Weltkrieg", *Aus Politik und Zeitgeschichte* (APuZ) 50 (2000), http://www.bpb.de/apuz/25289/sind-die-westdeutschen-amerikanisiert-worden (2018.5.8.).

Schlechtriemen, Tobias, "The Hero and a Thousand Actors. On the Constitution of Heroic Agency", *helden.heroes.héros.* 4,1 (2016), pp. 17-32.

Schmedt, Michael, "Fitness-Tracker. Der Datenhunger wächst", *Deutsches Ärzteblatt* 113,7 (2016), S. A pp. 257-58.

Schmincke, Imke, "Sexualität als 'Angelpunkt der Frauenfrage'? Zum Verhältnis von sexueller Revolution und Frauenbewegung", in: Peter-Paul Bänziger u. a. (Hg.), *Sexuelle Revolution?* Bielefeld: transcript, 2015, pp. 199-222.

Schneider, Angela J., "The Concept of Doping", in: Verner Møller/Ivan Weddington/John Hoberman (Hg.), *Routledge Handbook of Drugs and Sport.* New York: Routledge, 2015, pp. 9-19.

Scholl, Stefan (Hg.), *Körperführung. Historische Perspektiven auf das Verhältnis von Biopolitik und Sport*, Frankfurt/M.: Campus, 2018.

Scholl, Stefan, "Einleitung: Biopolitik und Sport in historischer Perspektive", in: ders. (Hg.), *Körperführung. Historische Perspektiven auf das Verhältnis von Biopolitik und Sport.* Frankfurt/M.: Campus, 2018, pp. 7-39.

Scholl, Stefan, "Europäische Biopolitik? Das Sport-für-alle Paradigma des Europarats in den 1960er und 1970er Jahren", in: Stefan Scholl (Hg.), *Körperführung. Historische Perspektiven auf das Verhältnis von Biopolitik und Sport.* Frankfurt/M.: Campus, 2018, pp. 243-264.

Schultz, Jamie, *Qualifying Times. Points of Change in U. S. Women's Sport*, Urbana, IL: University of Illinois Press, 2014.

Scott, Emmett J., "Leisure Time and the Colored Citizen (1925)", in: David K. Wiggins/Patrick B. Miller (Hg.), *The Unlevel Playing Field.*

A Documentary History of the African American in Sport. Urbana, IL: University of Illinois Press, 2003, pp. 88-90.

Sennett, Richard, *Der flexible Mensch. Die Kultur des neuen Kapitalismus*, Berlin: Berlin-Verlag, 1998.

Sennett, Richard, *Die Kultur des neuen Kapitalismus*, Berlin: Berlin-Verlag, 2005.

Serazio, Michael, "Ethos Groceries and Countercultural Appetites. Consuming Memory in Whole Foods' Brand Utopia", *The Journal of Popular Culture* 44,1 (2011), pp. 158-77.

Shachak, Mattan/Eva Illouz, "The Pursuit of Happiness. Coaching and the Commodification of Well-Being", *Querformat* 3 (2010), pp. 18-31.

Shaler, Nathaniel S., "European Peasants as Immigrants", *Atlantic Monthly* 71,427 (1893), pp. 646-55.

Shaler, Nathaniel S., "The Use and Limits of Academic Culture", *Atlantic Monthly* 66,394 (1890), pp. 160-70.

Shangold, Mona, "The Woman Runner. Her Body, Her Mind, Her Spirit", *Runner's World* 16,7 (1981), pp. 34-44; 88.

Sheehan, George, "Medical Advice", *Runner's World* 10,3 (1975), p. 40.

Sherman, Carl, "Little Blue Miracle", *Playboy Magazine* (US edition) 45,7 (1998), p. 125; 178.

Simon, Bryant, "The Geography of Silence: Food and Tragedy in Globalizing America", in: Jürgen Martschukat/Bryant Simon (Hg.), *Food, Power and Agency.* London: Bloomsbury, 2017, pp. 83-102.

Simon, Bryant, *The Hamlet Fire. A Tragic Story of Cheap Food*, *Cheap Government, and Cheap Lives*, New York: The New Press, 2017.

Singer, Stefanie, "Entstehung des Betrieblichen Gesundheitsmanagements", in: Adelheid S. Esslinger/Martin Emmert/ Oliver Schöffski (Hg.), *Betriebliches Gesundheitsmanagement. Mit gesunden Mitarbeitern zu unternehmerischem Erfolg*. Wiesbaden: Gabler, 2010, pp. 23-48.

Sloterdijk, Peter, *Du musst dein Leben ändern. Über Anthropotechnik*, Frankfurt/M.: Suhrkamp, 2009.

Smith, Adam, *The Wealth of Nations* (1776), New York: Prometheus Books, 1991.

Snyder, Claire R., *Citizen-Soldiers and Manly Warriors. Military Service and Gender in the Civic Republican Tradition*, New York: Rowman & Littlefield, 1999.

Sombart, Werner, *Händler und Helden. Patriotische Besinnungen*, München: Duncker & Humblot, 1915.

Sontag, Susan, *Illness As Metaphor*, New York: Farrar, Straus & Giroux, 1978.

Sontowski, Claudia, *Viagra im Alltag. Praktiken der Männlichkeit, des Körpers und der Sexualität*, Wiesbaden: Springer, 2016.

Spangenberg, Petra, "Betriebssport. Der Chef turnt mit. Immer mehr Firmen verordnen ihren Mitarbeitern Gymnastik am Arbeitsplatz", *DIE ZEIT* 37 (1973. 9. 7.), https://www.zeit.de/1973/37/der-chef-turnt-mit (2018. 5. 1.).

Spark, Richard F./Robert A. White/Peter B. Connolly, "Impotence Is Not Always Psychogenic. Newer Insights Into Hypothalamic-Pituitary-Gonadal Dysfunction", *Journal of the American Medical Association* 243,8 (1980), pp. 750-55.

Spencer, Herbert, *Die Principien der Biologie. Autorisierte deutsche Ausgabe nach der zweiten englischen Auflage übersetzt von B. Vetter* Bd. 1., Stuttgart: Schweizbart'sche Verlagsbuchhandlung, 1876.

Spencer, Herbert, *The Principles of Biology*, London: Williams and Norgate, 1864.

Spencer, Lyle M., *Youth Goes to War*, Chicago, IL: Science Research Associates, 1943.

Spiker, Ted, "The Mudder Report", *Runner's World*, 2011.12.7., https://www.runnersworld.com/training/a20849132/the-mudder-report/ (2018.9.1.).

Spöhrer, Markus, "'Wie ich zum Cyborg wurde'. Das Cochlea Implantat und die Übersetzungen des transhumanen Körpers", *Body Politics* 3,6 (2015), pp. 309-27.

Spreen, Dierk, *Upgradekultur. Der Körper in der Enhancement Gesellschaft*, Bielefeld: transcript, 2015.

Stagner, Vannessa C., "Healing the Soldier, Restoring the Nation: Representations of Shell Shock in the USA During and After the First World War", *Journal of Contemporary History* 49,2 (2014), pp. 255-74.

Stearns, Peter, *Fat History. Bodies and Beauty in the Modern West*, New York: NYU Press, 1997.

Stedman, E. C., "Edwin Booth", *Atlantic Monthly* 17,103 (1866), pp. 585-94.

Steierwald, David, "All Hail the Republic of Choice. Consumer History as Contemporary Thought", *Journal of American History* 93,2 (2006), pp. 385-403.

Steiner, Reinhard, "Heldenposen", *Merkur* 63,9/10 (2009), pp. 925-33.

Steuben, Friedrich Wilhelm von, *Regulations for the Order and Discipline of the Troops of the United States* (1779), Philadelphia, PA: Eleazer Oswald at the Coffee-House, 1786.

Stewart, Tiffany M., "Why Thinking We're Fat Won't Help Us Improve Our Health: Finding the Middle Ground", *Obesity* 26,7 (2018), pp. 1115-1116.

Stieglitz, Olaf/Jürgen Martschukat (Hg.), *race & sex: Eine Geschichte der Neuzeit*, Berlin: Neofelis, 2016.

Stieglitz, Olaf/Jürgen Martschukat/Kirsten Heinsohn, "Sportreportage. Sportgeschichte als Kultur- und Sozialgeschichte", *H-Soz-Kult*, 2009. 5. 28., http://hsozkult. geschichte. hu-berlin. de/forum/2009-05-001 (2016. 7. 8.).

Stieglitz, Olaf, "'A Man of Your Years Shouldn't Expect to Be Able to Do Those Things'. Älter werden in Bernarr Macfaddens Physical Culture-Welt", in: Stefan Scholl (Hg.), *Körperführung. Historische Perspektiven auf das Verhältnis von Biopolitik und Sport*. Frankfurt/M.: Campus, 2018, pp. 99-130.

Stieglitz, Olaf, "The American Crawl - Praktiken von Geschlecht und Moderne in US-amerikanischen Schwimmbecken, 1900-1940",

Gender: Zeitschrift für Geschlecht, Kultur und Gesellschaft 10,1 (2018), pp. 63-80.

Stieglitz, Olaf, *100 Percent American Boys. Disziplinierungsdiskurse und Ideologie im Civilian Conservation Corps, 1933–1942*, Stuttgart: Steiner, 1999.

Stoff, Heiko, "'Janine. Tagebuch einer Verjüngten'. Weibliche Konsumkörper zu Beginn des 20. Jahrhunderts", in: Claudia Bruns/ Tilmann Walter (Hg.), *Von Lust und Schmerz. Eine Historische Anthropologie der Sexualität*. Köln: Böhlau, 2004, pp. 217-38.

Stoff, Heiko, "Das Leistungsprinzip in der Wettbewerbsgesellschaft, 1960-1980", in: Frank Becker/Ralf Schäfer (Hg.), *Die Spiele gehen weiter. Profile und Perspektiven der Sportgeschichte*. Frankfurt/M.: Campus, 2014, pp. 277-305.

Stoff, Heiko, "Degenerierte Nervenkörper und regenerierte Hormonkörper. Eine kurze Geschichte der Verbesserung des Menschen zu Beginn des 20. Jahrhunderts", *Historische Anthropologie* 11,2 (2003), pp. 224-39.

Stoff, Heiko, "Der erfolgreiche Mensch. Ludwig Lewins transatlantisches Projekt, 1928", in: Stephanie Kleiner/Robert Suter (Hg.), *Guter Rat. Glück und Erfolg in der Ratgeber, 1900–1940*. Berlin: Neofelis, 2015, pp. 135-59.

Stoff, Heiko, *Ewige Jugend. Konzepte der Verjüngung vom späten 19. Jahrhundert bis ins Dritte Reich*, Köln: Böhlau, 2004.

Strange, L. S./R. S. Brown, "The Bicycle, Women's Rights, and Elizabeth Cady Stanton", *Women's Studies* 31,5 (2002), pp. 609-26.

Sutton, Nikki, "First Lady Michelle Obama: 'Making the Healthy Choice the Easy Choice'", 2011.9.15., https://www.whitehouse.gov/blog/2011/09/15/first-lady-michelle-obama-making-healthy-choice-easy-choice (2016.5.12.).

Suzik, Jeffrey Ryan, "'Building Better Men'. The CCC Boys and the Changing Social Ideal of Manliness", in: Roger Horowitz (Hg.), *Boys and Their Toys? Masculinity, Class, and Technology in America*. New York: Routledge, 2001, pp. 111-38.

Swan, Melanie, "The Quantified Self: Fundamental Disruption in Big Data Science and Biological Discovery", *Big Data* 1 (2013), pp. 85-99.

Tanrisever, Ahu, *Fathers, Warriors, and Vigilantes. Post-Heroism and the US Cultural Imaginary in the Twenty-First Century*, Heidelberg: Winter, 2016.

Taylor, Frederick Winslow, *The Principles of Scientific Management*, New York: Harper & Brothers, 1911.

Taylor, Sonya Renee, *This Body Is Not An Apology. The Power of Radical Self-Love*, Oakland, CA: Berrett-Koehler, 2018.

Teleky, Richard, "Post-Heroism?", *Queen's Quarterly* 124,1 (2017), pp. 35-45.

Terzian, Tamar V., "Direct-to-Consumer Prescription Drug Advertising", *American Journal of Law & Medicine* 25 (1999), pp. 149-67.

Tetzlaff, Sven, "Wie Jugendliche heute Helden sehen. Über den Geschichtswettbewerb des Bundespräsidenten", *Merkur* 63,9/10 (2009), pp. 813-20.

Thaler, Richard H./Cass R. Sunstein, *Nudge: Improving Decisions about Health, Wealth, and Happiness*, New Haven, CT: Penguin Books, 2008.

Thayer, James B., "The Dawes Bill and the Indians", *Atlantic Monthly* 61,365 (1888), pp. 315-23.

The State of Obesity - Better Policies for a Healthier America, *Obesity Rates and Trends*, http://stateofobesity.org/rates/ (2016.5.11.).

Theberge, Nancy, "A Critique of Critiques. Radical and Feminist Writings on Sport", *Social Forces* 60,2 (1981), pp. 341-53.

Theiss, Louis E., "Measuring Physical Fitness", *Outing* 56 (1910), pp. 344-350.

Theweleit, Klaus, *Männerphantasien*, 2 Bde., Frankfurt/M.: Rotbuch-Verlag, 1977/78.

Thorpe, Holly/Rebecca Olive (Hg.), "Forum: Feminist Sport History in the Past, Present, and Future", *Journal of Sport History* 39,3 (2012).

Tiefer, Leonore, "Doing the Viagra Tango: Sex Pill As Symbol and Substance", *Radical Philosophy* 92 (1998), pp. 2-5.

Tiefer, Leonore, "Sexology and the Pharmaceutical Industry: The Threat of Co-Optation", *Journal of Sex Research* 37,3 (2000), pp. 273-83.

Timmermann, Carsten, "Risikofaktoren. Der scheinbar unaufhaltsame Erfolg eines Ansatzes aus der amerikanischen Epidemiologie in der deutschen Nachkriegsmedizin", in: Martin Lengwiler/Jeanette Madarász (Hg.), *Das präventive Selbst. Eine Kulturgeschichte moderner Gesundheitspolitik*. Bielefeld: transcript, 2010, pp. 251-77.

Toufexis, Anastasia, "It's Not All in Your Head. New Therapies

Keep Impotence from Being a Hopeless Condition", *TIME Magazine*, 1988. 12. 5., http://content.time.com/time/magazine/article/0,9171,956444,00.html (2018. 12. 17.).

Tovar, Virgie, "Lose Hate Not Weight", *TED Talks*, 2017. 7. 19., https://www.youtube.com/watch?v=hZnsamRfxtY (2018. 11. 15.).

Tovar, Virgie, *Hot & Heavy. Fierce Fat Girls on Life, Love and Fashion*, Berkeley, CA: Seal Press, 2012.

Tovar, Virgie, *You Have the Right to Remain Fat*, New York: Feminist Press at CUNY 2018.

Trebay, Guy, "Longer Harder Faster", *Village Voice*, 1999. 10. 26., https://www.villagevoice.com/1999/10/26/longer-harder-faster/ (2018. 12. 17.).

Triggle, Nick, "Sugar Tax: How It Will Work?", *BBC News Health*, 2016. 3. 16., http://www.bbc.com/news/health-35824071 (2016. 5. 15.).

Tuck, Stephen, "Introduction: Reconsidering the 1970s – The 1960s to a Disco Beat?", *Journal of Contemporary History* 43, 4 (2008), pp. 617-20.

Tucker, William H., *The Science and Politics of Racial Research*, Champaign, IL: University of Illinois Press, 1994.

Tuma, Thomas, "Körperkult: 'Das kann auch geil sein'. Fitness-Studios entfernen sich immer mehr vom Klischee der muffeligen Muckibude im Hinterhof", *DER SPIEGEL* 38 (1999), pp. 134-39.

Turse, Nick, *Kill Anything That Moves. The Real American War in Vietnam*, New York: Henry Holt and Company, 2013.

Tymn, Mike, "Trauma of Turning Forty", *Runner's World* 12,9 (1977), pp. 36-39.

Underhill, Jane, "Converting the Non-Runner", *Runner's World* 10,4 (1975), pp. 26-29.

Unger Hahn, Jane, "Heroes of Running 2005. Every Reason to Run Is a Good One", *Runner's World*, 2006.9.22., https://www.runnersworld.com/races-places/a20829842/heroes-of-2005/ (2018.7.4.).

Vatin, François, "Arbeit und Ermüdung. Entstehung und Scheitern der Psychophysiologie der Arbeit", in: Philipp Sarasin/Jakob Tanner (Hg.), *Physiologie und industrielle Gesellschaft. Studien zur Verwissenschaftlichung des Körpers im 19. und 20. Jahrhundert.* Frankfurt/M.: Suhrkamp, 1998, pp. 347-68.

Veit, Helen Zoe, *Modern Food, Moral Food. Self-Control, Science, and the Rise of Modern American Eating in the Early Twentieth-Century*, Chapel Hill, NC: University of North Carolina Press, 2013.

Verbrugge, Martha H., *Active Bodies. A History of Women's Physical Education in Twentieth-Century America*, Oxford: Oxford University Press, 2012.

Verheyen, Nina, *Die Erfindung der Leistung*, Berlin: Hanser, 2018.

Vertinsky, Patricia, "'Weighs and Means'. Examining the Surveillance of Fat Bodies through Physical Education Practices in North America in the Late 19th and Early 20th Centuries", *Journal of Sport History* 35,3 (2008), pp. 449-68.

Vertinsky, Patricia, "Feminist Charlotte Perkins Gilman's Pursuit of Health and Physical Fitness As a Strategy for Emancipation", *Journal of*

Sport History 16,1 (1989), pp. 5-26.

Vester, Katharina, "Regime Change. Gender, Class, and the Invention of Dieting in Post-Bellum America", *Journal of Social History* 44,1 (2010), pp. 39-70.

Vester, Katharina, *A Taste of Power. Food and American Identities*, Berkeley, CA: University of California Press, 2015.

Villa, Paula-Irene, "Einleitung - Wider die Rede vom Äußerlichen", in: dies. (Hg.), *schön normal. Manipulationen am Körper als Technologien des Selbst*. Bielefeld: transcript, 2008, pp. 7-18.

Villa, Paula-Irene, "Habe den Mut, Dich Deines Körpers zu bedienen! Thesen zur Körperarbeit in der Gegenwart zwischen Selbstermächtigung und Selbstunterwerfung", in: dies. (Hg.), *schön normal. Manipulationen am Körper als Technologien des Selbst*. Bielefeld: transcript, 2009, pp. 245-72.

Volkwein, Karen, "Introduction. Fitness and the Cross-Cultural Exchange", in: dies. (Hg.), *Fitness as Cultural Phenomenon*. Münster: Waxmann, 1998, ix-xxvi.

Voß, G. Günter/Hans J. Pongratz, "Der Arbeitskraftunternehmer. Eine neue Grundform der Ware Arbeitskraft", *Kölner Zeitschrift für Soziologie und Sozialpsychologie* 50 (1998), pp. 131-58.

Wacquant, Loïc J. D., "Why Men Desire Muscles", *Body & Society* 1,1 (1995), pp. 163-79.

Warde, Robert, "Coming On Strong after 50", *Runner's World* 12,11 (1977), pp. 43-44.

Warren, Robert Penn, "A Dearth of Heroes", *American Heritage* 23,6 (1972. 10), pp. 4-7; 95-99.

Warren, Stephen, "US Special Forces. An Other Within the Self", *Critical Military Studies* (2017), pp. 1-23.

Waters, Brent, "Defining the Runner's Personality", *Runner's World* 16,6 (1981), pp. 48-51.

Wayland, Francis Jr., "An American in the House of Lords", *Atlantic Monthly* 12,70 (1863), pp. 137-53.

Weber, Max, *Die protestantische Ethik und der 'Geist' des Kapitalismus* (1904/05), Bodenheim: Athenäum Hain Hanstein, 1993.

Wecter, Dixon, *The Hero in America. A Chronicle of Hero-Worship*, New York: Scribner, 1972.

Weeks, Jeffrey, "The Sexual Citizen", *Theory, Culture & Society* 15, 3-4 (1998), pp. 35-52.

Weingarten, Susanne, "Ein Lob dem Mann, der nicht kann. Der Potenzwahn in der Gesellschaft und seine bizarren Folgen", *DER SPIEGEL* 21 (1998. 5. 18.), pp. 118-19.

Wellman-Stühring, Annika, "Silber-Sex. Von der Pathologisierung zur Aktivierung des gealterten Geschlechtskörpers", in: Peter-Paul Bänziger u. a. (Hg.), *Sexuelle Revolution? Zur Geschichte der Sexualität im deutschsprachigen Raum seit den 1960er Jahren*. Bielefeld: transcript, 2015, pp. 303-22.

Wells, D. Colin, "Social Darwinism", *American Journal of Sociology* 12,5 (1907), pp. 695-716.

Wendt, Simon (Hg.), *Warring over Valor. How Race and Gender Shaped American Military Heroism in the Twentieth and Twenty-First Centuries*, New Brunswick, NJ: Rutgers UP, 2018.

Wendt, Simon, "Introduction: Reconsidering Military Heroism in American History", in: ders. (Hg.), *Warring over Valor. How Race and Gender Shaped American Military Heroism in the Twentieth and Twenty-First Centuries*. New Brunswick, NJ: Rutgers UP, 2018, pp. 1-19.

Werber, Niels, "Soldaten und Söldner. Krieg, Risiko und Versicherung in der 'postheroischen' Epoche", *Merkur* 63,9/10 (2009), pp. 793-802.

Wheeler, Claude L., *The American Diseases – Neurasthenia*, New York: Bauer Chemical, 1909.

White, Kevin, *The First Sexual Revolution. The Emergence of Male Heterosexuality in Modern America*, New York: NYU Press, 1993.

Whyte Jr., William H., *Is Anybody Listening? How and Why U. S. Businesses Fumbles When It Talks With Human Beings*, New York: Simon and Schuster, 1952.

Whyte, William H., *The Organization Man*, New York: Simon and Schuster, 1956.

Wiebe, Robert H., *The Search for Order, 1877–1920*, New York: Hill & Wang, 1967.

Wildmann, Daniel, *Begehrte Körper. Konstruktion und Inszenierungen des "arischen" Männerkörpers im "Dritten Reich"*, Würzburg: Königshausen & Neumann, 1998.

Wildt, Michael, "Volksgemeinschaft, Version: 1.0", in:

Docupedia-Zeitgeschichte, 2014.6.3., http://docupedia.de/zg/
Volksgemeinschaft?oldid=106491 (2016.7.8.).

Wildt, Michael, *Am Beginn der "Konsumgesellschaft". Mangelerfahrung,
Lebenshaltung, Wohlstandshoffnung in Westdeutschland in den fünfziger
Jahren*, Hamburg: Ergebnisse Verlag, 1994.

Wildt, Michael, *Volk, Volksgemeinschaft, AfD*, Hamburg: Hamburger
Edition, 2017.

Wilkerson, Abby, "'Obesity', the Transnational Plate, and the Thin
Contract", *Radical Philosophy Review* 13,1 (2010), pp. 43-67.

Wilkerson, Abby, "From the Land of the Fat to the Fat of the Land:
The Thin Contract, Food Cultures, and Social Justice", in: Sofie
Vandamme/Suzanne van de Vathorst/Inez de Beaufort (Hg.), *Whose
Weight Is It Anyway? Essays on Ethics and Eating*. Leuven/Den Haag:
Acco, 2010, pp. 143-57.

Willard, Frances E., *A Wheel within a Wheel. A Woman's Quest for
Freedom*, Bedford, MA: Applewood Books, 1997 (1895).

Wiltse, Jeff, *Contested Waters. A Social History of Swimming Pools in
America*, Chapel Hill, NC: University of North Carolina Press, 2007.

Wirtz, Mica, "'Fit statt fett' und 'in Form'. Ein kritischer Blick auf
aktuelle Programme zur Bevölkerungsgesundheit", *Sozial Extra* 34,3+4
(2010), pp. 46-49.

Wischnin, Bob, "Alex Ratelle Wants to Go Forever", *Runner's World*
14,7 (1979), p. 84.

Woitas, Melanie, "'Go for the burn!' Jane Fondas Aerobic-Videos und die Entstehung des Aerobic Body", in: Stefan Scholl (Hg.), *Körperführung. Historische Perspektiven auf das Verhältnis von Biopolitik und Sport.* Frankfurt/M.: Campus, 2018, pp. 291-312.

Woitas, Melanie, "Vom männlichen Elitetraining zum weiblichen Breitensport: Aerobic im Spannungsfeld geschlechtlicher Aneignungsprozesse in den USA", *Ariadne* 69 (2016), pp. 34-41.

Wolfe, Tom, "The 'Me' Decade and the Third Great Awakening", *The New York Magazine*, 1976. 8. 23., http://nymag.com/news/features/45938/ (2016.6.9.).

Womack, James P./Daniel T. Jones/Daniel Roos, *Die zweite Revolution in der Autoindustrie. Konsequenzen aus der weltweiten Studie des MIT*, München: Heyne, 1997.

Zeithistorische Forschungen/Studies in Contemporary History, *Die 1970er Jahre – Inventur einer Umbruchzeit*, Online Ausgabe, 3 (2006) https://zeithistorische-forschungen.de/3-2006.

Zimmermann, Moshe, "Muskeljuden versus Nervenjuden", in: Michael Brenner/Gideon Reuveni (Hg.), *Emanzipation durch Muskelkraft. Juden und Sport in Europa.* Göttingen: Vandenhoeck & Ruprecht, 2006, pp. 15-28.

Zink, Vivian, "At Texas Instruments, Fitness is Good Business", *Runner's World* 16,4 (1981), p. 58.

Zukin, Sharon, *Naked City. The Death and Life of Authentic Urban Places*, Oxford: Oxford UP, 2009.

Zweiniger-Bargielowska, Ina, *Managing the Body: Beauty, Health and Fitness in Britain, 1880s–1939*, Oxford: Oxford UP, 2010.

색인

ㄱ

ㄹ

비만증(Adipositas) 24, 25, 30, 168
비만해방 선언(Fat Liberation Manifesto) 267, 268
비아그라(Viagra) 164, 165, 166, 167, 168, 169, 170, 171, 173, 174,
175, 179, 180, 181, 182, 189, 193, 194, 195, 196, 197, 198,
199, 200, 201, 202, 203, 204, 205, 206, 274
비어드, 조지(Beard, George) 186
빅토리아 시대(Viktorianisches Zeitalter) 184
빈(Wien) 187, 190
빌라, 파울라-이레네(Villa, Paula-Irene) 12, 178

ㅅ

사내 스포츠(Betriebssport) 128, 132, 133, 140, 141, 142, 156, 158
사무직(종사자)(Angestellte) 125, 126, 137, 138, 139, 140, 141,
142, 143, 144, 145, 146, 150, 151, 153, 158, 236
사이먼, 브라이언트(Simon, Bryant) 40
사전트, 더들리 앨런(Sargent, Dudley Allen) 90
사회국가(Sozialstaat) 109, 125
사회운동(soziale Bewegungen) 33, 78, 107, 132, 159
사회주의(Sozialismus) 144, 154
사회주의 여성상(sozialistische Frauenpersönlichkeit) 144
사회진화론(Sozialdarwinismus) 90, 98, 109, 225, 227
산업화(Industrialisierung) 41, 128, 131
샌도우, 유진(Sandow, Eugen) → 프리드리히 빌헬름 뮐러(Friedrich
Wilhelm Müller) 100, 185
생리학(Physiologie) 80, 89, 133
생명정치(Biopolitik) 29, 92, 93, 99, 259
생물학적 시민권(biological citizenship) 32, 33, 34
생태(Bio) 39, 45
서부(Westen) 97, 98
서비스 부문(Dienstleistungssektor) 150
석유위기/석유파동(Ölkrise) 39
설탕(Zucker) 38, 68
성차별(Sexismus) 204
성형외과(plastische Chirurgie) 186
세계보건기구(WHO=World Health Organization) 20, 25, 115
섹스(Sex) 13, 165, 166, 168, 169, 170, 171, 173, 175, 177, 178,
179, 181, 182, 184, 185, 186, 187, 188, 189, 190, 192, 193,

194, 195, 198, 199, 201, 202, 203, 204, 209, 227, 267, 274
섹스불능(Impotenz) 171, 174, 175, 176, 189, 190, 191
섹스혁명(sexuelle Revolution) 185, 191, 274
셀프-트레킹(Self-Tracking) 16
셀러, 외르크(Scheller, Jörg) 67, 242
소련(UdSSR) 116
소비사회(Konsumgesellschaft) 35, 38, 57, 116, 118, 127, 143, 171,
    181, 193, 194
소콜(Sokol) 102
솔테어(Saltaire) 131
쇼이(Shoah) 233
쇼터, 프랭크(Shorter, Frank) 250
수영(Schwimmen) 99 243
술/음주(Alkohol) 37, 59, 77, 78, 107, 117, 119, 127, 129, 130,
    131, 191
슈바르체네거, 아놀드(Schwarzenegger, Arnold) 67, 242, 243
슈바르츠발트(Schwarzwald) 211
슈타이나흐, 오이겐(Steinach, Eugen) 187, 189
슈토이벤, 프리드리히 빌헬름(Steuben, Friedrich Wilhelm von) 222
슈토프, 하이코(Stoff, Heiko) 188, 189
슈투트가르트(Stuttgart) 211
슐레진저, 아서 엠(Schlesinger, Arthur M.) 236
스미스, 애덤(Smith, Adam) 86, 135, 137
스웨덴(Schweden) 196
스위스(Schweiz) 49, 107
스코트, 에멧 제이(Scott, Emmett J.) 102
스탤론, 실베스터(Stallone, Sylvester) 244, 245
스트레스(Stress) 55, 117, 146, 231
스판덱스(Spandex) 63, 160, 161
스페인(Spanien) 45, 211, 220
스페인-미국-필리핀 전쟁(Spanisch-amerikanisch-philippinischer
    Krieg) 220
스펜서, 허버트(Spencer, Herbert) 83
슬로우 푸드(Slow Food) 43
슬로터다이크, 페터(Sloterdijk, Peter) 19, 272
시민 보호단(Civilian Conservation Corps) 110, 228
시민군/시민군대(Bürgersoldat) 216, 217, 219, 222
시민군대(Bürgerarmee) 216, 217, 219, 222

"세상 모든 것에 감탄하는 지혜로운 사람들의 공간"
도서출판 호밀밭

피트니스의 시대 DAS ZEITALTER DER FITNESS
ⓒ 2021, 위르겐 마르추카트 JÜRGEN MARTSCHUKAT

지은이	위르겐 마르추카트 JÜRGEN MARTSCHUKAT
옮긴이	류동수
초판 1쇄	2021년 08월 30일
편집	박정오·정현일 책임편집, 임명선, 허태준
디자인	최효선 책임디자인, 박규비, 전혜정
일러스트	최효선
미디어	전유현, 최민영
마케팅	최문섭
종이	세종페이퍼
제작	영신사

펴낸이	장현정
펴낸곳	호밀밭
등록	2008년 11월 12일(제338-2008-6호)
주소	부산 수영구 광안해변로 294번길 24 B1F 생각하는 바다
전화, 팩스	051-751-8001, 0505-510-4675
전자우편	anri@homilbooks.com

Published in Korea by Homilbooks Publishing Co, Busan.
Registration No. 338-2008-6.
First press export edition August, 2021.

Author JÜRGEN MARTSCHUKAT
Translator Ryu, Dong Su
ISBN 979-11-90971-61-4 03300